吉林财经大学资助出版图书
吉林省企业财务与会计研究中心成果
吉林省科技厅科技战略与规划研究成果（20200101095FG）

Research on the Impact of Government Subsidy and
Market Competition on the Investment Efficiency of Listed Companies

政府补助、产品市场竞争
对上市公司投资效率的影响研究

梁毕明◆著

中国社会科学出版社

图书在版编目（CIP）数据

政府补助、产品市场竞争对上市公司投资效率的影响研究/梁毕明著.—北京：中国社会科学出版社，2020.11
ISBN 978-7-5203-7522-1

Ⅰ.①政… Ⅱ.①梁… Ⅲ.①政府补贴—影响—上市公司—投资—研究—中国 ②市场竞争—影响—上市公司—投资—研究—中国 Ⅳ.①F279.246

中国版本图书馆 CIP 数据核字（2020）第 236118 号

出 版 人	赵剑英
责任编辑	刘晓红
责任校对	周晓东
责任印制	戴　宽

出　　版	中国社会科学出版社
社　　址	北京鼓楼西大街甲 158 号
邮　　编	100720
网　　址	http：//www.csspw.cn
发 行 部	010-84083685
门 市 部	010-84029450
经　　销	新华书店及其他书店
印　　刷	北京明恒达印务有限公司
装　　订	廊坊市广阳区广增装订厂
版　　次	2020 年 11 月第 1 版
印　　次	2020 年 11 月第 1 次印刷
开　　本	710×1000 1/16
印　　张	14
插　　页	2
字　　数	210 千字
定　　价	88.00 元

凡购买中国社会科学出版社图书，如有质量问题请与本社营销中心联系调换
电话：010-84083683
版权所有　侵权必究

序　言

如何改进上市公司的投资效率始终是理论界和实务界关注的热点问题，已有较多的研究从不同角度对这一话题展开分析和研究，因此我个人认为继续围绕投资效率问题开展探索具有一定的挑战性。吉林财经大学会计学院院长梁毕明教授勇于在知识的海洋中不懈探索，历经多年沉淀写就《政府补助、市场竞争对上市公司投资效率的影响研究》一书，属于会计学界基于政府补助和市场竞争双重视角展开投资效率影响因素研究的一次典型尝试。初读此书，总体而言，该书呈现出以下三大特点：

第一，政府和市场是决定资源配置的重要方面，这一点在转轨时期的中国经济体中更是体现的淋漓尽致，作者将这二者相结合，采用实证研究方法系统分析其对投资效率的影响，有助于厘清政府、市场和企业三者之间的关系。

第二，行业和区域特征的情境分析是本书的另一特色，不同行业之间、不同区域之间政府干预和市场竞争对政府补助以及市场竞争的经济后果显然存在影响，但是之前这些因素却往往为研究所视而不见，作者在本书中所做的研究则相对更为透彻和具体。

第三，联合考察政府补助和产品市场竞争对上市公司投资效率的共同影响，区分不同行业和地区开展进一步的分析，并据此展开针对性地研究，据此提出的政策建议将更具体和参考性。

学术的天空是没有尽头的，因此每一次研究和探索都是沧海一粟，肯定会存在诸多改进空间，本书同样也不例外，希望作者未来可以在本书基础上围绕以下方向展开进一步研究，当然学术界的其他同行也可以就以下方面进行尝试性地探索。

第一，实证研究都可能存在样本片面性、方法无效性等问题，不可否认的是，本书可能也会因样本区间的片面性和方法的不确当性等而导致研究结论存在部分误差，因此在相应的政策建议环节可操作性值得深入探究，不可采用拿来主义的逻辑思维。

第二，建议进一步深化政府和市场关系的探讨，如何界定政府和市场在企业发展中的角色是经济学和管理学研究中经久不衰的话题，建议作者可以采用交乘项、分组或者案例法等深入分析政府和市场之间的交互作用。

第三，可能存在较政府补助更为科学的政府干预度量方式，也有众多市场竞争的普遍衡量方式，建议作者未来的视野可以更为宽广，多种度量方式的混合应用可以进一步提升文章研究结论的稳定性，说服力将大为提升。

作为一名积累尚不充足的学术初踏入者，为母校梁毕明教授的著作写序是不太合适的，无奈梁教授盛情难却，只好斗胆提出个人的粗浅观点，不当之处请学界同行不吝指正。

周泽将

2020 年 11 月 23 日于安徽合肥

前　言

投资是决定企业发展质量的重要战略和财务决策之一，如何提升企业投资效率是企业经营发展的主要目标。在 MM 定理所假设的完美市场环境中，企业的投资效率应该完全由该企业的投资机会所决定。然而，完美的市场并不符合现实的经济环境，由于信息不对称问题的存在，企业中的非效率投资行为屡见不鲜，主要的表现为投资过度和投资不足。投资效率的影响因素众多，除了内部的治理结构和财务特征外，往往也会受到各种市场条件以及政治经济因素的影响，并且诸多行业还会受到政府政策和市场环境的限制和约束。

政府是公司外部重要的利益相关者，政府通常以实施政府补助的方式进行资源再分配，这在一定程度上对弥补市场缺陷、推动经济增长和促进投资等方面发挥着重要作用。数据显示中国政府对本书研究样本中的上市公司的补助在 2008—2018 年呈现出从后面的具体数据来看，先降后升的趋势，具体而言，政府补助从 2008 年的 1009.75 亿元下降到 2009 年的 394.24 亿元，降幅高达 60.95%，而后稳定提高到 2018 年的 2419.42 亿元，提升幅度达到 139.60%。政府补助作为企业外部资金的重要来源，目前学者对政府补助所产生的经济效应（效果）还存在着不同的声音。由于我国经济发展处于特殊转轨时期，某种程度是需要借助政府干预手段来协调和引导的，其中就会对企业的投资行为等产生重要影响，有的是正向激励作用，也有负面不利的影响，还包括在企业处于不同生命周期其功效和作用也差异较大。很多学者较早就开始关注政府补助相关的问题，也积极开展深入的研究。目前已有的政府补助的相关研究，多是侧重于政府补助的主要影响因素，或者是对企业经济效益以及技术创新等方面的影响。关于对于政府补助的具体效果，例如对企业投资效率所产生的影响，这方面相关研究却较少予以涉猎。

产品市场竞争是公司面临的一个重要的外部环境因素，无论是代理成本导致的过度投资，还是政府干预导致的过度投资，其投资项目最终要参与到市场竞争中，公司的项目投资行为可能是对外部竞争环境做出的反应。资源的有限性特征必然加剧市场竞争，而市场竞争在一定程度上又有助于降低企业管理层与外部信息使用者之间的信息不对称程度，使公司管理层的决策影响更加透明化，变得更加易于观察。产品市场竞争能够增加比较机会，公司的股东与利益相关群体可以通过行业内部企业的绩效水平来评估企业管理层的尽责程度，进而形成对企业管理层的隐性监督。竞争压力能够激发企业管理层寻求高质量投资项目的动力，经济学意义上的理性人假设认为外部投资者能够判断区分不同投资项目的质量差异，这有助于摆脱高质量投资项目投资不足的窘境。然而，现有研究很少以具体行业层面的角度细致地探讨产品市场竞争与企业投资效率的关系。

在经济进入高质量发展的新常态时期，政府和市场都会在资源配置的过程中扮演着重要角色，也会同时影响企业的决策行为，最终影响投资效率。在国内市场经济推进和国际竞争加剧中，不同产业、不同区域以及不同经营规模的企业竞争激烈程度差别很大，由于政策、地域、供求关系、资源渠道等原因，有的趋向自由竞争市场，而有的趋向垄断。面对这种情况，政府应该是尊重市场自由支配，减少政府干预，还是保护市场竞争中的"弱者"，增加补贴，都将是极为重要的讨论话题。

基于以上问题，本书选取2008—2018年沪深证券市场的上市公司为主要的研究样本。将政府补助、市场竞争与上市公司投资行为纳入一个研究框架，以利益相关者理论、委托代理理论、信息不对称理论、预算软约束理论、企业投资行为理论为基石，对以下问题进行考察：一是政府补助是否影响企业的投资效率？二是市场竞争是否会对企业的投资效率产生影响,如果有,将产生什么样的影响?市场竞争程度的不同是否会影响政府补助的政策效果?三是如果政府补助、市场竞争程度都会刺激和影响企业投资效率,应该如何处理政府与市场的关系,如何有效利用市场竞争刺激作用的同时,把有限的政府补助效用发挥到极致。

本书的实证检验结果发现:第一,关于政府补助与投资效率之间的关系方面,在各个行业中,包括农林牧渔业、电力热力燃气及水生产和供应业、交通运输仓储和邮政业、信息传输软件和信息技术服务四个产业,政府补助对投资效率产生影响。其中,农林牧渔业的政府补助估计系数显著为负,这意味着政府对农林牧渔业补助力度越强,该产业的投资效率越低。电力热力燃气及水生产和供应业的政府补助估计系数显著为正,这意味着政府对电力热力燃气及水生产和供应业补助力度越强,该产业的投资效率越高。交通运输仓储和邮政业的政府补助估计系数显著为正,这意味着政府对交通运输仓储和邮政业补助力度越强,该产业的投资效率越高。信息传输软件和信息技术服务业的政府补助估计系数显著为正,这意味着政府对信息传输软件和信息技术服务业补助力度越强,该产业的投资效率越高。另外,根据稳健性检验结果显示,政府补助估计系数只在少数区域显著,对区域投资效率存在影响,但效应方向并不一致。东北综合经济区和大西北经济区经济发展相对落后,政府补助投入越多,地区发展惰性越强;而东南沿海相对发达,政府补助越多,投资效率越高。

第二,关于产品市场竞争与投资效率之间的关系方面,在各个行业中,包括采矿业、制造业、电力热力燃气及水生产和供应业、信息传输软件和信息技术服务、金融业五个产业,产品市场竞争程度变动对相关产业的投资效率产生影响。其中,采矿业产品市场竞争估计系数显著为正,这意味着产品市场竞争指数越大,产品市场竞争越弱,采矿业的投资效率反而越高,这与产品市场竞争越高,投资效率越高的原假设相反。制造业产品市场竞争估计系数为负,但并不显著,这意味着产品市场竞争强度的提高推动了制造业上市公司的投资效率。

电力热力燃气及水生产和供应业产品市场竞争估计系数显著为负，意味着产品市场竞争强度的提高有助于推动电力热力燃气及水生产和供应业上市公司的投资效率。信息传输软件和信息技术服务业产品市场竞争估计系数显著为负，这意味着产品市场竞争指数降低，产品市场竞争提高，信息传输软件和信息技术服务业的投资效率越高。金融产业产品市场竞争估计系数显著为负，这意味着产品市场竞争指数提高，产品市场竞争下降，金融业的投资效率越高。另外，根据稳健性检验结果显示，产品市场竞争的提高并不必然导致该地区投资效率的提高，如东北综合经济区和北部沿海经济区就呈现出这种特点，市场竞争提高作为一种有效推动效率提升的机制，其过程也是波动反复，对投资效率的影响也需要在与政府补助所带来的改善惰性之间进行较量，不断调整，最终才可能实现理论上的预期。

第三，针对政府补助和产品市场竞争对上市公司投资效率的共同影响方面，结果未发现政府补助和产品市场竞争估计系数在同一产业中同时表现显著。在各个行业中，农林牧渔业只有政府补助与投资效率呈负相关关系，政府对农林牧渔业补助力度越强，产业投资效率越低。采矿业只有产品市场竞争与投资效率呈负相关关系，产品市场竞争越弱，采矿业的投资效率反而越高。制造业只有产品市场竞争与投资效率呈正相关关系，产品市场竞争强度提高推动了制造业投资效率改善。信息传输软件和信息技术服务业只有政府补助与投资效率呈正相关关系，政府补助力度提高，产业投资效率会同向提高。金融产业只有政府补助与投资效率呈正相关关系，政府补助越高，金融业的投资效率越高。租赁和商务服务业只有政府补助与投资效率呈负相关关系，政府补助提高会引发该产业投资效率下降。另外，根据稳健性检验结果显示，东北综合经济区政府补助估计系数显著为负，产品市场竞争指数显著为正。尽管东北综合经济区产品市场竞争程度在加强，但随着东北综合经济区政府补助的持续提高，产品市场竞争对东北综合经济区投资效率的影响在削弱，效应表现并不显著，政府补助对产品市场竞争可能存在替代效应。北部沿海经济区政府补助估计系数显著为负，产品市场竞争估计系数为负，但不显著。东部沿海经济区产品市场竞争估计系数显著为负，政府补助估计系数为正但不显著。大西北经济区政府补助估计系数显著为负，产品市场竞争估计系数为负，但不显著。总之，政府补助在中国各地区仍然在不同程度地发挥作用，但随着市场竞争的不断强化，市场竞争存在替代政府补助推进投资效率的可能，这在一定程度上也印证了基于产业分类的估计结果。

本书在对政府补助、市场竞争与上市公司投资行为之间关系进行研究的过程中，可能会产生的创新之处有：第一，本书将政府补助、产品市场竞争和企业投资效率纳入同一框架进行系统分析。不同于已有研究普遍针对政府补助和市场竞争对投资效率的影响分割开来进行研究，现实中政府补助和市场竞争作为两种截然不同的资源配置机制，客观存在于我国现阶段的经济体系中，形成的二元资源分配机制共同作用于微观经济主体，这必然区别于单一资源分配机制。本书从政府补助和市场竞争各自对投资效率的影响进行分析，识别单一资源配给制度对企业投资效率的冲击；同时也考察两种资源配给制度共同对企业投资效率作用时，两种资源分配制度之间是否存在互补效应或者替代效应，也就是明确政府补助和市场竞争之间究竟是互补还是替代。第二，本书基于空间和产业双维度围绕微观企业的投资效率问题在三个层面展开分析。不同于已有研究普遍从国家整体层面研究政府补助抑或产品市场竞争对投资效率的影响，由于不同产业、不同区域之间，甚至同一区域不同产业之间的政府补助和市场竞争程度均存在差异，掩盖个体产业和个体区域的差异，同样基于整体估计结论形成对策建议必然缺少针对性和可行性。本书关注的是政府补助对企业投资效率影响，市场竞争对企业投资效率的影响，政府补助和市场竞争同时考量对企业投资效率的影响；同时从空间区域和产业行业两个维度上进行细化分析和验证，得出更为具体翔实的研究结论。第三，我国区域发展战略一直在区域均衡和非均衡之间徘徊，1999—2019年总体上国家一直在推动区域均衡发展，而在2020年则开始倾向于推动区域非均衡发展，集中优势资源发展经济。那么在新战略刚刚启动之际，对已经存在的二种资源分配机制进行系统的分析和总结，在此基础上识别二种资源分配机制的缺陷和不足，进而考虑在未来区域非均衡战略实施背景下，如何在两种制度间进行平衡和侧重显得尤为重要。

目　录

第一章　绪论 ·· 1

　第一节　研究背景 ·· 1
　第二节　研究意义 ·· 5
　第三节　相关概念界定 ······································ 7
　第四节　研究方法 ··· 12
　第五节　研究内容 ··· 13
　第六节　研究创新点和研究局限与展望 ······················· 15

第二章　文献综述 ··· 18

　第一节　企业投资效率测度相关文献综述 ····················· 18
　第二节　政府补助对企业投资效率影响相关文献综述 ··········· 27
　第三节　市场竞争对企业投资效率影响的相关文献综述 ········· 38

第三章　政府补助、市场竞争对公司投资效率影响的相关理论 ··· 46

　第一节　利益相关者理论 ··································· 46
　第二节　委托代理理论 ····································· 52
　第三节　信息不对称理论 ··································· 59
　第四节　预算软约束理论 ··································· 64
　第五节　企业投资行为理论 ································· 70

第四章 政府补助对上市公司投资效率的影响 …… 75

第一节 研究假设的提出 …… 75
第二节 研究设计 …… 77
第三节 实证结果分析 …… 86
第四节 稳健性检验 …… 104

第五章 产品市场竞争对上市公司投资效率的影响 …… 108

第一节 研究假设的提出 …… 108
第二节 研究设计 …… 111
第三节 实证结果分析 …… 118
第四节 稳健性检验 …… 137

第六章 政府补助与产品市场竞争对上市公司投资效率研究 …… 141

第一节 研究假设的提出 …… 142
第二节 研究设计 …… 144
第三节 实证结果分析 …… 149
第四节 稳健性检验 …… 163

第七章 研究结论与政策建议 …… 168

第一节 主要研究结论 …… 168
第二节 政策建议 …… 176

参考文献 …… 181

第一章

绪　论

第一节　研究背景

政府补助和市场竞争作为促进经济发展的两个重要手段，两者是否在如何影响企业的投资效率以及在两者共同对企业投资效率作用和影响的情况下，企业如何把握市场与政府之间关系的平衡点，既能利用市场竞争的力量推动企业的发展，又能使有限的政府补助效用发挥到最大化？这一直是理论界和实务界所关注的焦点。

企业作为经济的微观主体，其蓬勃发展是我国经济快速持久发展的重要原因之一，而在企业的各项经营活动中，投资活动的地位可谓是举足轻重。换言之，企业的投资活动直接引领企业未来生产、销售、发展的方向，甚至决定企业的价值和可持续增长力，帮助企业在竞争残酷激烈的市场经济中占据一席之地，从而取得进一步的成长和发展。MM资本理论认为，要想尽可能实现投资效率最大化，企业应在符合法码对有效资本市场的假定基础上，将资金通过市场竞争机制传导到获益高的项目上去；与此同时，企业的经营管理权和所有权分离以及内外信息不对称又可能会使资金与最佳资本配置产生一定程度的偏离，出现过度投资或投资不足的现象。由此看来，企业投资效率本身就是一个热点问题。

事实上，相较于自身的战略规划、远景设计、项目选择等内部因素，政治环境、市场条件等外部因素对企业的投资行为、投资效率问题产生了很大程度的影响和制约。在我国市场转型的过程中，各级政府由集权到分权的权力配置的转变伴随着我国政府的考核体系中就业率、公共产品服务等社会发展方面的指标的涉及，政府具有更加充分的动机和意愿运用一些手段提高该地区社会成员的物质与文化生活的质量，加速经济建设，来以此缓解所面临的巨大"社会业绩"的压力。而在此过程中，政府补助更是作为一项重要手段被各级政府广泛使用。上市公司的经营业绩能够通过政府补助得到改善，甚至于扭转乾坤，弥补亏损，获取盈利，能够将一定期间内的会计利润增加，显示出企业在这段时间内良好的经营成果，将这样的信息发布在市场上，可以提升企业的股价，加深投资者对企业的投资信心。这些表现为企业带来的是更多的自由现金流，并且对企业资金的约束较少，因此可能会导致企业投资决策大于投资需求的现象。除此之外，政府为了使一定时期内的政绩更加优异，在能够增加就业岗位、增加GDP的项目上支持企业进行大规模投资，而不考虑该投资对企业是否最优，也因此很容易造成企业的过度投资。数据显示，中国政府对本书样本中上市公司的补助在2008—2018年呈现出从下一句的具体数据来看，先降后升的趋势，具体而言，政府补助从2008年的1009.75亿元下降到2009年的394.24亿元，降幅高达60.95%，而后逐步提高到2018年的2419.42亿元，提升幅度达到139.60%。同时，获得政府补助的上市公司在行政区域上也呈现比较明显的区域特征，按照最新对我国经济区域划分标准，分为东部沿海经济区、南部沿海经济区、北部沿海经济区、长江中游经济区等八大区域，八大区域2008年和2018年两年比较数差异较大，见图1-1。

改革开放四十多年以来，我国经济在市场化进程下快速发展，要素市场和产品市场的流动性得到了很大程度的增强，市场监管机制不断完善。市场这只"看不见的手"在资源配置方面发挥着重要作用。资源的有效配置使得市场更加透明，继而对企业投资活动产生影响。

第一章 绪论

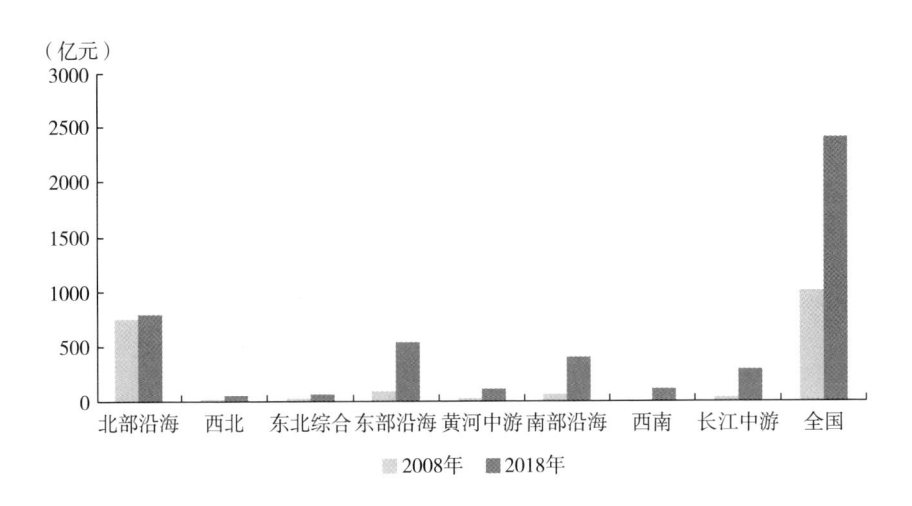

图 1-1　中国上市公司获得政府补助经济区域分布

产品市场竞争是公司面临的一个重要的外部环境因素，企业存在代理成本或是政府的干预都可能会导致企业过度投资行为的发生，但无论是哪种方式导致的过度投资，最终都要流入市场，参与竞争，外部竞争环境的变化很可能会导致企业做出投资决策。良好的要素市场可以提高资源在市场上的流动，减少资源的浪费，提高资源的利用率，在市场要素发展完善的地区，企业和市场之间的信息传递更加迅速，生产要素自由流动，便于企业及时调整生产经营方向，提高投资效率。当市场竞争环境发生变化时，企业会主动实施策略，将主动权掌握在自己手中，加大投资力度，使用过度投资的手段提高市场壁垒，将其他投资者阻拦在市场大门之外。徐一民和张志宏（2010）从政府控制角度出发研究产品市场竞争对投资效率的影响，结果显示投资效率与产品市场竞争呈正相关关系，产品市场竞争越激烈，投资效率越高；但如果企业股权性质为政府控制，则投资效率对产品市场竞争的敏感性显著下降，投资行为出现扭曲。陈信元等（2014）从行业竞争角度出发，研究其对投资效率的影响，研究显示行业竞争提高了企业投资行为的敏感性，能够有效调整企业投资过度和投资不足的问题，从而增强公司投资效率。黎来芳等（2013）基于市场竞争和负债融资两个变量，探析其对公司投资过度的影响。结果显示债务融资对投资过度具有较强的约束抑制作用，产品市场竞争越激烈，债务融资对投资过度的约束效果越明显，反之则越弱。现阶段，国外对产品市场与投资效率的研究取得较为一致的结论，即产品市场竞争程度越高，公司的投资效率也越高。欧美国家的市场经济相比转型过程中的新兴经济体要更为发达，上述结论的表现也更为明显。

相比于欧美发达的市场经济环境，中国正处于经济产业转型之中，市场经济机制尚不完善，市场环境也较为复杂多变，产品市场竞争与投资效率之间的传导效应也异常复杂，这也愈加凸显出市场竞争对投资效率影响研究的重要性，这对提高资源配置效率具有重要意义。资源的有限性特征必然加剧市场竞争，而市场竞争在一定程度上又有助于降低企业管理层与外部信息使用者之间的信息不对称程度，使公司管理层的决策影响更加透明化，变得更加易于观察。产品市场竞争能够增加比较机会，公司的股东与利益相关群体可以通过行业内部企业的绩效水平来评估企业管理层的尽责程度，进而形成对企业管理层的隐性监督。竞争压力能够激发企业管理层寻求高质量投资项目的动力，经济学意义上的理性人假设认为外部投资者能够判断区分不同投资项目的质量差异，这有助于摆脱高质量投资项目投资不足的窘境。

本书基于空间和产业双维度围绕微观企业的投资效率问题在三个层面展开分析：首先，企业的投资效率的变化是否是由于政府补助引起的？其次，企业的投资效率是否会因为市场竞争而发生变动，如果会因此发生变动，将会受到什么程度的影响？不同程度的市场竞争与实施政府补助的效果之间是否存在关联关系？最后，如果分析结果得知企业的投资效率会受到以上两个方面的影响，那么企业如何把握市场与政府之间关系的平衡点，既能利用市场竞争的力量推动企业的发展，又能使用有限的政府补助最大限度地实现其价值。

第二节 研究意义

本书基于深沪 A 股上市公司的相关数据，分析政府补助、产品市场竞争对企业投资效率的影响，本书的研究意义有以下几个方面：

一 理论意义

本书的研究在一定程度上拓展了政府补助、产品市场竞争效应研究，丰富了政府补助、产品市场竞争对企业投资效率影响的研究，具有一定的理论意义。

（一）进一步丰富了企业投资效率相关研究

本书通过对企业投资效率测度、投资效率相关影响因素的相关国内外文献进行梳理和总结，厘清企业投资效率的研究方法，比较不同研究方法的优势和不足，对企业投资效率的相关影响因素进行梳理和整理，重点理出两个重要的影响因素，即政府补助和产品市场竞争，进一步梳理政府补助的存在动机、影响因素、效果效应等相关文献，并进行政府补助对企业投资效率影响的研究。

（二）进一步丰富了政府补助、产品市场竞争对企业投资效率影响研究

国内外经济一体化、竞争化、全球化不断加剧，因为空间区域差异、行业产业模式不同、地域经济发展政策、资源渠道不同，同时，加之企业规模、商业模式等自身条件差异，内外原因共同促成，有的趋向完全竞争市场、有的趋向垄断竞争市场。而政府是否应干预市场竞争，向"弱者"伸出援助之手？本书把政府补助、产品市场竞争纳入同一区域考虑，发现政府补助与产品市场竞争在各区域表现特征各异、程度不同，进一步丰富了政府补助、产品市场竞争对企业投资效率的影响研究。

二 现实意义

诸多学者关于企业、政府和市场三方之间关系的研究不断升温，

本书剖析了政府对于市场的调控运作，深入了对政府干预的理解以及分析了市场机制作用下企业投资效率的影响路径及经济后果。

（一）本书为研究政府、市场和企业三者关系提供有利参考

本书对于我国如何利用政府有形之手与市场无形之手推动企业投资效率提高，促进经济增长质量具有一定的参考意义。根据研究结论，政府补助能够促进不同区域和不同产业下企业投资效率的提高，但是对不同产品市场化程度的区域和产业分组考察发现，产品市场化程度高的地区，政府补助对企业投资效率的促进作用越发明显，相反的是，在程度较低的地区，受到政府补助的企业反而更不易实现投资效率的提高。本结论在一定程度上对研究政府、市场和企业三者关系提供了有利参考。

（二）本书可为政府制定相关补助决策提供理论支撑

政府补助能够不同程度地促进不同区域和不同产业下企业投资效率的提高，本书从空间区域和产业行业两个维度上进行细化分析和验证，从（一）得知产品市场化程度越高，政府补助对投资效率的促进作用越明显。为什么（二）里是产品市场化程度越低越明显？政府部门要考核政策的经济效果，衡量和评价政府补助的作用，本结论可以提供一定的补助效果评价，并为后续政府补助政策提供借鉴。

（三）本书可为微观企业投资者的投资决策提供参考

经济发展程度不同区域、市场竞争程度不同区域，可能在政府干预上存在较大差异，如果是在政府行政干预较多的地区，企业在受到干预多时，可能会选择通过政治关联来获取政府补助等，从而产生"寻租"行为；而在政治干预程度低的地区，企业则可能会将重点放在生产经营中，这会减少经济资源配置的扭曲和经济资源的浪费，有利于建设更加公平透明的市场环境，有利于企业持续健康发展。

第三节 相关概念界定

一 政府补助

在中国，直至20世纪50年代才开始有了政府补助，但其补贴项目单一，仅对絮棉进行补贴。到了改革开放之后，政府补助的规模逐渐扩大，涨幅迅速，补助的内容也不断丰富。在改革开放之后的十年里，企业政策性亏损和价格补贴支出涨幅巨大，年均涨幅达19.6%，从136亿元增加到972亿元，涨了6倍多，远超出财政平均年收入的涨幅。20世纪90年代之后，我国开始对政府补贴进行调整，就其披露和处理方面，我国分别在1995年出台《捐赠和政府援助》、2002年出台《政府补助和政府援助》、2005年出台《捐赠与补助》共计三份意见稿，最终在2006年将政府补助正式纳入企业会计准则，对其的会计处理和信息披露也开始变得合规起来。

根据我国对政府补助的定义，它是指除政府作为所有者给企业投资的资本外，无偿补助给企业的资产。根据会计准则的要求，按照政府补助给企业带来经济利益或弥补相关成本或费用的形式不同，将政府补助划分成与资产相关的政府补助和与收益相关的政府补助两大类，其主要形式有财政拨款、税收返还、财政贴息、无偿划拨非货币性资产。政府补助准则规范的政府补助主要有如下特征：无偿性和直接取得资产。财政贴息是指为了鼓励企业开发先进产品，采用先进技术，国家财政对使用某种特定用途的银行贷款的企业，为其支付全部或部分的贷款利息；税收返还是指根据相关规定，政府先征收税款然后向企业返还或者当即返还，这是一种税收优惠补助；除一些被国务院、财政部以及税务主管部门规定的单位之外，财政拨款指的是一些被纳入预算管理系统的社会团体及事业单位收到各级地方政府拨发的专用资金及款项。根据我国的现时情况和相关参考文献，在本书中，政府补助的内容除上述所说的外还包括政府扶持基金、财政奖励和其他有相关性质的资金项目。

近年来,在我国上市公司中,政府补助逐渐盛行且其金额也逐年递增,引起了大众和媒体的关注,但这些关注重点大多汇集在那些依靠补助扭转亏损局面的上市公司身上,即聚焦在其操纵收益和地方保护动机身上。而就如今中国的现状来说,政府补助是否达到了更根本的目标,据此,本书在排除特殊补助的基础上,根据宏观环境的变化,进一步考察政府补助对上市公司投资效率的影响。

二 产品市场竞争

市场经济的基本特征就是竞争,可以说,竞争是市场运行机制的基本要素和根本保障。在市场经济中,同类经济行为主体为了自身利益,增进其自身经济实力和除去同类经济行为主体同样行为的表现。促成市场竞争的内在动因是各经济主体自身利益的驱动和受到市场中同类经济行为主体所排挤而产生的忧虑。这对制造业企业来讲,产品市场竞争关系到企业的存续以及企业能否顺利发展,是企业最重要的外部经营环境。所以,进一步深层次探究产品市场竞争对企业行为决策的影响具有重大的意义。

市场调节机制是通过价值规律实现的,而最有效的调节机制为价格机制,对于市场化这一概念,学术界的观点有所不同,但总体上可以总结成两种:以陈宗胜(2001)为代表的观点体现出市场化是在资源配置过程中,经济对市场机制的依靠程度随着市场机制的作用变大而变强,市场机制渐渐趋于成熟的过程。在陈宗胜的观点之上,张曙光(2014)做了进一步定义,他思考的市场化为渐渐地平等得以实现,经济自由化得以实现的一个过程,在此过程中要将特权尽其所能地消灭。以樊纲(2010)为代表的研究者所考虑的计划经济向市场经济转变为一个过程,它涉及多领域、全方位,此过程不但局限于规章制度,而且大量经济、法律和社会等诸多方面的变更也都有所涉及。市场化是资源配置的转变,体现在前一个观点,市场化全方位转变;具有全面性,体现在后一个观点,这是这两个观点不同的地方。市场在宏观调控下发挥资源配置作用的程度是市场化程度的含义,研究市场化程度时，我国学者采取的观点几乎都为樊纲的，从五个方面对市场化程度进行综合评估，它们分别为政府与市场的关系、产品市场的发育程度、非国有经济的发展、要素市场的发育程度、市场中介组织和法律制度环境。学者们通过研究发现，市场化程度可以影响企业的创新效率。企业创新过程被冯宗宪和王青（2011）看作是一个生产知识的过程，他们研究中国的大中型工业企业的数据主要采取两阶段半参数 DEA 法，在此过程中，他们察觉到市场化程度会十分明显地促进企业在技术创新方面的效率，但同时也发现对于规模效率，市场化程度体现出负向的作用。那么，企业的创新效率会被市场化程度如何影响呢？以工业企业数据在中国的 120 个城市为基础，开展实证分析，蔡地（2012）发现如果市场化程度得以提高，便能够更好地对企业的创新成效，如商标、专利技术等进行保护，进而加强企业在技术创新方面的积极性，同时他还发现，市场化程度对于国有企业技术创新的提升效率不如民营企业。在先前学者研究的基础上，戴魁早（2013）在对市场势力和企业规模进行思考之后，发觉资源配置效率也与市场化程度有关，市场化程度提高，资源配置效率提高，加强技术水平可以提高企业的创新效率。再后来，通过研究制造业和信息技术业的数据，李诗田、邱伟年（2015）发现良好的制度环境对企业创新有正向的影响，它可以帮助建造公平有效的创新环境。

  近些年，企业层面和产业层面有关创新效率的问题被更多学者所重视，研究对象为非金融类上市公司。解维敏（2016）发觉市场化程度会推动企业家的创新精神，市场化有助于促进企业家的创新精神，原因是，企业家追求经济发展的动力随着市场化程度提高而增强。伴随实施创新驱动发展战略和投入于研发的不足问题被我国学者越发关注，一些学者得到结论，企业创新水平增强的基础是投入研发，只有增进企业对研发的投入才能增强创新效率。而企业投入研发的资金主要获得渠道是政府补贴以及外部融资，企业在发达的金融市场中可以挑选来自不同渠道的创新融资，这正向影响了企业的创新投入（孙刚、宋夏云，2016）。基于此观点，元颖（2017）实证分析了沪深 A

股上市公司的数据，进一步发现市场化程度有助于促进企业研发投入。以现存的文献研究为基础，通过对静态面板数据以及面板门槛回归的方法的运用，刘瑞（2019）实证得出企业创新效率与市场化程度呈正相关的结论，同时也得到，对民营企业和国有企业，市场化程度对民营企业的提升效果更好这一与其他学者相同的结论。

在经济学中，市场竞争强度的划分通常考虑其市场结构。广义的市场结构就是某行业内部交易双方的数量、规模、产品差别，以及包括新进入者进入的难易度，包括三个基本要素，即市场主体、市场格局和市场集中度。关于衡量产品市场竞争程度的指标还存在不同的声音，国内外相关的研究和讨论较多，相对而言，认可度比较高的是采取赫芬达尔—赫希曼指数进行产品市场竞争衡量，这一说法被大部分相关研究赞同，所以本书借鉴多数相关文献的做法，采用赫芬达尔—赫希曼指数度量市场竞争程度，主要是用市场集中度指标来衡量。

三 投资效率

在企业中，有效的投资所得比上投入所耗损或占用的量就是投资效率，即企业投资活动的收益与成本、产出和投入之比。一般来说，追求股东权益最大化一直是企业的目标，但实际上企业在选择投资决策即判断是否投资时，一个重要的考察要素就是该投资项目的 NPV，即其项目的 NPV 大于零时，企业会想办法募集资金来进行投资。

1950 年至 1960 年，很多从厂商生产理论角度出发的新古典投资理论被经济学家们提出。乔根森等代表人物通过研究指出，产品价格的高低决定投资决策，即企业投资效率受产出水平和产品价格的影响。1969 年，著名的经济学家托宾提出"托宾 Q"系数，也称为"托宾 Q 比率"，是由企业股票市值比上企业资产重置成本计算而来。这个理论认为，只有当该项目能使股票价值增加时企业选择接受投资项目，但要根据项目的风险和预期收益才能判断股票价值是否增加。当我国在制定货币政策时将二级市场加入考虑范围内，那么在对政策进行研究和制定时，会着重利用"托宾 Q"系数，这个系数的提出也对日后公司投资的一些理论提供了不小的帮助。

企业投资效率与信息不对称的联系。由于信息不对称，公司为新项目融资时将优先考虑使用内部的盈余，为了提高投资收益率并使内部融资达到投资需要，明确目标和实施鼓励政策将是公司最有成效的做法；只有当公司能够确保安全的情况下，公司才会考虑外部融资，从低风险的债券融资开始，最后才考虑股权融资。以上就是"优序融资理论"（pecking order）。一个关于投资融资约束的问题也在该理论中有所涉及，企业投资效率是受企业融资约束影响的因素，其中信息不对称是基础，其帮助人们更好地理解企业投资效率。而融资政策通过影响管理者对公司资源的控制来帮助企业在很大程度上解决了投资不当的问题。

企业投资效率与委托代理的关系。实际上追求股东财富最大化并不是企业管理者进行决策的唯一指标，由于委托人和代理人即股东和管理者二者之间追求的利益目标不相同，管理者在追求企业现金流充沛之外，对个人收益和在职消费有更多的期许，而股东的追求目标则是自身财富最大化，利益目标的不同导致二者之间必定存在冲突，管理者有动机为自己谋取私利，这就形成了代理问题。所以，在非对称信息博弈论的基础上，因为契约中委托人与代理人始终存在关乎自身利益的冲突，所以企业出现过多的货币投放量，管理者也不会将其交给代理人，而是将其投放到一些不能增加现金流并且可能对公司有所损害的项目上，希望能进行充分的控制来满足自己的利益。这就是著名的委托代理理论，该理论与公司的投资效率有着密不可分的联系。

企业投资效率与不完全合同的关系。人类交易关系中很重要的一个部分是合同。不完全合同是指包含缺口和遗漏条款的合同。其产生的原因是未来事件的复杂性和不确定性，以及缔约方的有限理性和机会主义行为倾向。首先，契约的不完全性导致事后讨价还价的成本和低效的剩余分配争论。其次，还会形成无效率的事后成本，这是由不恰当的决策权安排和再谈判的低效导致的。最后，由于双方的还价能力不一，不完全合同导致的事后再谈判也会对企业的投资效率产生影响。

第四节 研究方法

本书拟采用的研究方法主要有以下几种。

一 定性分析法

查找关于市场竞争、政府补助以及与上市公司投资相关的国内外研究，对前人的研究进行总结和梳理，即获悉本书所研究内容的最新动态；通过梳理文献寻求论文研究的切入点，为本书后续的研究奠定基础。同时，在相关文献梳理基础上，对政府补助、市场竞争、上市公司投资方向等主要概念进行界定，并分析其内涵，根据其相关的指标进行细致的描述说明。

二 实证分析法

本书在理论分析的基础上，提出相关假设，运用实证分析法构建模型检验假设是否成立。实证分析法是对相关材料进行收集和梳理之后运用数理分析构建模型，精准量化地推导出研究结论的一种研究方法。本书旨在分析政府补助、市场竞争对上市公司的影响，尤其是投资效率方面的影响，具体研究方法如下：

（1）描述性统计分析。本书选择沪深 A 股所有上市公司为基本研究样本，同时根据"证监会 2012 版行业分类标准"对所有 A 股上市公司进行行业产业分类。本书对样本中市场竞争的年度分布情况、政府补助的年度分布情况和上市公司投资效率的年度分布情况进行描述性统计分析，了解我国政府补助、市场竞争对上市公司投资效率的基础数据特征，并从中发现本书研究的价值和意义。

（2）均值 T 检验和秩和检验。本书计划采用均值 T 检验和秩和检验从单个上市公司层面和行业层面初步分析政府补助、市场竞争对上市公司投资效率的影响，以及不同上市公司和不同行业之间可能存在的差异，简单验证本书所提出的研究假设。

（3）相关分析。本书使用 Pearson 和 Spearman 两种方法，研究实验模型中的因变量和自变量之间的相关关系，以及各自变量之间的共线性问题。

（4）回归分析。本书以理论分析为基础，采用普通最小二乘回归方法检验政府补助、市场竞争对上市公司投资效率的影响。

第五节　研究内容

本书以企业层面为出发点，主要研究内容有：首先，企业的投资效率的变化是否是由于政府补助引起的？其次，企业的投资效率是否会因为市场竞争而发生变动，如果会因此发生变动，将会受到什么程度的影响？不同程度的市场竞争与实施政府补助的效果之间是否存在关联关系？最后，如果分析结果得知企业的投资效率会受到以上两个方面的影响，那么企业如何把握市场与政府之间关系的平衡点，既能利用市场竞争的力量推动企业的发展，又能使用有限的政府补助最大化地实现其价值。

本书的研究内容是回答以下五个方面的问题。

第一个回答的问题是政府补助和市场竞争的含义。具体来说，是从上市公司政府补助（市场竞争）的现状分析、上市公司政府补助（市场竞争）的特点分析，特点包括政府补助（市场竞争）的行业分布、政府补助（市场竞争）的区域分布、政府补助（市场竞争）的企业性质分布和政府补助（市场竞争）的分布。

第二个回答的问题是政府补助和市场竞争是"怎么样"影响上市公司投资效率的。

第三个回答的问题是政府补助和市场竞争会"如何"对上市公司投资效率产生影响。

第四个回答的问题是政府补助、市场竞争"有没有"对上市公司投资效率产生影响。采用实证检验方法进行分析，具体涉及线性回归、面板单位根检验、面板协整关系检验。

第五个回答的问题是"怎么办",本书对于我国如何利用政府有形之手与市场无形之手推动企业投资效率的提高,促进经济增长质量。政府补助能够促进不同区域和不同产业下企业投资效率的提高,但是对不同产品市场化程度的区域和产业分组考察发现,产品市场化程度高的地区,政府补助对企业投资效率的促进作用越发明显,与之相反,在程度较低的地区,受到政府补助的企业反而更不易实现投资效率的提高,那么如何做到政府有形之手和市场无形之手最大可能地融合协同。

根据上述结构安排,本书大致研究内容见图1-2。

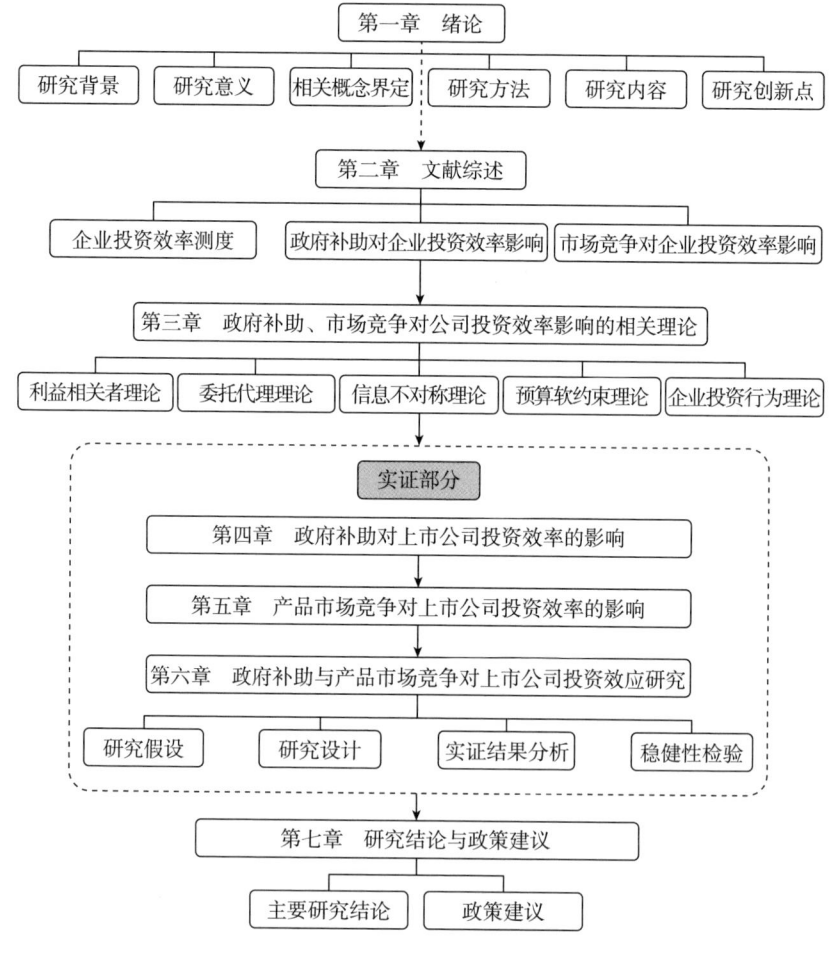

图1-2 本书研究架构

第六节　研究创新点和研究局限与展望

一　研究创新点

本书在已有研究的基础上，系统梳理和分析政府补助、市场竞争对企业投资的影响，可能的创新之处有以下几点。

（1）目前对于投资效率影响的研究，其研究方向普遍将政府补助与市场竞争进行单独分析，但两者作为截然不同的资源配置机制，客观存在于我国现阶段的经济体系中，形成的二元资源分配机制共同作用于微观经济主体，必然区别于单一资源分配机制。据此，本书对政府补助、产品市场竞争对企业投资效率的影响进行系统分析，从政府补助和市场竞争各自对投资效率的影响进行分析，识别单一资源配给制度对企业投资效率的冲击；同时也考察两种资源配给制度共同对企业投资效率作用时，两种资源分配制度之间是否存在互补效应或者替代效应，也就是明确政府补助和市场竞争之间究竟是互补还是替代。结果发现在所有产业中，没有一个产业显示两者估计系数同时表现显著，而且只有农林牧渔业、采矿业、制造业、交通运输仓储和邮政业、信息传输软件和信息技术服务业、金融业、水利环境和公共设施管理业中展现了要么政府补助估计系数显著，要么产品市场竞争估计系数显著。

（2）已有研究普遍从国家整体层面研究政府补助抑或产品市场竞争对投资效率的影响，但实际上，不同产业、不同区域之间，甚至同一区域不同产业之间的政府补助和市场竞争程度均存在差异，因此大一统的研究势必会掩盖个体产业和个体区域的差异，同样基于整体估计结论形成对策建议必然缺少针对性和可行性。因此，本书基于空间和产业双维度围绕微观企业的投资效率问题在三个层面展开分析：政府补助对企业投资效率的影响，市场竞争对企业投资效率的影响，政府补助和市场竞争同时考量对企业投资效率的影响。同时从空间区域和产业行业两个维度上进行细化分析和验证，得出更为具体翔实的研究结论。空间区域划分是按照最新对我国经济区域划分标准，分为东部沿海经济区、南部沿海经济区、北部沿海经济区、长江中游经济区等八大区域，产业划分则是参照2012年版《上市企业行业分类指引》（标准版），主要涉及制造业、采矿业、交通运输仓储和邮政业、电力热力燃气及水生产和供应业、建筑业等17个行业上市公司。

（3）我国区域发展战略一直在区域均衡和非均衡之间徘徊，1999—2019年总体上国家一直在推动区域均衡发展，而在2020年则开始倾向于推动区域非均衡发展，集中优势资源发展经济。那么在新战略刚刚启动之际，对已经存在的两种资源分配机制如何影响微观经济主体进行系统的分析和总结，在此基础上识别两种资源分配机制的缺陷和不足，进而考虑在未来区域非均衡战略实施背景下，如何在两种制度间进行平衡和侧重显得尤为重要。

二 研究局限与展望

本书虽然围绕企业投资效率从政府补助和产品市场竞争两个维度进行了系统的分析与实证检验，但仍然存在至少以下两个方面的不足，这将在后续进一步研究。

第一，本研究从区域和产业两个视角，考察了政府补助和产品市场竞争对企业投资效率的影响和作用方向，并在一定程度上进行了解释。但对于政府补助和产品市场竞争变动背后的深层次原因研究明显存在不足，驱动政府有形之手增强的背后动因、影响机制是什么？驱动产品市场竞争无形之手变动的动因和影响机制又是什么？只有解决了这些问题，才有可能从根源上解决企业投资不足和投资过度的问题。

第二，本书虽然围绕"政府补助—市场竞争"探讨了不同区域和产业下的投资效率问题，但针对中国不同地区政府补助到什么程度和产品市场竞争到什么程度，才能对投资效率产生显著的正向影响尚未进行针对性的研究。自由市场制度与地方保护主义下的计划经济之争，已经渐趋发展成为中国经济能否突破瓶颈的主要矛盾。如何权衡和评估二者对微观企业投资行为的影响变得至关重要，这也是下一步研究的方向所在。

第二章 文献综述

本章主要基于对政府补助、市场竞争、企业投资相关文献做梳理和评述，为本书后续研究提供方向和方法。首先，对企业投资效率测度的相关国内外文献进行梳理和总结，厘清企业投资效率的研究方法，比较不同方法的优势和不足，为本文选择合理的企业投资效率测度方法提供正确支撑。其次，在对企业投资效率的相关影响因素进行梳理和整理时，重点理出两个重要的影响因素：政府补助和市场竞争。接着，进一步梳理政府补助的存在动机、影响因素、效果效应等相关文献，为本书进行政府补助对企业投资效率影响研究提供方向和研究结论参考。最后，总结和梳理市场竞争程度差异与企业行业、地区分布关系等方面的相关文献，为本书后续对市场竞争对企业投资效率影响的研究，同样提供方向和研究结论的参考。

第一节 企业投资效率测度相关文献综述

迄今为止，企业投资作为财务研究的核心问题之一，涉及企业投资项目选定、投资评价方法、资金来源和效率评价等。学界对此也进行了广泛而深入的研究，尤其是针对企业投资效率的相关研究，已有学者从投资不足和投资过度两个视角重点分析企业的投资是否合理，并形成了理论体系和评判方法。

第二章
文献综述

一 投资—现金流敏感性模型

MM定理已经表明，若市场环境处于完美状态，企业的资本结构对企业价值没有影响，企业的投资决策行为与企业资本结构不相关[①]。基于MM理论下的经典投资理论将企业视为一个黑匣子，试图通过对其预期盈利能力、资本使用成本等财务技术指标的研究来识别企业的投资行为。经典投资理论认为要素价格和技术是影响企业资本存量和企业投资总额的最主要因素。显而易见，经典投资理论成立的假设条件极为严格，因而只适用于完美市场，与现实世界严重脱离。在现代企业理论、信息经济学等相关学科的推动下，学界对企业投资的认识逐渐突破MM定理下的完美市场假设，转而开始考察现实世界中的信息不对称以及代理问题对企业投资的影响，不仅如此，大量的面板实证研究发现现金流对企业投资支出可以产生重大影响，存在投资—现金流敏感性。

Meyer和Kuh[②]在Jorgenson的新古典投资理论诞生之前，就已经提出资本市场并非完美，这种缺陷导致企业资本支出受制于企业内部资金流量，同时也强调了金融因素在企业投资中的关键作用。然而其理论缺少足够的理论支撑，当时学界并未对其观点给予足够的关注。直到1988年Fazzari、Hubbard和Petersen（FHP）在信息不对称理论的基础上提出融资约束假说，并以美国1970—1984年制造业的上市企业为样本，实证检验了投资—现金流敏感性在信息成本存在差异的企业间所产生的差异。此后，学界对此问题的研究兴趣日趋浓厚。FHP研究认为企业管理层对企业的未来收益和价值的认识程度必然超过外部投资者，鉴于逆向选择和道德风险的存在，管理层和投资者之间存在的信息不对称也必然引发外部融资过程表现出优序融资[③]、信

---

① Modigliani F., Miller M. H., "The Cost of Capital, Corporation Finance and the Theory of Investment", Comment, *American Economic Review*. 1959.
② Meyer, J. R, Kuh, E., *The Investment Decision*, Cambridge: Harvard University Press, 1957.
③ Myers S. C., Majluf N. J. "Stock Issues and Investment Policy When Firms Have Information that Investors Do Not Have", *Social Science Electronic Publishing*, 1981.

贷约束①或者债务限制②等现象，导致企业在外部融资过程承担额外的成本支出，进一步可能引发企业做出错误的投资决策，极可能放弃净现值为正的投资项目，引起投资不足，这也称为融资约束现象，企业外部融资成本的高低与否决定了企业融资约束程度大和小。

FHP 的企业融资约束理论较为形象地阐明了金融因素对企业投资决策的冲击，以及所导致扭曲的企业个体投资决策行为，不仅如此，该理论对宏观经济波动中的小冲击大波动的经济现象也给予了较为合理的解释，即所谓的金融加速器效应。在 FHP 的研究之后，学界进行了大量针对投资—现金流敏感性的研究，可以通过一些指标测量企业融资约束的程度，股息支付率是常用指标之一③，除此之外还可根据企业的规模以及存续期间④⑤⑥、股权集中度⑦以及商业票据的发行和信用评级⑧。不同国家的学者们基于不同视角考虑对投资决策进行了实证分析，并且在诸多国家均不同程度地得到了印证。

虽然以 FHP 为代表的融资约束模型看起来较为合理，且相关实证研究也取得了较为理想的结果，但仍有部分学者认为 FHP 对投资—现

---

① Stiglitz J. E., Weiss A., "Credit Rationing in Markets with Imperfect Information", *American Economic Review*, Vol. 71 (3), 1981, pp. 393 – 410.

② Myers, R. C., "Stratigraphy of the Frontier Formation (Upper Cretaceous), Kemmerer area", Guideb. – Wyo. Geol. Assoc. Annu. Field Conf.; (United States), 1977, p. 29.

③ Fazzari S. M., Petersen B. C., "Working Capital and Fixed Investment: New Evidence on Financing Constraints", *Rand Journal of Economics*, Vol. 24 (3), 2000, pp. 328 – 342.

④ Blundell R., Bond S., Devereux M., et al., "Investment and Tobin's Q: Evidence from Company Panel Data", *Journal of Econometrics*, Vol. 51 (1 – 2), 1991, pp. 233 – 257.

⑤ Oliner S. D., Rudebusch G. D., "Sources of the Financing Hierarchy for Business Investment", *Review of Economics & Statistics*, Vol. 74 (4), 1992, pp. 643 – 654.

⑥ Bolger G. T., Jaramillo J., "Muscle Aspartyl Protease (cathepsin D) Activity: Detection Using a Chromophoric Substrate and Relation to Wasting in DBA/2 Mice Implanted with Leukemic L1210 tumor Cells", *Canadian Journal of Physiology & Pharmacology*, Vol. 74 (10), 1996, p. 1141.

⑦ Chirinko R. S., Schaller H., "Why Does Liquidity Matter in Investment Equations?", *Journal of Money Credit & Banking*, Vol. 27 (2), 1995, pp. 527 – 548.

⑧ Gilchrist S., Himmelberg C. P., "Evidence on the Role of Cash Flow for Investment", *Journal of Monetary Economics*, Vol. 36 (3), 1995, pp. 541 – 572.

金流敏感性的解释有失偏颇，其中以 Kaplan 和 Zingales[1][2] 对该理论的批判最为强烈和直接，其实证结果显示投资对现金流的敏感性与企业外部融资约束程度在某种程度上来说并不存在一定的相关关系，通过实证分析也可以发现投资—现金流敏感性的高低与融资程度之间不必然相关，因此这种差异并不能成为存在融资约束的前提和基础。不仅如此，他们基于上述模型重新进行了实证检验，结果与 FHP 恰好相反。两位学者针对该理论的研究结论虽然不同，但这种争论却引发了学界进一步研究的兴趣，Cleary[3] 基于多元判别分析法的研究结果显示与 Kaplan 和 Zingales 的结果一致，但 Allayannis 和 Mozumdar[4] 的研究结果与 FHP 接近。不管怎样，投资—现金流敏感性研究通过导入制度、金融等因素使投资理论相关研究得以深入和扩展，尽管研究结果并不一致，但即便对该理论质疑的学者也未否认融资约束对投资决策的影响。

二 Vogt 投资效率评价模型

Vogt（1994）基于 Fazzari 等[5]的投资—现金流敏感性研究逻辑，但区别在于 Vogt 的研究中将投资机会不仅看作控制变量，还同时作为关键的解释变量，在此基础上构建双因素静态面板模型。Vogt 模型可用于分析投资—现金流敏感性的原因，通过现金流和投资机会的交叉项变量系数判断其原因是投资过度或是投资不足，这在一定程度上弥

---

[1] Kaplan S. N., Zingales L., "Do Investment – Cash Flow Sensitivities Provide Useful Measures of Financing Constraints?", *Quarterly Journal of Economics*, Vol. 112 (1), 1997, pp. 169 – 215.

[2] Kaplan S. N., Zingales L., "Investment – Cash Flow Sensitivities Are Not Valid Measures of Financing Constraints", *Quarterly Journal of Economics*, Vol. 115 (2), 2000, pp. 707 – 712.

[3] Cleary S., "The Relationship between Firm Investment and Financial Status", *Journal of Finance*, Vol. 54 (2), 1999, pp. 673 – 692.

[4] Allayannis G., Mozumdar A., "The Impact of Negative Cash Flow and Influential Observations on Investment Cash Flow Sensitivity Estimates", *Journal of Banking & Finance*, Vol. 28 (5), 2004, pp. 901 – 930.

[5] Chirinko R. S., Fazzari S. M., Meyer A P. "How Responsive is Business Capital Formation to Its User Cost?: An Exploration with Micro Data", *Journal of Public Economics*, Vol. 74 (1), 1988, pp. 53 – 80.

补了 PHP 模型的缺陷。啄食融资理论认为，上市公司在融资方式选择时应按照内部融资—债务融资—股权融资的优先顺序进行融资，Vogt 将自由现金理论与啄食理论相结合进行分析，认为当企业处于融资约束情况下，管理层做出投资决策时往往会优先考虑企业内部自由现金流的多寡。鉴于内部融资成本往往低于外部融资成本，在新的融资机会面前，企业通常会选择能够节约融资成本的方式，因此，自由现金流不够充足的企业很可能会放弃净现值为正的新项目，造成企业投资不足，不仅如此，自由现金流匮乏还会进一步恶化公司的投资效率。在此之后，Cleary（1999）和 Aggarwal、Zong[1]均优化了 Vogt 投资效率模型，并各自选择样本和观测对象进行了分析。

由于我国上市公司较少发放现金股利，国内学者曹崇延、任杰、符永健[2]、佟爱琴、马星洁[3]、张纯、吕伟[4]、梅丹[5]重点考虑了这一特点，研究时并没有使用现金股利的变动数，而是改为以负债水平替代研究，研究结果显示以分析师为代表的信息中介有助于改变公司的外部信息环境，有效地降低了公司信息不对称，这对于企业降低外部融资约束和内部融资依赖，以及提升公司支出的现金股利水平有很大帮助。刘美玉、李成友、姜磊[6]，宋玉臣、李连伟[7]，史金艳、陈婷

---

[1] Aggarwal R., Zong S., "The Cash Flow – investment Relationship: International Evidence of Limited Access to External Finance", *Journal of Multinational Financial Management*, Vol. 16 (1), 2005, pp. 89 – 104.

[2] 曹崇延、任杰、符永健：《企业生命周期与非效率投资——基于中国制造业上市公司面板数据的实证研究》，《上海经济研究》2013 年第 7 期。

[3] 马星洁等：《宏观环境、产权性质与企业非效率投资》，《管理评论》2013 年第 9 期。

[4] 张纯，吕伟：《信息环境、融资约束与现金股利》，《金融研究》2009 年第 7 期。

[5] 梅丹：《我国上市公司固定资产投资规模财务影响因素研究》，《管理科学》2005 年第 5 期。

[6] 刘美玉、李成友、姜磊：《农户土地租赁决策及其福利水平差异分析——基于我国山西、江苏、辽宁、山东、四川 5 个省份 689 户农村家庭微观调研数据》，《技术经济与管理研究》2018 年第 10 期。

[7] 宋玉臣、李连伟：《股权激励对上市公司治理效率的影响测度》，《山西财经大学学报》2017 年第 3 期。

婷[①]，杜晓晗[②]，周明、李宗植、李军山[③]，李维安、姜涛[④]，基于 Vogt 模型对上市企业的投资活动进行分析，结果显示不管是银行借款，抑或是商业信贷都能够在一定程度上抑制中小企业管理层的非效率投资行为，促进提高企业的投资效率，其中商业信贷对投资效率的影响最为显著，低融资约束条件下，银行借款对非效率投资的制约效应会有所加强，相对于银行借款，商业信贷对非效率投资的限制作用则会渐趋降低，然而在融资约束较强的条件下，银行借款对非效率投资的制约作用也会随之而降低，相反商业信贷的作用则会随之而增强。Vogt 模型虽能够弥补 FHP 投资效率模型的缺点，但该模型仍有不足之处，具体而言：第一，尽管 Vogt 模型能够对投资不足与投资过度进行甄别，但却不能准确地判断两者的程度；第二，我国资本市场的有效性和规范性很大程度上影响了模型的准确度，导致基于 Tobin Q 识别投资机会的模型在中国可能出现水土不服的特点。

三 Richardson 投资效率模型

Richardson（2006）参考 Strong 和 Meyer[⑤] 的研究方法将总投资分为维持性投资和新增项目投资两类，该研究基于投资效率评价模型的构建可探测企业投资不足与过度投资的程度。为了维护企业现有资产所发生的支出如摊销和折旧，称为维持性投资；新增项目投资可以分为两类：一种是预期存在的新增项目投资，另一种则是非预期存在的项目投资，而这种非预期的投资项目则属于非效率项。

投资效率一般使用 Richardson 模型进行分析，在考虑了能够影响

[①] 史金艳、陈婷婷：《融资约束下异质债务对中小企业投资效率的影响》，《大连理工大学学报》（社会科学版）2016 年第 1 期。

[②] 杜晓晗：《产权性质、债券融资与过度投资——基于中国 A 股上市公司的经验证据》，《经济与管理》2012 年第 8 期。

[③] 周明、李宗植、李军山：《过度投资与其制约因素的实证分析——以制造业上市公司为例》，《数理统计与管理》2009 年第 4 期。

[④] 李维安、姜涛：《公司治理与企业过度投资行为研究——来自中国上市公司的证据》，《财贸经济》2007 年第 12 期。

[⑤] Meyer W. A., Rosefricker C. A., Rose B. L., et al., "Registration of 'Flyer' Strong Creeping Red Fescue", *Crop Science*, Vol. 30（5），1990，pp. 1156–1157.

企业投资效率因素的基础上，运用投资总额与预期投资的差额得到投资残差。这个残差为投资的非效率水平，若该残差大于 0，则反映企业投资过度，反之则表现为投资不足。Richardson 模型相比以往投资效率估计模型，其优点主要体现在能够直观计算出观测期间内样本群的投资效率，可以测度样本群的投资过度和投资不足程度，除此之外，可以将影响投资效率的因素与相关数据综合起来进行分析。鉴于 Richardson 模型在实证研究中具有广泛的适用性，国内研究者也普遍采用这种方法计算投资效率。曹麒麟、余蝉杉、邹易[1]、李焰、秦义虎、张肖飞[2]、郑立东、程小可、姚立杰[3]、王鲁平、白银转、王茵田[4]基于该模型的研究显示独立董事的背景特征与上市公司投资效率存在显著的关联关系，尤其是独立董事的年龄和性别对投资效率影响显著，女性独立董事越多，年龄越大，越能提高投资效率，并且能够有效抑制投资过度。张海龙、李秉祥[5]、黄珺、黄妮[6]、杜雪楠、张红、陈培[7]、唐学华、毛新述、郭李特[8]、胡海青、孟凡玲、张琅[9]研究显示我国企业投资效率不足普遍源自研发投入不足，研发投入不足会加剧研发投资效率的降低，相反，若企业研发投资过度，那么融资

---

[1] 曹麒麟、余蝉杉、邹易：《创业风险投资效率理论及评价模型》，《统计与决策》2010 年第 7 期。

[2] 李焰、秦义虎、张肖飞：《企业产权、管理者背景特征与投资效率》，《管理世界》2011 年第 1 期。

[3] 郑立东、程小可、姚立杰：《独立董事背景特征与企业投资效率——"帮助之手"抑或"抑制之手"?》，《经济与管理研究》2013 年第 8 期。

[4] 王鲁平、白银转、王茵田：《股权激励对投资效率的影响——基于上市家族企业的经验分析》，《系统工程》2018 年第 8 期。

[5] 张海龙、李秉祥：《经理管理防御对企业过度投资行为影响的实证研究——来自我国制造业上市公司的经验证据》，《管理评论》2010 年第 7 期。

[6] 黄珺、黄妮：《过度投资、债务结构与治理效应——来自中国房地产上市公司的经验证据》，《会计研究》2012 年第 9 期。

[7] 杜雪楠、张红、陈培：《旅游上市公司的非效率投资行为研究——基于 Richardson 投资期望模型》，《资源开发与市场》2015 年第 5 期。

[8] 唐学华、毛新述、郭李特：《管理层权力与非效率投资——基于中国 A 股市场的经验检验》，《华东经济管理》2015 年第 12 期。

[9] 胡海青、孟凡玲、张琅：《融资约束对科技型中小企业 R&D 投资效率的影响——来自中小板科技型企业的经验证据》，《科技管理研究》2016 年第 10 期。

约束则会对其形成限制，缓解代理问题，此外，国有股权企业的投资效率普遍低于非国有企业。

四 投资效率 DEA 评价模型

数据包络分析（DEA）产生于 1978 年，是当时的美国经济学家 Charnes、Cooper 和 Rhodes 基于决策单元效率评价的基础上，开发出的以数学规划为模型的全新分析方法，该方法能够有效评价同类型的多个输入和输出单元。DEA 分析的基本思想是将一个经济体系或者一个生产过程视作一个单元，在一定范围内，通过投入一定数量或者金额的生产要素而创造出一定数量产品的经济活动，该过程中的实体也被称为决策单元。具有同样目标和同样任务，同样输入和输出变量的同类型决策单元，可以构成一个决策单元集合。在此之后，Banker 和 Thrall[1] 运用数据包络分析方法对规模效率进行了分析。Mercan[2] 采用 DEA 分析方法对土耳其金融业效率进行评价。Yang[3]、Cook、Liang、Zhu[4]、Hsieh、Lin[5]、Celen、Yalcin[6]、Chiu[7] 等均采用 DEA 分析方法进行研究，实证研究结果普遍上可以较好地对企业或者产业的效率进

---

[1] Banker R. D., Thrall R. M., "Estimation of Returns to Scale Using Data Envelopment Analysis", *European Journal of Operations Research*, Vol. 62 (1), 1992, pp. 74 – 84.

[2] Mercan M., Reisman A., Yolalan R., et al. "The Effect of Scale and Mode of Ownership on the Financial Performance of the Turkish Banking Sector: Results of a DEA – based Analysis", *Socio Economic Planning Sciences*, Vol. 37 (3), 2003, pp. 185 – 202.

[3] Zhang, Liou, Yang, et al., "Petrochemical Constraints for Dual Origin of Garnet Peridotites from the Dabie – Sulu UHP Terrane, Eastern – central China", *Journal of Metamorphic Geology*, Vol. 18 (2), 2010, pp. 149 – 166.

[4] Cook W D, Liang L, Zhu J. "Measuring Performance of Two – stage Network Structures by DEA: A Review and Future Perspective", *Omega*, Vol. 38 (6), 2010, pp. 423 – 430.

[5] Lee C. Y., Pan H. S., Huang L. W., et al., "Temporary Obturator Neuropathy Suspected as a Result of Obturator Fossa Edema After Debulking Surgery", *Taiwanese Journal of Obstetrics & Gynecology*, Vol. 44 (4), 2005, pp. 378 – 380.

[6] Çelen A., Yalçın N., "Performance Assessment of Turkish Electricity Distribution Utilities: An Application of Combined FAHP/TOPSIS/DEA Methodology to Incorporate Quality of Service", *Utilities Policy*, Vol. 23 (4), 2012, pp. 59 – 71.

[7] Chen Y. C., Chiu Y. H., Huang C. W., et al., "The Analysis of Bank Business Performance and Market Risk—Applying Fuzzy DEA", *Economic Modelling*, Vol. 32 (2), 2013, pp. 225 – 232.

行评价。

相比于其他分析方法,数据包络分析法操作简单、理论上更加完备,尤其适合对过程模糊的复杂系统进行评价。因此,自该方法创立以来就被学界和业界普遍应用。国内学者也将其引入项目的评价和决策中,并且在应用过程中不断完善。何静[1]提出了仅有输入的DEA评价模型,李光金、刘永清[2][3]分别构建了基于动态前沿生产函数的DEA评价模型和基于多目标规划的DEA评价模型。针对DEA模型的扩展应用国内学者做出了巨大贡献,在此不再一一列举。针对企业投资效率的评价,国内诸多学者也进行了较为广泛的研究,曾福生、郭珍、高鸣[4],张红、宋文飞、韩先锋、魏轩[5],李晓园[6]、王悦荣、邓春玉[7]、李祺、孙钰、崔寅[8]、吴粤、王涛、竹志奇[9]、任喜萍[10]针对我国基础设施的投资效率进行了评价,评估结果总体上显示,我国基础设施投资综合效率偏低,主要原因是纯技术效率低,大部分基础设施投资处于规模无效状态。京津沪琼和边疆少数民族地区的基础设施

---

[1] 何静:《只有输出(入)的数据包络分析及其应用》,《系统工程学报》1995年第2期。

[2] 刘永清、李光金:《要素在有限范围变化的DEA模型》,《系统工程学报》1995年第4期。

[3] 李光金、刘永清:《基于多目标规划的DEA》,《系统工程理论与实践》1997年第3期。

[4] 曾福生、郭珍、高鸣:《中国农业基础设施投资效率及其收敛性分析——基于资源约束视角下的实证研究》,《管理世界》2014年第8期。

[5] 张红、宋文飞、韩先锋等:《山东省固定资产投资效率的演进轨迹及影响因素分析:1981—2011》,《华东经济管理》2014年第1期。

[6] 李晓园:《新型城镇化进程中城市基础设施投资效率分析与政策建议》,《宏观经济研究》2015年第10期。

[7] 王悦荣、邓春玉:《广东基础设施投资效率时空演化分析》,《广东行政学院学报》2015年第6期。

[8] 李祺、孙钰、崔寅:《基于DEA方法的京津冀城市基础设施投资效率评价》,《干旱区资源与环境》2016年第2期。

[9] 吴粤、王涛、竹志奇:《政府投资效率与债务风险关系探究》,《财政研究》2017年第8期。

[10] 任喜萍:《基于DEA方法的我国城市基础设施投资效率评价研究》,《经济体制改革》2017年第5期。

投资配置相对效率高，中部地区基础设施投资相对效率明显过低。王坚强、阳建军①，刘建丽、张文珂、张芳芳②，彭佑元、王婷③，黄健柏、徐震④，孙晓华、李明珊⑤，郑田丹、付文林、莫东序⑥研究普遍显示金融化程度较低的企业受到财政政策变动的影响要显著强于金融化程度较高的企业；金融化程度较高的企业更易受到利率变动的冲击，金融化程度较低的企业面对货币供给变动冲击的响应程度相对更强。企业投资效率对财政支出政策与税收政策呈现出两种截然不同的反应，财政支出政策能够促进企业提高投资效率，而税收政策则带来负面影响。

第二节　政府补助对企业投资效率影响相关文献综述

政府补助作为资源再分配的重要方式，能够在一定程度上对实现弥补市场缺陷、推动经济增长和促进投资等方面发挥重要作用；国内外学者针对政府补助的相关研究也较为丰富，主要包括补助动机、影响因素、效果效应三个方面，本书对此进行文献梳理、归纳尚待研究的可能空间，为后续研究提供方法和方向。

---

① 王坚强、阳建军：《基于 Malmquist 指数的房地产企业动态投资效率研究》，《当代经济管理》2010 年第 1 期。

② 刘建丽、张文珂、张芳芳：《中央国有企业投资管控效率对股东回报的影响——基于国有企业股权多元化目标的研究》，《中国工业经济》2014 年第 8 期。

③ 彭佑元、王婷：《基于网络 DEA 的科技创新型企业投资效率评价分析》，《工业技术经济》2016 年第 1 期。

④ 黄健柏、徐震：《有色金属上市企业投资效率及影响因素研究》，《中南大学学报》（社会科学版）2016 年第 5 期。

⑤ 孙晓华、李明珊：《国有企业的过度投资及其效率损失》，《中国工业经济》2016 年第 10 期。

⑥ 郑田丹、付文林、莫东序：《财政政策与企业投资效率——基于不同金融化水平的比较分析》，《财政研究》2018 年第 9 期。

一 政府补助的存在动机

政府补助是直接或间接向微观经济活动主体提供的一种无偿转移，国内关于政府补助的动机研究主要有四个方面。第一，政府补助能够有效促进就业，政府有义务保障人民生活环境、社会环境的安稳，为就业者提供工作岗位，满足求职需求。唐清泉等[1]研究发现，政府补助有助于地方就业目标的实现。政府考察企业对当地贡献程度非常重要的指标就是就业容量，政府也愿意给予此类企业更多的补助以维持就业。第二，政府补助能够为地方提供公共性产品。由于公共产品不具备竞争性和排他性，投入市场后一般带来的都是"低效率"甚至"零效率"，因此，出于公益性和公共性原则，政府有动机根据不同情况进行补贴。饶静和万良勇[2]通过实证分析发现，政府补助力度的强弱会对僵尸企业产生不同性质的影响，而适当的补助力度能够有效帮助僵尸企业脱离窘境。第三，税收是政府财权和资源支配权的代表。黄翔等[3]研究发现，政府通过补助能够促进企业的发展，企业则会更好地上缴税收，政府和企业能够达成共赢，形成"良性循环"。第四，对于地方政府而言，上市公司的数量是政绩追求中的一张"王牌"，政府有保护壳资源动机。鄢波和王华[4]研究表明地方政府在竞争压力下理性选择扶持对象和扶持力度，地方政府会随着当地竞争压力程度调整对上市公司的扶持力度，在市场中扮演着"白衣天使"的救助角色。此外，有学者提出，我国由于新股发行制度和退市制度尚不完善，上市公司的壳资源仍炙手可热，政府为了保住这一资源，有动机进行大面积的政府补助。

---

[1] 唐清泉、罗党论：《风险感知力与独立董事辞职行为研究——来自中国上市公司的经验》，《中山大学学报》（社会科学版）2007年第1期。

[2] 饶静、万良勇：《政府补助、异质性与僵尸企业形成》，《会计研究》2018年第3期。

[3] 黄翔、黄鹏翔：《政府补助企业的主要动机研究——基于我国A股上市公司面板数据的实证检验》，《西部论坛》2017年第3期。

[4] 鄢波、王华：《地方政府竞争与"扶持之手"的选择》，《宏观经济研究》2018年第9期。

二 政府补助的驱动因素

（一）相关政策的影响

自1978年改革开放以来，中央将权力下放到各地方政府，并形成了以绩效指标为核心的考核机制。基于财政分权制度，一方面，地方政府在额外财税收入的获取和自主支配中有了更多的支配权，大大激励了其促进本地经济的发展动机，因此地方政府在"援助之手"和"攫取之手"中更倾向于选择"援助之手"，加大对当地企业的经济干预，而财政补贴是其中的重要手段之一[1]。另一方面，中央政府和地方政府存在"信息不对称"问题，上级政府大多以经济绩效指标对地方政府业绩进行衡量，财政分权会进一步引发地方政府之间的竞争，地方官员出于晋升和业绩压力，会加大对地方企业补助的盲目性，利用税收优惠和财政补贴等政策鼓励企业不断扩大投资，促进地方经济的增长，从而在"政治锦标赛"中取得优势[2]。此外，产业政策的倾向性也是企业获取政府补助的重要影响因素。产业政策是政府干预经济运行的重要手段，其往往以政府补助、政策性贷款、税收优惠等形式引导企业投资方向，影响稀缺资源配置，推动经济发展提质升级。王克敏、刘静[3]等指出，地方政府更倾向于发展"产业政策导向型"经济以谋求更高的政治业绩，而政府补助的程度，对受到政策鼓励或重点扶持的企业相比"非产业政策导向"型企业更大。金宇超等[4]研究发现，政府补助使成长行业中的小规模企业和成熟行业中的大规模企业受益更多些。夏清华和黄剑[5]主要是针对高新技术企业进

---

[1] 黄志雄、吴鹏期：《股权激励是否导致了管理者的冒险行为？——兼析2007年美国次贷危机的微观原因》，《决策与信息（旬刊）》2015年第12期。

[2] 步丹璐、屠长文、石翔燕：《政府竞争、股权投资与政府补助》，《会计研究》2018年第4期。

[3] 王克敏、刘静：《产业政策、政府支持与公司投资效率研究》，《管理世界》2017年第3期。

[4] 金宇超、施文、唐松、靳庆鲁：《产业政策中的资金配置：市场力量与政府扶持》，《财经研究》2018年第4期。

[5] 夏清华、黄剑：《市场竞争、政府资源配置方式与企业创新投入》，《经济管理》2019年第8期。

行研究，发现政府补助的资源配置手段对市场竞争与创新投入关系的调节效应不明显，意味着政府补助对市场竞争不存在替代效应，也没形成互补效应。

(二) 企业高管特征的影响

政企之间的关系会对政府补助的资金流向和金额产生重要影响，高管政治关联是其中的重要方面。林润辉等[1]和陈维等[2]分别从两个不同的角度分析了政治关联对政府补助的影响，即企业资源获取角度和政府扶持的角度。林润辉等（2015）运用中介变量模型进行实证分析后表明，信息不对称普遍存在于企业和政府之间，而政治关联则充当了信息传递的纽带，企业能快速及时地根据补贴信息做出相关决策，政府也会挑选更加符合标准的企业，加大补助力度。陈维等（2015）则指出，拥有政府背景的高管往往更加熟悉政府的运作规则，能够更加敏锐地感知政府政策动向，实现与政府官员更有效的沟通，从而政府政策更倾向于扶持此类政治关联度高的企业，企业也因此获取更多的政府补助。此外，独立董事作为公司高管的重要成员也会对政府补助的倾向性产生重要影响。刘中燕和周泽将[3]通过对沪深两市A股上市公司的数据进行分析，认为独立董事的优越之处在于他们拥有较高的社会资本，有助于提高企业经济利益，特别是在一些区域限制明显的地区，本地的独立董事会更加易于获取与政策资源相关的信息，他们通过运用本地的社会网络和社会资本，能够为企业争取更多的政府补助，提高企业获得政府补助的概率和数量，这种现象在民营企业中尤为突出。马悦[4]研究表明，政府补助在提高公司绩效的同时，

---

[1] 林润辉、谢宗晓、刘孟佳等：《大股东资金占用与企业绩效——内部控制的"消化"作用》，《经济与管理研究》2015年第8期。
[2] 陈维、吴世农、黄飘飘：《政治关联、政府扶持与公司业绩——基于中国上市公司的实证研究》，《经济学家》2015年第9期。
[3] 周泽将、刘中燕：《独立董事本地任职提升了企业投资效率吗——基于中国资本市场A股上市公司2007—2013年的经验证据》，《山西财经大学学报》2016年第6期。
[4] 马悦：《政府补助、公司绩效与管理者自利》，《中南财经政法大学学报》2019年第1期。

也会增加管理者自利行为的发生概率，公司管理者主要通过盈余管理行为而非进行现金流操纵实现自利。刘剑民等[1]研究显示，政府补助与高管超额薪酬呈正相关关系，但与央企管理层的权力之间并无显著关系，对于地方国企的政府补助，可能会给管理层增加超额薪酬，以致出现东部地区低于中西部地区的现象。

（三）企业"寻租"活动影响

中国正处于经济转型期，在财政支出方面缺乏有效的监督，政府有很强的自由裁量权去决定补助哪些企业，由此为企业提供了"寻租"空间，企业往往会为获取更多的政府补助而进行"寻租"活动，主要体现在通过研发操纵、负向盈余管理、股权投资和过度的慈善捐赠等方式谋求更多的政府补助。《高新技术企业认定管理办法》明确了微观确认标准，杨国超等[2]利用此认定来分析高新技术企业是否存在研发操纵的行为。研究表明，高新技术企业的认定会为企业带来巨大的补助收益，企业为获取高额的研发补助，会操纵研发投入以达到高新技术企业认定的门槛，实现企业经营业绩的改善。由于政府可支配的补贴资源具有有限性，政府在进行补贴时要进行合理的选择，企业的经营业绩就成为政府考察的重要指标。曾月明和杨洋[3]采用修正的 Jones 模型和双重差分模型对重污染企业进行分析发现，政府会理性地做出补助决策，并没有因为企业的盈余管理而盲目提高补助力度；而赵玉洁[4]则认为，政府补助作为无偿的资金来源，是一笔较为可观的收入，而负向盈余管理往往能够吸引政府对企业进行补贴，因此企业很有可能运用盈余管理调节利润以此达到获取补助的目的，尤

---

[1] 刘剑民、张莉莉、杨晓璇：《政府补助、管理层权力与国有企业高管超额薪酬》，《会计研究》2019 年第 8 期。

[2] 杨国超、刘静、廉鹏等：《减税激励、研发操纵与研发绩效》，《经济研究》2017 年第 8 期。

[3] 杨洋、曾月明：《国有企业资产注入型定向增发与公司业绩的实证研究》，《时代金融》2017 年第 2 期。

[4] 赵玉洁：《媒体报道、外部治理与股权融资成本》，《山西财经大学学报》2019 年第 3 期。

其是偶发性补助和政策性补助。

除了以上的"寻租"方式,企业还可以通过慈善捐赠和股权投资的方式提高政府补助。杜勇等[1]指出,慈善捐赠作为企业的一种"寻租"行为,可以视为其实质就是一种更为安全隐蔽的政治策略,利用慈善捐赠提升企业社会价值,增强政府的信任,政府会提供更多的财政支持。考虑到自身经营状况,亏损企业对于获取政府的愿望更加强烈,亏损企业往往会基于捐赠行为中企业与政府的"利益互惠"进行大额的捐赠,从而获得更高额度的政府补助。从股权投资的角度进行实证分析,步丹璐和狄灵瑜[2]认为政府补助会受到上市公司的投资行为的影响,根据实证分析结果表明,股权投资多的企业能够带动地方经济,有助于政府完成绩效指标,政府因此加大补助力度,为实现政企"双赢",企业常常会以股权投资的方式寻求政府补助。

三 政府补助对企业投资的经济效应(效果)

企业外部资金的主要来源之一就是政府补助,目前学者对政府补助所产生的经济效应(效果)还存在着不同的声音,由于我国经济发展处于特殊转轨时期,某种程度是需要借助政府干预手段来协调和引导的,其中就会对企业的投资行为等产生重要影响,有的是正向激励作用,也有负面不利的影响,还包括企业处于不同生命周期其功效和作用也差异较大。

(一)政府补助导致过度投资

杨国超等[3]对 IPO 公司获得的政府补助进行分析后发现,政府补贴会减少企业投资所需的自有资金,使企业投资更具风险性,甚至出现过度投资;此外,由于政府监管得不完善,企业获取政府补助后并不会按照政府意愿使用该补助,容易产生过度投资现象。黄志雄和赵

---

[1] 杜勇、胡海鸥:《商业银行风险承担、融资约束与货币政策信贷渠道》,《投资研究》2016年第4期。

[2] 步丹璐、狄灵瑜:《治理环境、股权投资与政府补助》,《金融研究》2017年第10期。

[3] 王克敏、杨国超、刘静等:《IPO资源争夺、政府补助与公司业绩研究》,《管理世界》2015年第9期。

晓亮[1]利用沪深上市公司面板数据进行实证分析后发现,在当前财政分权背景下,政府对于加大对社会基建领域的投入得益于财权和政府职能的自主权相分离,这对企业进行投资创造了有利的条件,更加健全、完善的社会机制使企业可以合理有效地进行投资活动。王克敏等[2]和陈险峰等[3]发现,信息不对称造成的资源错配会制约产业政策有效实施,降低行业准入门槛和投资成本,强化市场乐观预期,给企业带来安全错觉,引发企业的过度投资行为。政府补助的正确运用也会促进企业投资的合理化。邢会等[4]研究发现,政府补助能发挥资源属性作用,发挥双重属性协同作用,通过"资金补给效应""补充监督效应"的交互影响,抑制企业策略性创新。

(二)政府补助缓解企业融资约束

政府补助对企业融资产生重要影响。一方面,政府补助资金是企业重要的外源融资来源,可以直接成为企业进行日常经营管理的资金,能够有效地缓解企业的融资约束。另一方面,政府补助具有信号传递的价值,能够有效地促进企业获取更多的外部融资。申香华[5]发现,政府补助具有债务融资效应,政府补助是一种能够增加企业信贷规模的积极信号,同时能够有效地解决企业的融资成本问题;郭玥[6]从政府补助的信号传递机制进行分析,发现政府补助不仅带给企业直接无偿的资金补充,还可以缓解企业与外部投资之间的信息不对称,获取政府补助的企业在一定程度上获得了官方的肯定,向外传递了企

---

[1] 黄志雄、赵晓亮:《财政分权、政府补助与企业过度投资——基于宏观视角与微观数据的实证分析》,《现代财经》(天津财经大学学报)2015年第10期。

[2] 王克敏、刘静:《产业政策、政府支持与公司投资效率研究》,《管理世界》2017年第3期。

[3] 王许寨、陈险峰:《全面"营改增"后资产证券化业务的增值税税制整理与建设》,《财会月刊》2017年第5期。

[4] 邢会、王飞、高素英:《政府补助促进企业实质性创新了吗?》,《现代经济探讨》2019年第3期。

[5] 申香华:《政府补助、产权性质与债务融资效应实证检验》,《经济经纬》2015年第2期。

[6] 郭玥:《政府创新补助的信号传递机制与企业创新》,《中国工业经济》2018年第9期。

业经营良好的积极信号,接受政府补助的企业还能够通过政府的监管减少道德风险问题,因此外部投资者会更加倾向于增加资金投入。陈璐等[1]选择创业板上市公司为研究对象,得出政府补助能缓解科技型企业融资约束,发挥信号传递作用,增加企业股权融资,刺激股权融资对企业研发的投入。

(三) 政府补助影响企业研发创新

政府补助对企业的研发创新活动能够产生不同的影响,包括激励效应、挤出效应和区间效应。激励效应主要体现在政府补助能够直接或间接地增加企业研发资金来源,相比于债权融资、股权融资等其他外源融资,企业在为研发投入进行融资的时候,更加倾向于政府补助资金;此外,由于企业研发周期长且研发行为存在知识溢出的现象,会降低企业的研发热情,而政府补助通过资金支持,有效降低了企业研发的融资约束和正外部性风险,有利于激励企业进行更多的研发投入。刘素荣等[2]从相关性的分类的角度出发,实证研究了政府补助对研发投入影响效应,研究表明,与资产相关的政府补助能显著促进中小企业的研发投入,且与补助轻度呈倒"U"形关系,而与收益相关的政府补助和研发投入之间无显著相关性。王凤荣等[3]研究发现,政府补助总体上对"两高一剩"上市公司中存在异质性特征,政府补助在要素市场扭曲地区发挥着"支持之手"的作用,而在资本密集型市场中则呈现出低效率激励。

挤出效应主要是指政府补助会影响到企业运用资金的预算安排,企业将计划投入到研发项目中的资金用于其他项目,对企业的研发投

---

[1] 陈璐、张彩江、贺建风:《政府补助在企业创新过程中能发挥信号传递作用吗?》,《证券市场导报》2019年第8期。
[2] 霍江林、刘素荣:《政府补助对中小信息技术企业研发投入的影响——基于中小板上市公司的实证分析》,《企业科技与发展》2016年第7期。
[3] 王凤荣、郑文风、李亚飞:《政府创新补助与企业创新升级》,《河北经贸大学学报》2019年第3期。

入产生挤出效应。李万福①研究发现，研发投入总额会随着政府提供的创新补助的增加而增加，但增加趋势却小于政府补助的增加，说明当政府补助增加到一定程度后，会对研发投入产生抑制作用，政府补助对于企业创新自主投资来说具有挤出效应。应梦洁等②通过对西部地区制造企业创新活动的分析，发现政府补贴对于不同特质的企业而言产生的效应不同，例如对于政治关联度高的企业，前一年度政府补贴对企业创新投入具有挤出效应。郭玥③通过实证研究发现，政府补助中，只有创新补助才会显著促进企业研发投入和实质性创新产出的增加，如果是非创新类补助则无显著影响，并提出要提高政府对创新补助的审查和监管。李园园等④对在A股上市的重污染企业进行数据比对分析，认为政府补助对技术创新投入存在显著的"U"形门槛效应。柳学信等⑤研究发现在同等水平企业规模和科研人数的基础上，政府补助能够显著提高企业创新绩效，进一步又发现，对于不同性质的企业，政府补助能够激励国有企业的研发支出，而对非国有企业的研发支出则具有挤出效应。

区间效应主要是指政府补助对于企业研发投入在适当区间内会产生激励效果，但当政府补助超过某一特定值时，反而会产生负向效应。张彩江、陈璐⑥研究发现，政府补助在适当的区间内，会促进企业研发投入，而补助力度过大企业反而不会加大研发投资的力度，不能够在实质上促进企业创新。政府补助并非越多越好，其与研发投入

---

① 李万福：《创新补助究竟有没有激励企业创新自主投资——来自中国上市公司的新证据》，《金融研究》2017年第10期。

② 应梦洁、曾绍伦：《政府补贴对西部地区制造企业创新活动的影响》，《财经科学》2017年第12期。

③ 郭玥：《政府创新补助的信号传递机制与企业创新》，《中国工业经济》2018年第9期。

④ 李园园、李桂花、邵伟、段琨：《政府补助、环境规制对技术创新投入的影响》，《科学学研究》2019年第9期。

⑤ 柳学信、孔晓旭、刘春青、王琪：《政府补助是否促进了企业自主创新?》，《首都经济贸易大学学报（双月刊）》2019年第1期。

⑥ 张彩江、陈璐：《政府对企业创新的补助是越多越好吗?》，《科学学与科学技术管理》2016年第11期。

呈倒"U"形关系。熊和平等[1]从企业生命周期角度出发，实证研究了我国政府补助对生命周期不同阶段的企业研发投入的影响。结果表明，对于初创期企业，政府补助与企业研发投入呈显著正相关关系；而政府对成熟期企业的补助力度与企业研发投入则呈现出先上升后下降，即倒"U"曲线；目前数据显示，政府补助对成熟期企业的研发投入不产生正向或者负向的影响。朱永明等[2]得出政府补助效果受企业生命周期影响较大，对成长期的企业创新投入要比成长期、衰退期的企业更明显。任海云等[3]研究发现，政府补助是一把"双刃剑"，正负作用同时存在。政府补助力度并非越大越有效果，其作用与补助强度密切相关，政府应该确定补助力度的合理区间，此区间的确定和补助作用与企业性质相关。

此外，有学者从不同的角度分析了政府补助对企业研发创新活动的影响。政府直接补贴和税收优惠对于企业研发创新活动的影响不同学者存在不同观点，郑春美等[4]，邹洋等[5]，李绍萍等[6]分别对我国创业板企业、新能源企业进行分析研究发现，相比于税收优惠，政府直接补助更有利于企业进行研发投入；而李传喜等[7]通过分析我国高新技术企业的数据后发现，相比于政府补助，税收优惠更能促进研发投入，两种工具不存在政策冲突，二者能够形成协调效应；同时，税收

---

[1] 熊和平、杨伊君、周靓：《政府补助对不同生命周期企业 R&D 的影响》，《科学学与科学技术管理》2016 年第 9 期。

[2] 朱永明、赵程程、赵健、贾明娥：《政府补助对企业自主创新的影响研究》，《工业技术经济》2018 年第 11 期。

[3] 任海云、聂景春：《企业异质性、政府补助与 R&D 投资》，《科研管理》2018 年第 6 期。

[4] 郑春美、李佩：《政府补助与税收优惠对企业创新绩效的影响——基于创业板高新技术企业的实证研究》，《科技进步与对策》2015 年第 16 期。

[5] 邹洋、徐长媛、郭玲等：《高校中政府研发补贴对企业研发投入的影响分析》，《经济问题》2016 年第 4 期。

[6] 李绍萍、李悦：《新能源汽车企业 R&D 投入与税收政策的关联关系》，《技术经济》2016 年第 4 期。

[7] 李传喜、赵讯：《我国高新技术企业财税激励研发投入效应研究》，《税务研究》2016 年第 2 期。

优惠中，邹洋等[1]发现，流转税优惠企业研发活动激励效应比所得税优惠更大，李绍萍等（2016）[2]则认为企业研发投入与流转税税负无显著相关关系，而与所得税税负则呈负相关关系。张永安等（2019）[3]以战略型新兴产业为研究对象，发现创新资源要优于政府补助对企业创新绩效的提升作用。

（四）政府补助对企业成长性（公司业绩）的影响

我国学者从不同的角度分析了政府补助对企业成长性产生的影响。马红等[4]认为，投资项目是企业提高成长性的重要因素，政府补助能够有效缓解企业的融资约束，使企业进行更多项目的投资，促进企业成长。政府补助对企业的经营绩效和盈利能力也会产生重要影响。臧志彭[5]、陈维等[6]研究发现，政府补助在短期内对公司业绩有促进作用，但长期作用会逐渐弱化，最终产生负面影响。王克敏等[7]对 IPO 公司进行研究发现，IPO 公司获得的政府补助越多，上市后的盈余持续性越差，会计业绩、市场业绩也越差，这种负面效应在低质量公司中更为严重；政府补助可能会扭曲公司正常生产活动，降低公司持续经营能力。何红渠等[8]研究发现，政府与企业之间存在信息不对称加剧了政府补贴的政策性风险，资源无法合理高效地配置，导致

---

[1] 邹洋、徐长媛、郭玲等：《高校中政府研发补贴对企业研发投入的影响分析》，《经济问题》2016 年第 4 期。

[2] 李绍萍、李悦：《新能源汽车企业 R&D 投入与税收政策的关联关系》，《技术经济》2016 年第 4 期。

[3] 张永安、胡佩：《交互效应视角下政府补助、内部资源与创新绩效关系研究》，《科技进步与对策》2019 年第 9 期。

[4] 马红、王元月：《融资约束、政府补贴和公司成长性——基于我国战略性新兴产业的实证研究》，《中国管理科学》2015 年第 s1 期。

[5] 臧志彭：《政府补助、研发投入与文化产业上市公司绩效——基于 161 家文化上市公司面板数据中介效应实证》，《华东经济管理》2015 年第 6 期。

[6] 陈维、吴世农、黄飘飘：《政治关联、政府扶持与公司业绩——基于中国上市公司的实证研究》，《经济学家》2015 年第 9 期。

[7] 王克敏、杨国超、刘静等：《IPO 资源争夺、政府补助与公司业绩研究》，《管理世界》2015 年第 9 期。

[8] 何红渠、刘家祯：《产权性质、政府补助与企业盈利能力——基于机械、设备及仪表上市企业的实证检验》，《中南大学学报》（社会科学版）2016 年第 2 期。

企业收到补贴后不仅没能促进业绩增长，反而降低了盈利能力。政府补助会对高管薪酬和薪酬差距产生重要影响，薪酬差距同时会对企业业绩产生重要影响，从而影响企业的成长。罗宏等[1]研究发现，政府补助越多会导致高管的超额薪酬越多，尽管在短时间内政府补助能够起到粉饰报表的作用，企业管理者会由于短期会计业绩的增长而获得超额薪酬，但从长远来看，超额薪酬作为企业自利的方式可能会损害企业价值，对企业成长性产生负面影响。宁美军等[2]研究发现，高管可能通过盈余管理使自身薪酬维持高位，从而导致管理者减少努力程度，引发道德问题，不利于企业的长远发展。但他同时也发现，随着薪酬—业绩敏感性的不断提升，高管可能为了未来期间的公司业绩而进行有效的投资，促进企业良性发展。苏屹等[3]研究发现，政府补助在企业创新能力和企业可持续发展能力之间起到负向调节作用。

第三节　市场竞争对企业投资效率影响的相关文献综述

产品市场竞争作为企业的外部治理机制之一，对企业管理层的激励和监督领域同样可以发挥积极作用，从而改进公司的经营管理环境[4]。本部分将对市场竞争对企业投资效率影响的相关文献进行梳理，主要涉及两个部分：一是企业管理层行为受产品市场竞争的影响程度的研究；二是针对投资效率与产品市场竞争二者之间相互影响的

---

[1] 罗宏、黄敏、周大伟等：《政府补助、超额薪酬与薪酬辩护》，《会计研究》2014年第1期。

[2] 宁美军、赵西卜、张东旭：《高管薪酬契约有效吗？——基于政府补助视角的实证检验》，《经济问题》2018年第10期。

[3] 苏屹、于跃奇、李丹：《企业创新能力与可持续发展能力影响研究》，《华东经济管理》2018年第11期。

[4] Alchian A A. "Uncertainty, Evolution, and Economic Theory", *Journal of Political Economy*, Vol. 58 (3), 1950, pp. 211–221.

研究。

一 市场竞争影响管理者行为的机制研究

市场竞争基于信息机制影响管理层的决策行为，信息假说设想当同一行业内企业的数量提高，行业内的竞争必然加剧，越发激烈，企业股东可以将管理层的业绩与同行业的其他企业进行比较，由此可以识别和确定该企业管理层的能力，评价管理层的努力程度，进而降低管理层与利益相关者之间的信息不对称，从而减少内部代理成本[①]。此外，清算假说认为在激烈竞争的产品市场，管理不善的企业更容易被竞争对手所清算或者重组兼并，这必然会影响管理层的职业前景，因此在竞争相对充分的市场氛围里，管理层通常会减少机会主义行为，强化自我约束，规避自己遭受损失的风险[②③]。

国外学者对产品市场与投资效率的研究结论基本一致，即投资效率会随着产品市场竞争程度的增高而增高。欧美国家市场经济相比转型过程中的新兴经济体要更为发达，上述结论的表现也更为明显。相比于欧美发达的市场经济环境，中国正处于经济产业转型之中，市场经济机制尚不完善，产品市场竞争与投资效率之间的传导效应也随着环境的多变而异常复杂，这也愈加凸显出市场竞争对投资效率影响研究的重要性，这对改善资源配置效率具有重要意义。第一，资源的有限性特征必然加剧市场竞争，而这有助于解决企业信息双方的信息不对称问题，管理层对公司的经营决策更加透明化，变得更加易于观察。产品市场竞争能够增加比较机会，不同的绩效水平体现了管理层对企业的经营治理能力，这使管理层在无形中受到了股东和相关利益者的监督。竞争压力能够激发企业管理层寻求高质量投资项目的动力，经济学意义上的理性人假设认为外部投资者能够判断区分不同投

---

① Jaffee D., Shleifer A., "Costs of Financial Distress, Delayed Calls of Convertible Bonds, and the Role of Investment Banks", *Journal of Business*, Vol. 63 (1), 1990, pp. S107 – S123.

② Fee C. E., Hadlock C. J., "Management Turnover across the Corporate Hierarchy", *Social Science Electronic Publishing*, Vol. 37 (1), 2004, pp. 3 – 38.

③ Markarian G., Santalo J., "Product Market Competition, Information and Earnings Management", *Journal of Business Finance & Accounting*, Vol. 41 (5 – 6), 2014, pp. 572 – 599.

资项目的质量差异，这有助于改善高质量投资项目投资不足的窘境。邢斐和王红建[①]研究发现，在市场竞争程度较小的行业中，不应资助规模过大的企业，在市场竞争程度较弱的产业中，应避免资助规模过小的企业。刘亭立等[②]研究发现，在产业政策这一固定效应基础上，市场竞争通过"抢占先机"和"攀比动因"两个路径驱动了企业的过度投资。此外，竞争压力还能够减弱管理层的道德风险，降低管理层的"帝国建造"行为，这有助于防范投资过度。第二，市场竞争作为一种外部治理机制，在一定程度上，能够替代代价高昂的监督和激励机制，市场竞争的加剧使管理层更加重视行业评价，为了避免能力落后而受到行业驱逐，管理层普遍会选择尽职工作。也就是说，市场竞争无形中提高了管理层怠于管理公司的成本，能够有效降低因管理层失职为企业带来的影响。第三，产品市场竞争环境中，竞争主体的增加进一步加剧了资本市场竞争，资金作为资本市场最主要的资源同样有限，这一特征导致投资者必然要加强对投资过程的监督，这种来自投资者的外部监督能够约束管理层的投资过度行为，管理层为企业经济利益考虑，为取得资本市场有限资金资源，必然要提高其投资效率。

二 市场竞争对投资效率的影响研究

作为企业的重要外部治理机制，产品市场竞争在很大程度上影响着企业的投资决策。国内外学者从产品市场竞争的信息机制和约束机制出发，进行了广泛的研究。委托代理问题和信息不对称的存在导致企业的投资行为与企业价值最大化的目标往往偏离，进而引发了非效率投资，这是非效率投资出现的关键因素。Modiglianni 和 Miller[③] 在研究中指出，除非在完美的市场环境下，公司的投资决策可以由投资

[①] 邢斐、王红建：《企业规模、市场竞争与研发补贴的实施绩效》，《科研管理》2018年第7期。

[②] 刘亭立、蔡娇娇、杨松令：《市场竞争会驱动过度投资吗?》，《管理评论》2019年第12期。

[③] Modigliani F., Miller M. H., "The Cost of Capital, Corporation Finance and the Theory of Investment", *Comment*, *American Economic Review*. 1959.

机会决定,不会受到其他因素的影响,但大量的实证研究已经显示,信息不对称、代理冲突引发的逆向选择和道德风险已经开始较大地影响市场资本配置的有效性[1][2],所以本部分重点对产品市场竞争是否能够有效缓解委托代理和信息不对称问题的研究文献进行梳理。

(一)基于委托代理角度

Jesen 和 Mecking(1976)基于委托代理框架的研究显示管理层存在偷懒和机会主义的动机,管理层可能通过提高或者降低投资来获得职业声誉、帝国构建以及安逸的生活等个人利益,在这种背景下,管理层可能放弃净现值为正的投资项目或者接受净现值为负的投资项目。Holmstrom[3]、Schmidt[4]、Giroud、Mueller[5] 研究显示产品市场竞争可以有效地减缓管理层的懈怠松弛行为,能够改善企业内部代理引发的问题,相对于监督,市场竞争对公司效率的提高更能发挥积极作用,但给企业带来的不确定因素也会随着竞争的加剧而提高,企业的经营管理风险同步提高,那么管理层因为投资过度而失败,引发的失业风险也会加大[6]。一旦企业拥有较多的现金流量,市场竞争则能够对管理层形成制约,防止其过度使用现金流的行为,此时管理层可能会将超额现金派发给投资者,以此降低过度投资的可能性,与此同时,面对日益激烈的市场竞争,董事会为了保证管理层勤勉尽责,有

---

[1] Jensen M. C., Meckling W. H., "Theory of the Firm: Managerial Behavior, Agency Costs and Ownership Structure", *Social Science Electronic Publishing*, Vol. 3 (4), 1976, pp. 305 – 360.

[2] Myers S. C., Majluf N. J., "Stock Issues and Investment Policy When Firms Have Information that Investors Do Not Have", *Social Science Electronic Publishing*, 1981.

[3] Holmstrom M., Mcgregor D. B., Willins M J, et al., "4CMB, 4HMB and BC Evaluated by the Micronucleus Test Using a Multiple Sampling Method", *Mutat Res*, Vol. 100 (1), 1982, pp. 357 – 359.

[4] Schmidt, Edward J., "An Analysis of the Urban Enterprise Zone (UEZ) and its Impact on the City Corporation in Muncie, Indiana", *Ajr American Journal of Roentgenology*, Vol. 202 (3), 1997, pp. 493 – 506.

[5] Giroud X., Mueller H. M., "Does Corporate Governance Matter in Competitive Industries?", *Social Science Electronic Publishing*, Vol. 95 (3), 2007, pp. 312 – 331.

[6] 荆龙姣:《信息披露、产品市场竞争与投资效率的实证分析》,《统计与决策》2017 年第 4 期。

◇ 政府补助、产品市场竞争对上市公司投资效率的影响研究

更强的倾向加强企业内部控制的质量，强化内部监督及规范企业的投资行为，达到有效应对市场激烈竞争的目的[1][2][3][4][5]。

奥克斯利萨班斯法案颁布后，Chhaochharia 等（2008）[6] 通过实证研究分析了美国上市企业产品市场竞争与管理层激励间的协同效应，研究显示萨班斯法案在行业集中度较高领域所带来的效率提高更显著，进一步发现合理的投资决策、生产决策以及低成本的制造费用有助于提高效率。相比于集中度较低的行业，高集中程度的行业更可能出现支出升高和盈利降低的局面。Frésard 和 Valta[7] 分析了贸易自由化大背景条件下，美国国内和外部企业间的竞争对投资结果的影响，发现在这种激烈竞争环境下，企业的资本和投资水平均出现降低，这是由于紧张的外部环境使企业保留更多现金来预防关税下降后竞争加剧带来的一系列风险。Laksmana 和 Yang[8] 的研究显示公司管理层的投资决策与产品市场竞争存在较强的相关性，产品市场竞争在公司治理过程中发挥了作用，至少在以下两个方面有所表现：一是产品市场竞争有助于激励公司管理层倾向于高风险的投资项目；二是产品市场竞争使自由现金的流动性降低。程昔武等[9]研究探讨发现，市

---

[1] 徐一民、张志宏：《产品市场竞争、政府控制与投资效率》，《软科学》2010 年第 12 期。

[2] 何熙琼、尹长萍、毛洪涛：《产业政策对企业投资效率的影响及其作用机制研究——基于银行信贷的中介作用与市场竞争的调节作用》，《南开管理评论》2016 年第 5 期。

[3] 刘晓华、张利红：《产品市场竞争、会计信息质量与投资效率——2001—2014 年中国 A 股市场的经验证据》，《中央财经大学学报》2016 年第 9 期。

[4] 陈信元、靳庆鲁、肖土盛等：《行业竞争、管理层投资决策与公司增长/清算期权价值》，《经济学（季刊）》2014 年第 1 期。

[5] 张莉芳、蒋琰：《我国上市公司资金链断裂风险预警比较研究——基于主成分和 Logistic 模型的分析》，两岸四地会计准则研讨会论文，2013 年。

[6] Chhaochharia S., "Doing Business in Brazil: The Road Ahead", *Ssrn Electronic Journal*, 2008.

[7] Frésard L., Valta P., "How Does Corporate Investment Respond to Increased Entry Threat?", *Les Cahiers De Recherche*, Vol. 5 (1), 2012, p. 15.

[8] Laksmana I., Yang Y., "Product Market Competition and Corporate Investment Decisions", *Review of Accounting & Finance*, Vol. 14 (2), 2015, pp. 128 - 148.

[9] 程昔武、张顺、纪纲：《企业异质性、市场竞争与研发投入》，《北京工商大学学报》（社会科学版）2018 年第 1 期。

场竞争与企业研发投入呈显著正相关，但受到企业的产权性质和决策权配置的影响，这种相关促进存在差异性。王靖宇和张宏亮[1]研究发现，市场竞争可以通过产品市场的竞争淘汰和行业标杆等作用来提升投资效率，而且对于国有企业和功能性企业而言，产品市场竞争的增强可以起到更大的投资效率提升作用。

（二）基于信息不对称角度

Myers 和 Mueller（1984）研究显示，信息不对称导致管理层无法将可信服的公司投资机会和决策信息传递给市场，导致企业面临融资约束，进一步导致管理层不得不放弃净现值为正的投资项目。信息不对称的存在导致企业实际资本支出与最优资本支出相偏离。然而，产品市场竞争可以有效地降低市场信息的不对称，有助于激励经理人和监督经理人，有益于提高企业资源的配置效率[2][3][4]。市场竞争的信息效应有助于改善企业信息不对称。充分的市场竞争可以为管理层提供可靠的信息，将导致管理层不可控因素分离，进而实现对管理层懈怠行为的监督，强化管理层把握投资机会的能力[5][6][7][8]。在市场竞争程度较高情况下，企业的盈利空间被挤压，导致内源性融资能力降低，

---

[1] 王靖宇、张宏亮：《产品市场竞争与企业投资效率：一项准自然实验》，《财经研究》2019 年第 10 期。

[2] 蔡吉甫：《会计信息质量与公司投资效率——基于 2006 年会计准则趋同前后深沪两市经验数据的比较研究》，《管理评论》2013 年第 4 期。

[3] 任春艳、赵景文：《会计信息质量对公司资本配置效率影响的路径——来自中国上市公司经验证据的研究》，《经济管理》2011 年第 7 期。

[4] 李青原、陈超：《产权保护、信贷机会、所有权结构与公司投资：来自中国制造业企业的经验数据》，《会计论坛》2009 年第 2 期。

[5] 王雄元、刘焱：《产品市场竞争与信息披露质量的实证研究》，《经济科学》2008 年第 1 期。

[6] 邱兆祥、粟勤：《货币竞争、货币替代与人民币区域化》，《金融理论与实践》2008 年第 2 期。

[7] Karuna C. "CEO Reputation and Corporate Governance", *Social Science Electronic Publishing*, 2007.

[8] Fee C. E., Hadlock C. J., "Management Turnover and Product Market Competition: Empirical Evidence from the U. S. Newspaper Industry", *Journal of Business*, Vol. 73 (2), 2000, pp. 205 – 243.

◇ 政府补助、产品市场竞争对上市公司投资效率的影响研究

与此同时，企业为了延伸业务范围、减少管理经营风险，可能对融资需求的迫切性提高。不仅如此，市场竞争加剧的同时也强化了企业的危机意识，企业一般会选择加大研发投入，扩大企业宣传，招聘专业人才等多种方法强化企业在产业中地位，显而易见，这些投资支出势必导致企业对资金的需求加大①②③。所以企业为了降低外部融资成本，必须提高信息的披露质量，进而促进企业内外信息的对称程度，从而有助于缓解外部融资约束。陈硕和李涛④研究发现，在分地区样本中，产品市场竞争对处于金融发展水平较高地区的企业存在抑制作用。

考虑到我国的国情背景，目前国内的相关研究主要着眼于政府的市场干预行为和产业进入壁垒，对产品的市场竞争与投资效率之间的关联性进行了分析研究。Carroll⑤考察了欧盟单一市场计划对市场竞争的影响，针对产品市场竞争与生产效率以及经济增长之间究竟存在何种关系进行了深入分析，结果显示欧盟单一市场计划引发的市场竞争有助于生产效率提升和经济增长，同时，产品市场竞争能够在一定程度上促进代理成本的下降。徐一民和张志宏⑥研究了政府控制条件下，产品市场竞争对投资效率的影响，结果显示投资效率与产品市场竞争呈正相关关系，产品市场竞争越强，投资效率越高；但如果企业股权性质为政府控制，则投资效率对产品市场竞争的敏感性显著下

---

① 钱龙：《中小企业信贷成本、风险和可得性研究》，西南财经大学出版社 2015 年版，第 165 页。
② 曹亚勇、王建琼、于丽丽：《公司社会责任信息披露与投资效率的实证研究》，《管理世界》2012 年第 12 期。
③ 程新生、谭有超、许垒：《公司价值、自愿披露与市场化进程——基于定性信息的披露》，《金融研究》2011 年第 8 期。
④ 陈硕、李涛：《产品市场竞争、地区金融发展与企业创新》，《金融改革》2018 年第 2 期。
⑤ Carroll, Robert J., Conroy, et al., "Wildlife Biometrics Training at the University of Georgia: Adding Quantitative Emphasis to a Wildlife Management Program", *Wildlife Society Bulletin*, Vol. 29 (4), 2001, pp. 1049–1054.
⑥ 徐一民、张志宏：《产品市场竞争、政府控制与投资效率》，《软科学》2010 年第 12 期。

降，投资行为出现扭曲。陈信元等[①]研究了行业竞争对投资效率的影响，结果表明行业竞争有效地促进了企业投资行为的敏感性，能够有效地调整企业投资过度和投资不足，增强公司投资效率。崔刚、宋思淼[②]，黎来芳等[③]分析了市场竞争和负债融资对公司投资的影响，结果显示在投资过度时，债务融资能够发挥一定的约束抑制作用，并且债务融资的约束作用会随着产品市场竞争程度的增高而变强，反之则越弱。黎文靖和李耀淘[④]分析了产业政策对投资效率的影响，结果显示当企业受到产业政策刺激时，私有制企业往往能够率先突破行业壁垒，拓宽融资渠道，提高投资规模。韩林静[⑤]研究了管理结构和非效率投资程度间的关系，其结果表明，在权力高度集中的管理条件下，非效率投资程度显著增高；产品市场竞争程度并不能抑制集权管理下的非效率投资。

[①] 陈信元、靳庆鲁、肖土盛等：《行业竞争、管理层投资决策与公司增长/清算期权价值》，《经济学（季刊）》2014年第1期。

[②] 崔刚、宋思淼：《管理者过度自信与现金持有的经济效应——基于产品市场与资本市场双重角度的研究》，《山西财经大学学报》2017年第4期。

[③] 黎来芳、叶宇航、孙健：《市场竞争、负债融资与过度投资》，《中国软科学》2013年第11期。

[④] 黎文靖、李耀淘：《产业政策激励了公司投资吗》，《中国工业经济》2014年第5期。

[⑤] 韩林静：《产品市场竞争、管理者权力与投资效率》，《技术经济与管理研究》2018年第5期。

第三章

政府补助、市场竞争对公司投资效率影响的相关理论

中国作为新兴的资本市场，公司具有特殊的生存环境和自身特质，从而使其投资效率表现出明显的中国特征。公司的投资效率是其资本运营的主要决策问题之一，公司的投资行为并不是随意的，它受到来自资本市场有效性、金融市场发展水平、信息披露及时性等多重外部因素的影响。利益相关者理论、委托代理理论、信息不对称理论、预算软约束理论、企业投资行为理论分别从不同角度对公司投资效率的决定因素进行了阐释。本章对这些理论进行了总结和分析。在此基础上，进一步实证探索政府补助、产品市场竞争对投资效率的影响。

第一节 利益相关者理论

对于企业价值理论的研究，自20世纪60年代以来，逐渐分化为股东至上理论和利益相关者理论两大方向。二者的主要区别在于企业的剩余控制权和剩余索取权的归属问题上。股东至上理论认为物质资本承担了企业的经营风险，并且在专用性上比人力资本更强，因此包括资本家和股东在内的出资者，理应拥有剩余索取权和剩余控制权，

成为企业资产的所有者。利益相关者理论则不认同[1][2][3][4][5],该理论认为人力资本的拥有者有权索取企业的剩余,企业股东是企业剩余风险的承担者,与此同时,员工、供应商、债权人等利益相关者也都是企业剩余风险的承担者。

一 利益相关者的定义

1929年,彼时通用电气公司的经理人员在演说中提出了"利益相关者"这一专有名词,但在此后数十年,学界对该名词并未给予过多的关注。直到潘罗斯在1959年出版了《企业成长理论》[6],并提出了"企业是人力资产和人际关系的集合"的理念,此举为利益相关者概念的确定做出铺垫。随后1963年斯坦福大学明确定义了利益相关者[7]这一名词,他们将利益相关者比喻成一个团体,组织如果缺少了这些团体的支持将无法生存。显而易见,斯坦福大学就利益相关者的定义相比今天明显不够全面,他们将利益相关者的范围局限在影响企业发展这单一层面上,也仅仅考虑了利益相关者对企业的单方面影响,即便如此,斯坦福利益相关者定义的提出开始让业界认识到,除

---

[1] Hunter T., "Personal Finance: We Must Still Plan Pensions, despite Mr Blair's Safety Net; Stakeholders Are Coming to Sweep Away the Complexities of the Old Pension Regime, but There Are Still Plenty of Questions You Need to Ask. So Let Teresa Hunter Be Your Guide", *Zeitschrift Fur Naturforschung A*, Vol. 37 (3), 1982, pp. 208-218.

[2] Blair J. D., Rock T. T., Rotarius T M, et al., "The Problematic fit of Diagnosis and Strategy for Medical Group Stakeholders—including IDS/Ns", *Health Care Management Review*, Vol. 21 (7), 1996, p. 7.

[3] Fottler M. D., Blair J. D., "Introduction: New Concepts in Health Care Stakeholder Management Theory and Practice", *Health Care Management Review*, Vol. 27 (2), 2002, pp. 50-51.

[4] Blair M. M., "Closing the Theory Gap: How the Economic Theory of Property Rights Can Help Bring 'Stakeholders' Back into Theories of the Firm", *Journal of Management & Governance*, Vol. 9 (1), 2005, pp. 33-40.

[5] Mahoney J. T., Thank I., Aguilera R., et al., "Towards a Stakeholder Theory of Strategic Management", *General Information*, 2012.

[6] Penrose E., "Theory of the Growth of the Firm", *Journal of the Operational Research Society*, Vol. 23 (2), 1959, pp. 240-241.

[7] Shin K. Y., *The Object of IMC: Stakeholders*, The Executor of Integrated Marketing Communications Strategy: Marcom Manager's Working Model, Springer Berlin Heidelberg, 2013, pp. 25-41.

了股东，还有一些群体和因素会影响企业。

继斯坦福大学对利益相关者作出定义之后，Rhenman[1]更全面地定义了利益相关者，他认为利益相关者与企业是相互依存的，即利益相关者依赖企业实现利益目标，企业则依靠个体发展壮大。Rhenman对利益相关者这一全新的定义促使其成长为一个独立的理论体系——利益相关者理论。之后的几十年里，学界从不同角度对利益相关者的定义不断丰富改进。Clarkson[2]在利益相关者定义中加入了专有投资的概念，将利益相关者的内容具体化。在诸多学者中，Freeman[3]对利益相关者的定义最具有代表性，他在其《战略管理》一书中提出利益相关者可以囊括组织实现目标过程影响的所有个人和团体，并能够影响组织目标。Freeman（2010）对利益相关者的定义属于广义上的利益相关者，将所有相关者笼统地置于同一个层面进行分析，虽然极大地丰富了利益相关者的内容，但这也对后期实证研究造成了障碍。基于国外学者的研究成果，国内学者也定义了利益相关者，他们强调利益相关者是在企业生产经营过程中投入了专用性资产，同时承担了企业风险的个人和团体，他们的行为与企业目标是相互影响的。该定义不仅强调了投入资产的专用性，还涵盖了利益相关者与企业目标之间的相互影响[4][5][6][7]。

二 利益相关者分类

Freeman（2010）从广义上将股东、债权人、员工、消费者、政

---

[1] Rhenman E., "Organizational Goals", *Acta Sociologica*, Vol. 10 (3/4), pp. 275 – 287.

[2] Clarkson M. B. E., "A Stakeholder Framework for Analyzing and Evaluating Corporate Social Performance", *Academy of Management Review*, Vol. 20 (1), 1995, pp. 92 – 117.

[3] Freeman R., Fairchild G., Venkataraman S., et al., "What is Strategic Management?", *Social Science Electronic Publishing*, Vol. 20 (7), 2010.

[4] 贾生华、陈宏辉：《利益相关者的界定方法述评》，《外国经济与管理》2002年第5期。

[5] 王辉：《从"企业依存"到"动态演化"——一个利益相关者理论文献的回顾与评述》，《经济管理》2003年第2期。

[6] 李洋、王辉：《利益相关者理论的动态发展与启示》，《现代财经（天津财经大学学报）》2004年第7期。

[7] 金海平：《股东利益至上传统的颠覆——国外公司利益相关者理论评介》，《南京社会科学》2007年第3期。

第三章
政府补助、市场竞争对公司投资效率影响的相关理论

府、竞争者、供应商以及零售商都归类为利益相关者。如前所述,粗略地将所有利益相关者视为一个整体进行实证研究,其结论的有效性和准确性将备受质疑。因此有必要在研究中对利益相关者进行区分。现阶段,国际学术界普遍采用的分类方法有两种,分别是多锥细分法和米切尔平分法。

多锥细分法可以追溯到 20 世纪 90 年代中期,国内外诸多学者尝试基于该方法对利益相关者进行划分。由于各利益相关者提供的资源性质各有差异并对企业产生差异性影响,Freeman[1] 尝试将利益相关者细分为三种类型:第一种类型的利益相关者属于所有者权益类相关者,是持有企业组织股票的群体,包括董事会成员和经理人员等;第二种类型的利益相关者属于对企业组织依赖性的利益相关者,包括与企业组织有经济往来的相关群体,具体涉及雇员、债权债务人、消费者和供应商等;第三类利益相关者属于社会利益相关者,具体涉及政府机关、媒体以及特殊群体。基于利益相关者的作用差异,Frederick[2] 对其进行了划分,具体分为直接利益相关者和间接利益相关者。其中与企业生产交易具有直接关系的即为直接利益相关者,主要包括股东、债权人、消费者、员工、供应商、零售商以及竞争者;而间接利益相关者则是指与企业生产交易非直接相关的个人和团体,包括政府、社会公众、社会团体等。Weeler[3] 与前两位学者不同,他更多侧重于相关利益者是否具备社会性,以及从和企业组织的关联关系角度出发,其将利益相关者分为四个类别:第一类利益相关者具有较强的社会属性,且直接参与组织活动,在利益相关者中占主要地位;第二类是通过社会属性与企业组织形成间接的关联关系,在利益相关者中占据次要地位;第三类是主要的非社会利益相关者,虽会直接影

---

[1] Freeman R. B. ,"Longitudinal Analyses of the Effects of Trade Unions", *Journal of Labor Economics*, Vol. 2 (1), pp. 1 – 26.

[2] Frederick R. P. , Gary M B. Process For Preparing (Hydrocarbylthio) Cyclic Amines:, DE3564571, 1988.

[3] Wheeler D. , SillanpaÄ M. , "Including the Stakeholders: The Business Case", *Long Range Planning*, Vol. 31 (2), 1998, pp. 201 – 210.

响企业组织但并非具体的人属性，如自然环境、资源状况等；第四类是对企业组织存在间接影响，也不是具体的人属性，如环保组织、动物利益组织等，这属于次要的非社会利益相关者。

米切尔评分法由美国学者 Mitchell 和 Wood[①] 在 1997 年提出，此方法不仅考虑了利益相关者的分类还包含了对范围的界定，两位学者认为企业的利益相关者均应具备合法性、权力性、紧迫性三者之一。他们以这三种性质为标准对各类利益相关者进行评分，最终依据分值将其划分为三种类型：一是确定型利益相关者，同时具备上述三种属性，是企业重点联系和密切关注的相关者；二是预期型利益相关者，同时具备合法性、权力性和紧迫性三种属性中的任意两种；三是潜在型利益相关者，即具备三者属性中任意一种。在研究中，米切尔评分法的运用较简单，可以快速判断利益相关者并甄别所属类型，这极大地推动了利益相关者理论的深入研究。国内学者采用米切尔评分法也对相关利益者进行了多角度的研究，马佳铮[②]采用米切尔评分法对党政部门考核评价过程中的主体选择和各考评环节的计分权重问题进行了探讨，给出了党政部门考核评价主体选择方案。何继新和李原乐[③]针对社区公共物品供给利益相关者的划分进行研究，认为在社区公共物品供给建设过程中，不同类型利益相关者发挥的作用也不尽相同。因此构建一个多维分类视阈下的多元利益相关者协同组合，以协同社区公共物品供给多主体利益、行为和资源，推进社区公共物品建设发展。毛庆铎和马奔[④]采用米切尔评分法界定出矿企、地方政府等八个利益相关者，结合利益相关者及其行为等相关因素形成证据链。

---

① Mitchell R. K., Agle B. R., Wood D. J., "Toward a Theory of Stakeholder Identification and Salience: Defining the Principle of who and What Really Counts", *Academy of Management Review*, Vol. 22 (4), 1997, pp. 853 – 886.
② 马佳铮：《利益相关者视角下的党政工作部门考核评价主体选择问题研究》，《宁夏大学学报》（人文社会科学版）2009 年第 6 期。
③ 何继新、李原乐：《社区公共物品供给主体多维分类、角色功能与复合协同治理——基于利益相关者框架的分析》，《广西社会科学》2015 年第 11 期。
④ 毛庆铎、马奔：《矿难事故瞒报行为的解释：基于"系统—利益相关者"视角》，《中国行政管理》2017 年第 1 期。

三 利益相关者理论

利益相关者理论分散了企业组织的经营管理目标,其目标不仅涉及经济利润,企业组织还应该承担社会和政治责任。一旦利益相关者的思想深入公众意识,企业目标就会变得分散,导致企业自身陷入经济与社会责任两难困境,企业组织无形之中被赋予诸多公益性质,企业行为也势必会被限制,既会导致企业在经济上出现资产的流出,与此同时,企业可能出现顾此失彼的情形,如企业为了实现经济利润的最大化,那么就很难平衡好社会责任,相反为了履行更大的社会责任,极有可能以丧失市场、丧失利润为代价[1][2][3][4]。

利益相关者理论仅对利益相关者的概念和范围进行了笼统的界定,利益相关者的范围边界究竟在哪,即便国内和国外很多的学者就利益相关者的界定与分类提出了自己的思考,但普遍仍停留于探讨和假设阶段。涉及众多的利益相关者,从不同角度进行分析的结果导致利益相关者的重要程度不同,主次不同,缺少统一的标准,到目前为止,尚没有能够准确衡量诸多利益相关者权重的理论和分类方法[5][6][7]。

利益相关者理论如何应用于实际研究,应用于实践。针对这个角度国内外学界也从诸多方面进行了广泛的分析和探讨,在理论层面上,该理论确实有突出的应用价值和社会贡献,但在实际层面上,利

---

[1] 潘楚林、田虹:《利益相关者压力、企业环境伦理与前瞻型环境战略》,《管理科学》2016 年第 3 期。

[2] 赵晶、王明:《利益相关者、非正式参与和公司治理——基于雷士照明的案例研究》,《管理世界》2016 年第 4 期。

[3] 李春友、盛亚:《利益相关者网络演化视角下 CoPS 创新风险研究》,《科学学研究》2018 年第 4 期。

[4] 李文茜、贾兴平、廖勇海等:《多视角整合下企业社会责任对企业技术创新绩效的影响研究》,《管理学报》2018 年第 2 期。

[5] 霍有光、于慧丽:《利益相关者视阈下转基因技术应用的利益关系及利益协调》,《科技管理研究》2016 年第 2 期。

[6] 项国鹏、黄玮:《利益相关者视角下制度创业过程研究》,《科技进步与对策》2016 年第 2 期。

[7] 廉春慧、王跃堂:《企业社会责任信息与利益相关者行为意向关系研究》,《审计与经济研究》2018 年第 3 期。

益相关者理论还不够完善，实际中可操作性较低。比如，利益相关者理论中针对企业组织的顾客这一相关者，如果试图针对所有顾客集中采取某一行动是不现实的。不断有学者提出让利益相关者参与企业经营管理，但目前为止还难以实现。尽管Freeman（2010）在研究中提出了利益相关者的授权范围，建议他们参与公司治理，但在实际经营管理中，需要实施者充分认识利益相关者理论并足够了解参与前提和基础准备[1][2][3]。

第二节 委托代理理论

鉴于公司财务理论与公司治理理论的持续发展，以及企业组织对现实问题的关注，业界越来越深刻地意识到，紧紧围绕单个独立的学科研究财务与治理并不能够解决企业日趋复杂的财务状况和公司治理问题。在这种背景下，公司财务与公司治理融合在一起进行研究的趋势日益明显。总而言之，由于新制度经济学方法，如委托代理理论、契约理论等，在企业财务管理中得以广泛应用，公司财务理论取得了长足的进步，以往两个相对独立的学科领域逐渐汇聚成一个庞大的理论体系。学术界日益加深对企业投融资问题的研究，研究框架纲领也逐渐由新古典经济学转变为新制度经济学，分析方法也是如此。研究的视角也从简单的完全市场均衡分析过渡到治理结构分析。

一 传统委托代理冲突下的企业组织投资行为

伴随着公司财务理论与治理理论的交叉融合，公司治理的研究重点开始转向股权结构的密集程度。对治理结构与投资决策之间的

---

[1] 常宏建、张体勤、李国锋：《项目利益相关者协调度测评研究》，《南开管理评论》2014年第1期。
[2] 龙文滨、宋献中：《行业特征与企业社会责任的价值相关性——基于行业竞争视角的研究》，2014年海峡两岸会计学术研讨会分会场讨论论文，2014年。
[3] 刘文杰、朱桂龙：《责任式创新的多过程理论框架：价值冲突转化链》，《科学学研究》2018年第3期。

影响，最初几乎都围绕在管理人员道德风险和委托代理冲突之中，随着信息经济学的发展，对利益相关者行为和企业投资决策的研究逐渐延伸到管理者与投资者的融资成本与逆向选择的问题上。据此基于信息不对称和委托代理理论，传统治理结构下的公司投资理论油然而生。

（一）股东与管理者委托代理冲突下的投资行为机制

企业发行股票转变为上市公司之后，企业内部经营管理者对企业的剩余资产索取权取决于所持股份比例的多寡。一旦所持股份比例较低，那么企业内部经营管理者仅能获得所持股份范围内的剩余资产，但承担的风险和责任却与股权比例不匹配。在所有权和经营权离散程度较大的情况下，管理者所拥有的控制权通常超过其拥有的剩余资产索取权。由于契约的不完备性，管理者极有可能采取过度投资或投资不足行为，将公司资产转移，为实现个人利益而损害公司利益。而管理者的道德风险将在其持股比例为零的情况下更加严峻。企业管理者不仅希望获取超额私有收益，还具有提高人力资本声誉和确保职业安全的动机，而这些行为必定会造成股东与管理者之间的利益冲突，即委托代理冲突，从而影响企业的投资效率。

第一，帝国构建。Jensen[1] 和 Chakraborty 等[2]研究发现，一般情况下，管理者的晋升机会随着企业发展的扩张速度增加而增加，所以相比保守措施，经营管理者更倾向于扩张企业规模，积极寻找有利于企业价值最大化的投资项目。Shleifer[3] 和 Brüggen[4] 强调企业经营管理者为了保证职位的稳定性，更愿意投资能够提高个人人力资本价值的

---

[1] Jensen M. C., "Agency Cost of Free Cash Flow, Corporate Finance", *American Economic Review*, Vol. 76 (2), 1986, pp. 323 – 329.

[2] Chakraborty I., Chhaochharia V., Perez Cavazos G., et al., "Agency Costs of Free Cash Flow", *Social Science Electronic Publishing*, 2015.

[3] Shleifer A., Vishny R. W., "Management Entrenchment：The Case of Manager – specific Investments", *Journal of Financial Economics*, Vol. 25 (1), 1989, pp. 123 – 139.

[4] Brüggen A., Zehnder J. O., "SG&A Cost Stickiness and Equity – based Executive Compensation：Does Empire Building Matter?", *Journal of Management Control*, Vol. 25 (3 – 4), 2014, pp. 169 – 192.

项目，以提高与股东谈判的资本。Hart[1]尝试将经营管理者帝国构建倾向纳入委托代理的理论研究框架，从而支持过度投资的代理理论。与此同时，Almeida 等[2]和 Kim 等[3]以研发投资和委托代理研究为背景，发现投资规模与现金流在低技术制造行业中呈显著负相关，当变量控制许可权和变量专利权纳入模型后，结论依旧成立。由此可见，在经营管理者自利动机的驱动下，管理者倾向于扩大投资，以构建企业帝国，使得这种委托代理下的投资沦为过度投资，某种程度还会降低投资效率。国内学者杨德明、辛清泉[4]，江伟[5]，徐春香[6]研究发现，经理人薪酬高低与投资过度和投资不足呈显著相关关系，这种影响在国有控股企业中表现得更为明显，且多表现为投资过度而非投资不足。

第二，机会主义。企业经营管理者关注自身在人力资本市场能否持续增值，或者说提高个人声誉，为了达到这个目标，管理者更倾向投资能够提高企业短期价值的投资项目，从而引起某些项目投资不足[7][8]。例如，经营管理者可能为了提高公司短期利益而减少固定资产的维修，或者降低对无形资产的投资，由于短期投资确实伴随着良

---

[1] Hart O., Moore J., "Debt and Seniority: An Analysis of the Role of Hard Claims in Constraining Management", *American Economic Review*, Vol. 85 (3), 1995, pp. 567–585.

[2] Almeida H., Campello M., "Financial Constraints, Asset Tangibility, and Corporate Investment", *Review of Financial Studies*, Vol. 20 (5), 2007, pp. 1429–1460.

[3] Kim J., Kim I., Ro Y. J., "The Role of Asset Tangibility on Corporate Investment Under Financial Constraints in Korea", *Social Science Electronic Publishing*, 2017.

[4] 杨德明、辛清泉：《投资者关系与代理成本——基于上市公司的分析》，《经济科学》2006 年第 3 期。

[5] 江伟：《负债的代理成本与管理层薪酬——基于中国上市公司的实证分析》，《经济科学》2008 年第 4 期。

[6] 徐春香：《债务对中国上市公司管理层薪酬业绩敏感性的影响》，硕士学位论文，南京师范大学，2015 年。

[7] Narayanan M. P., "Debt Versus Equity under Asymmetric Information", *Journal of Financial & Quantitative Analysis*, Vol. 23 (1), 1988, pp. 39–51.

[8] Koziol C., Lawrenz J., "Optimal Design of Rating-trigger Step Up Bonds: Agency Conflicts Versus Asymmetric Information", *Journal of Corporate Finance*, Vol. 16 (2), 2010, pp. 182–204.

好的股价上扬和亮眼的业绩指标,因此股东很难辨别管理者是否存在投资不足的行为。Bebchuk、Neeman[①]和Bebchuk、Weisbach[②]指出,虽然管理者会为了个人利益而投资偏离企业价值最大化的项目,但偏离路径却受制于市场对信息的识别程度和偏好程度。此外,代理冲突对企业组织的资本配置效率也存在冲击,Yoshikawa等[③]和Kim等[④]研究的结果显示企业经营管理者在年度末配置的资本规模远高于前三个季度,且与持有先进水平呈正相关关系。

第三,防御动机。企业经营管理者存在的自利动机,使其排斥存在风险,但对股东价值提高有益的投资项目。Holmstrom等[⑤]和Li[⑥]研究发现,由于投资新项目所带来的业绩能够更明确地体现管理者的能力,而管理者为了保证职业稳定,更倾向于规避新项目,管理者不进行投资决策,市场就无法获取其管理能力的相关信息,也就无法对其能力做出相应判断。企业经营管理者更愿意保持现状,即便其已有投资项目处于不佳状态,也不愿意清算或者退出,一旦清算或者退出往往向外界表明投资失败、投资决策失误的负面信息。显而易见,从职业安全角度出发,企业经营管理者往往存在投资过度或者投资不足的投资行为。Lundstrum[⑦]基于竞赛理论的研究结果显示,经营管理者的个人年龄与长期投资规模、投资效率呈负相关关系。

---

① Bebchuk L. A., Neeman Z., "Investor Protection and Interest Group Politics", *Nber Working Papers*, Vol. 23 (3), 2010, pp. 1089 – 1119.

② Bebchuk L. A., Weisbach M. S., *The State of Corporate Governance Research*, Corporate Governance. Springer Berlin Heidelberg, 2012, pp. 325 – 346.

③ Yoshikawa T., Phan P., David P., "The Impact of Ownership Structure on Wage Intensity in Japanese Corporations", *Journal of Management*, Vol. 31 (2), 2005, pp. 278 – 300.

④ Kim H., Lee P. M., "Ownership Structure and the Relationship Between Financial Slack and R&D Investments: Evidence from Korean Firms", *Organization Science*, Vol. 19 (3), 2008, pp. 404 – 418.

⑤ Holmstrom B., Costa J. R. I., "Managerial Incentives and Capital Management", *Quarterly Journal of Economics*, Vol. 101 (4), 1986, pp. 835 – 860.

⑥ Li X., "Managerial Incentives, Capital Structure and Corporate Governance", *Journal of Banking & Finance*, Vol. 45 (1), 2008, pp. 255 – 269.

⑦ Lundstrum L. L., "Post – Earnings Announcement Drift: Horserace of the Theories", 2010.

(二) 股东与债权人代理冲突下的公司投资行为

当企业发行债券或向金融机构募集资金时，企业股东、管理者和债权人三者之间的契约代理关系就此产生。在这种契约关系中，债权人作为委托人，股东和管理者作为代理人，由于委托人与代理人追求的目标不一致，因此利益冲突时常发生。利益冲突主要表现在合同签订后，股东为个人利益发生转移公司资产、侵害债权人利益等道德风险行为，并且该行为在股份制企业中出现的概率更高。Mikkelson[1]和Ghosh[2]研究结果显示，企业债务提高以后，企业股东往往倾向于放弃债务合约中商定的低风险项目，转而将负债资金投向较高风险、较高收益的项目。一旦这种投资替换方式获得成功，按照债务合同约定，股东只需支付合同约定的债务固定收益率，收益溢出部分将由股东获得。然而有限责任制度给予股东责任保护，一旦投资失败，那么股东原始出资额以外的损失将由债权人全部承担。经济学假设所有投资人都是理性的，那么也假设债权人是理性的，在购买行为发生前，如果能预见管理者的道德风险，就可以重新调整对企业债券的价值和收益率的评估，导致收益率低于市场利率使债券价格下降，通过这种方式转移融资成本，迫使股东选择净现值为正的投资项目，避免投资不足的发生。

在债权融资的背景之下，国外有学者如Parrino等[3]和Fernández-Gago等[4]运用蒙特卡洛模拟方法分析了股东放弃净现值为正的投资项目而转向投资负值项目的内在机制，验证了企业资产转移行为受债权

---

[1] Mikkelson W. H., "Convertible Calls and Security Returns", *Journal of Financial Economics*, Vol. 9 (3), 1981, pp. 237-264.

[2] Ghosh C., Varma R., Woolridge J. R., "Exchangeable Debt Calls And Security Returns", *Journal of Business Finance & Accounting*, Vol. 23 (1), 2010, pp. 107-114.

[3] Parrino R., Weisbach M. S., "Measuring Investment Distortions Arising from Stockholder-Bondholder Conflicts", *Journal of Financial Economics*, Vol. 53 (1), 1999, pp. 3-42.

[4] Fernández-Gago R., Cabeza-García L., Nieto M., "Corporate Social Responsibility, Board of Directors, and Firm Performance: An Analysis of Their Relationships", *Review of Managerial Science*, Vol. 10 (1), 2016, pp. 85-104.

人和代理人之间的代理冲突影响。Hennessy[①]研究显示管理者可能因企业债务压力过高而放弃投资收益较高的项目,尤其是长期投资项目,这势必引发投资不足。Nakagawa[②]的研究显示,财务适应性要求企业尽量采用代理成本较低的短期融资模式,避免降低长期负债的发生,但由于股东和债权人之间长期存在代理冲突,因此,管理者如何选择融资方式仍取决于其对项目和时机的预判。国内学者如宋小保等[③]、黄珍、李婉丽、高伟伟[④]、史永东、田渊博、马雪[⑤]研究显示上市公司负债比重与投资的规模呈负相关关系,并且二者间的相互关系受到项目风险的制约。

二 大小股东代理冲突下的企业投资行为

（一）大股东控制下的代理冲突与控制权私利

传统经济学观点认为,现代企业的主要特点是股权结构分散,股权分散现已成为现代公司治理机制下必须遵守的制度安排。20世纪90年代以来,国内外越来越多的研究验证了公司内部普遍存在控制性股东,即便在资本主义国家中,家族企业和股权集中的现象也十分常见。与此同时,世界各国对股权结构的法律保护不够完善,导致"一言堂"现象更加普遍。这种现象的主要成因是受到国家法律、政治和文化诸多因素的影响,但从公司治理层面来看,股权分散的企业中,中小股东"搭便车"的行为普遍存在,而大股东现象能够有效降低这种行为,在一定程度上减少监督不足的问题。

---

① Hennessy C. A., Tobin's Q., "Debt Overhang, and Investment", *Journal of Finance*, Vol. 59 (4), 2010, pp. 1717–1742.

② Nakagawa T., Tackley P. J., "The Interaction between the Post-perovskite Phase Change and a Thermo-chemical Boundary Layer near the Core-mantle Boundary", *Earth & Planetary Science Letters*, Vol. 238 (1), 2005, pp. 204–216.

③ 宋小保、郑文佳：《股权结构、股票波动与分析师独立性——基于中国上市公司的经验研究》,第八届中国管理学年会金融分会场论文集,2013年。

④ 黄珍、李婉丽、高伟伟：《上市公司的零杠杆政策选择研究》,《中国经济问题》2016年第1期。

⑤ 史永东、田渊博、马雪：《契约条款、债务融资与企业成长——基于中国公司债的经验研究》,《会计研究》2017年第9期。

但与此同时也带来了新的问题,即大股东侵占中小股东利益问题。由于公司所有权与控制权不匹配,引发在收益分配上大股东明显优于小股东,因此大股东更容易获得额外收益,这部分额外收益恰恰是大股东对公司的控制权所产生的经济价值。公司治理实践中的这种趋势,促使学界(如吴冬梅、庄新田[1],张硕、赵息[2],张璇、刘凤芹[3])在理论上给予了更多的关注,学者转变了之前将股东同质化的研究方式,开始研究股东行为在不同持股比例下的差异,以及这种差异所带来的利益关系影响。梁权熙、曾海舰[4],叶陈刚、王藤燕[5],吴冬梅、庄新田[6]研究显示,控股股东运用多种方式将现金流权和控制权相分离,这种情况下即便只有少量现金流权,但仍然可以对公司的投票权进行控制。

(二)私利大股东驱动的投资行为机制

Marta 等[7]研究显示,如果企业的无形资产占比较高,大股东更倾向于提高自身控制权,来避免债权人对无形资产的投资和转移定价。Tsoligkas[8]的研究显示,企业新任命的高级管理者更加倾向对上任前的控股子公司采取权益性投资的方式,以此提高控制权,并获得集团内部控制权私利的途径。股东财富最大化是企业发展的基本目标,追

---

[1] 吴冬梅、庄新田:《所有权性质、公司治理与控制权私人收益》,《管理评论》2010年第7期。

[2] 张硕、赵息:《资本投向差异与私利攫取——来自中国上市公司控制权转移的经验证据》,《会计研究》2016年第12期。

[3] 张璇、刘凤芹:《控制权私利、股权结构与董事会特征——来自中国民营上市公司的经验证据》,《山东社会科学》2018年第5期。

[4] 梁权熙、曾海舰:《独立董事制度改革、独立董事的独立性与股价崩盘风险》,《管理世界》2016年第3期。

[5] 叶陈刚、王藤燕:《信息透明度、企业价值与去家族化——基于中国家族上市企业的实证研究》,《当代经济管理》2016年第12期。

[6] 吴冬梅、庄新田:《所有权性质、公司治理与控制权私人收益》,《管理评论》2010年第7期。

[7] Marta Ballester, Manuel GarciaAyuso, Joshua Livnat, "The Economic Value of the R&D Intangible Asset", *European Accounting Review*, Vol. 12 (4), 2003, pp. 605 – 633.

[8] F. Tsoligkas, I. Tsalavoutas. "Value Relevance of R&D in the UK after IFRS Mandatory Implementation", *Applied Financial Economics*, Vol. 21 (13), 2011, pp. 957 – 967.

求股东自身利益的最大，股东的利益主要来源于企业拥有或控制的经济资源—资产，当然，关于这些资产的来源和取得很大程度上与控股大股东有直接关系，也就是说股权分布中占有绝对优势的控股股东就会有绝对制衡权分享利益。同时，还可以采取关联方交易等特殊会计手段实现利益转移和划拨，实现侵占利益的目的。

第三节　信息不对称理论

一　信息不对称理论内涵

美国哥伦比亚大学威廉姆·米尔利斯和英国剑桥大学詹姆斯·维克瑞曾在20世纪六七十年代分别揭示和反映信息不对称所带来的影响，并于1996年获得诺贝尔经济学奖。经济研究领域中对信息不对称市场理论的研究热度逐渐攀升，信息不对称模型也成为现代经济学研究中不可或缺的分析工具。信息不对称理论的主要内容是指，交易双方对信息拥有程度是不对称的，导致一方对信息拥有绝对优势，而另一方则处于相对劣势地位；而且，在市场经济中普遍存在。市场交易过程中，交易双方根据各自所了解和熟知的信息制定相应决策，某种程度上对于决策正确与否可能取决于双方各自所掌握信息的质量和数量，这样的话，拥有信息绝对优势的一方，就有了制衡权。当然，作为劣势一方，也可能会通过搜寻和挖掘大量交易所需信息，以求尽可能掌握足够信息，但是搜寻信息是需要付出成本的，有时候和预期收益比较权衡利弊，如果不符合投入产出效率比率的话还可能会放弃搜寻。政府补助是区域财政支出中的关键项目，涉及金额普遍较大，范围较广泛，这使政府补助在实际发放过程中，部分政府机构或人员出于利益动机，对存在利益关系的企业过度补助，或者出于考核目的，对亏损企业进行超额补贴，政府补助资金流向和对象不符合政策要求，不合规政府补助现象导致财政补助支出金额日渐扩大，但企业投资效率提高有限，甚至出现下降的局面。不仅如此，违规补贴对公平竞争的市场环境造成破坏，导致要素资源配置效率低下。

自1776年亚当·斯密《国富论》问世，价格机制作为一只看不见的手对市场上的资源进行配置的职能已经得到学界的普遍认同。然而，迄今为止，学界针对价值机制的特征始终无法精确度量。1953年，美国经济学家阿罗和德布勒提出了影响深远的阿罗－德布勒定理，定理假定社会仅存在两类人，分别是生产者和消费者，只要消费者的偏好和生产者的技术遵循边际效用和边际报酬递减的客观规律，消费者在追求自身利益最大前提下，势必存在一套价格体系，使社会资源发挥最大效用。但值得注意的是，任何理论都存在盲点，该理论的盲点就是假设信息完整，同时消费者和生产者都有能力取得正确决策所需要的全部信息。但现实社会中不可能取得全部信息[①]。1961年，经济学家施蒂格勒在分析消费者采购冰柜时普遍挑选3家进行比较，之后再做出购买决策，厂家为了促销，通过各种广告来披露产品信息时，发现了上述现象，施蒂格勒就此提出了"搜寻理论"[②]。英国经济学家莫尔研究显示政府机构拥有的信息存在局限性，因此在设计赋税表的时候不要忽视信息不对称。直到1970年，信息不对称理论在Akerlof[③]研究中正式提出，信息不对称理论才步入系统研究阶段，并取得了一系列研究成果，而且对自由市场经济形成了挑战。

信息不对称可以基于不同角度进行区分，第一个较为重要的划分是关于信息不对称是内生还是外生，内生的信息不对称称为市场的不对称信息，它针对的普遍是经济系统的内生变量，在这种背景下，代理人对资源禀赋、偏好以及机会会有较为详尽的认识，但对其他经济代理人提供的信息则不能做到同等的了解和认识。在信息不对称内生情况下，微观层面上，核心是寻找最优交易对象，关注最优交易合

---

① Fishburn P. C., "Arrow's Impossibility Theorem: Concise Proof and Infinite Voters", *Journal of Economic Theory*, Vol. 2 (1), 1970, pp. 103 – 106.

② Mela D. F., "Information Theory and Search Theory as Special Cases of Decision Theory", *Operations Research*, Vol. 9 (6), 1961, pp. 907 – 909.

③ Akerlof G., "Market for Lemons", *Journal of Economics*, Vol. 7 (16), 1970, pp. 13 – 72.

约；宏观层面上，则研究非均衡过程和价格的动态波动。信息不对称外生也称为事件的不对称信息，它通常涉及的是经济系统的外生变量，是自然存在的一种交易特征，客观存在，不受交易者控制。将信息不对称产生的时间和内容相结合，可以推演出几个现代经济学模型，分别是隐藏行动的道德风险模型、隐藏信息的道德风险模型、逆向选择模型、信号选择模型和信息甄别模型。对于绝大多数学者而言，在信息不对称背景下，首要关注的问题包括微观个体决策、契约和交易规则。在规范的自由市场环境中，投资者与融资者之间信息完全对称，企业组织的投资过程高效透明。然而，在实际的市场环境下，存在大量信息错位的客观现实，这也是导致很多企业投资效率低下的重要原因。

二 信息不对称与投资不足

在资本市场中，由于信息不对称的客观存在，使上市公司的全部信息不能被投资者完全掌握，有研究表明这种信息的不对称性将对企业投资效率产生负向影响。Myers 和 Majluf（1982）在研究中以不同阶段股东之间的信息不对称为前提，构建模型，将相关的风险因子引入企业投资决策之中，并分析了影响。研究结果表明，融资信息不对称极有可能引发投资不足。Myers 和 Majluf[①]模型生动地反映了两个问题：首先，外部投资者与经营管理者之间的信息不对称，显而易见，企业经营管理者相比投资者更具有信息优势；其次，企业经营管理者的服务对象是股东，最终目标是使企业股东财富最大化，因此当企业经营管理者以发行高于真实价值的风险性证券并从中获取收益时，外部投资者的利益并不能得到有效保障。在此背景下，企业的持续融资和发行股票会影响投资者的客观认识并且调整估价。由于信息不对称的客观存在，投资者往往进行盲目投资。

由于企业持续为新项目进行融资，而新的投资者又由于信息的不

---

① Myers S. C., Majluf N. S. Stock Issues and Investment Policy When Firms Have Information That Investors Do Not Have, *National Bureau of Economic Research*, Inc., 1982.

对称性不能正确认识企业价值和运营收益,此时企业的股价很可能会被低估,而企业的经营管理者基于保护股东的利益考虑,将会放弃投资净现值大于 0 的项目,呈现出融资信息不对称带来的投资不足问题,企业投资的非效率也会进一步加剧。Grenadier 等[1]研究显示,大多数情况下,相对于融资者而言,外部投资者处于信息弱势,对项目了解不足,对融资新股采取平均化估值;而企业为了规避自身风险,也普遍降低对外部投资者的预期,从而降低投资决策收益,甚至放弃净现值为正的投资项目,造成投资不足。

国内诸多研究者如王克敏、刘静、李晓溪[2],王艳、李善民[3],年荣伟、顾乃康[4],普遍认为投资不足的原因可能多方面,既有信息不对称的影响,也与我国股权分置制度的设计存在较强的关联关系。彭红枫、米雁翔[5],李昊洋、程小可[6]研究显示,信息对不对称的客观存在很大程度上推动了投资不足,进而强化融资约束并降低投资效率。以上结果表明,现实中不存在完美的交易市场,信息不对称总是客观存在的,这也就导致内外部融资成本总是存在差异,融资决策会对投资决策产生影响,企业也会因为融资约束引致产生投资不足。

三 信息不对称与投资过度

在信息不对称的前提下,相对于企业内部经营管理者,投资者处于信息劣势地位,因此更倾向于依照均值评估企业价值;与此同时,当企业投资项目被外部投资者错误高估时,经营管理者就有可能进行

---

[1] Steven R., Grenadier, Neng Wang, "Investment under Uncertainty and Time – inconsistent Preferences", *Research Papers*, Vol. 84 (1) 2005, pp. 2 – 39.

[2] 王克敏、刘静、李晓溪:《产业政策、政府支持与公司投资效率研究》,《管理世界》2017 年第 3 期。

[3] 王艳、李善民:《社会信任是否会提升企业并购绩效?》,《管理世界》2017 年第 12 期。

[4] 年荣伟、顾乃康:《信息不对称与流动性共性的实证研究》,《山西财经大学学报》2018 年第 6 期。

[5] 彭红枫、米雁翔:《信息不对称、信号质量与股权众筹融资绩效》,《财贸经济》2017 年第 5 期。

[6] 李昊洋、程小可:《投资者调研与创业板公司研发资本化选择》,《财贸研究》2018 年第 3 期。

投资过度，极大降低企业经营的效率。显然，这种投资和项目本身不匹配的现象与新项目的价值评估信息不对称紧密相关。通过对项目投资的研究将全部公司完全分离，在理论上可行，但在现实中不可能完全做到。据此形成的市场均衡不是单一的均衡，而是由不同项目进行均值评估形成的混合均衡。换言之，一旦被高估的投资项目所获利润高于被低估项目带来的损失时，投资过度就随之产生（Narayanan，1988）。Heinkel 和 Zechner（1990）把债务、普通股和最优股融合在一块儿置入模型之中，分析信息不对称情况下的投资效率问题，发现在全部股权均以融资方式对外发行的企业中，过度投资行为更容易出现，然而在发行投资项目之前，把股权融资和债权融资适度结合，会使投资过度行为有所减弱，因此在其研究之中，提出了资本结构的优化方式，以保证企业在投资项目选择时，能够投资净现值为正的投资项目，通过这种方式缓解投资过度。

Bebchuk 和 Stole（1993）研究了信息不对称情况下，经营管理者的投资决策行为，研究者首先分析了短期经理人目标和不完全信息对长期投资决策的影响，之后结合信息不对称理论加深了对投资者行为的研究和认识。研究者普遍认为只要信息不对称客观存在，无论不同利益相关者之间是否存在委托代理冲突，公司的无效投资就不会减弱、消失，反而会逐步加强。也就是说，在投资活动中，只要投资者和融资者在投资前信息存在不对称，那么企业股东和管理者就会在投资项目后出现信息不对称，不同利益相关者之间的完全约束不可能实现。Scott[1] 和 Sakyi[2] 提出，如果基于融资优序理论进行投资决策，完全可以通过内部融资来解决投资缺额问题，其研究结果显示企业之所以产生投资效率损失，根本原因是企业经营管理者将融资取得的资金

---

[1] Scott - Kennel J., "Foreign Direct Investment and Local Linkages: An Empirical Investigation", *Mir Management International Review*, Vol. 47 (1), 2007, pp. 51 - 77.

[2] Sakyi D., Commodore R., Opoku E. E. O., "Foreign Direct Investment, Trade Openness and Economic Growth in Ghana: An Empirical Investigation", *Journal of African Business*, Vol. 16 (1 - 2), 2016, pp. 1 - 15.

投入净现值为负的项目之中所致,引发过度投资。因此,通过减少信息不对称改善投资信息含量,减少投资成本,已经成为研究的重点。

以上研究的总结及论述,主要是针对信息不对称对投资效率产生的影响进行的分析,从投资不足和投资过度两方面,研究各自面临的风险和影响因素。具体分为两种情况:其一,投资前存在的信息不对称,考虑到投资方获取信息能力有限,在这种情况下,融资方的融资成本往往取决于投资方的投资决策,而融资成本的高低直接影响企业的投资行为,进而影响投资效率;其二,投资后信息不对称,投资者仍处于信息劣势,无法有效监督管理者提高投资效益,在此情况下,经营管理者更倾向于通过盈余管理进行过度投资来实现个人收益。

缓解信息不对称的其中一个思路就是可以利用市场机制,通过市场透明运行机制,加强信息沟通,主要是信息传递和信息甄别两种基本途径,在市场交易活动中,拥有绝对优势信息的一方主动将信息传递给信息匮乏的对方,或者信息处于劣势的一方发现相关信息,就会有助于解决信息不对称的问题。前者拥有绝对优势信息的一方的信息传导行为称为信息传递,后者主动发现和挖掘信息的行为则是信息甄别。信息不对称可能会导致市场失灵,同样的就是利用市场机制在缓解信息不对称问题时,也会造成市场失灵。如若市场机制在缓解和降低信息不对称所引发的市场失灵,此时,就可以通过政府行为来实施有目的性干预和管理,比如,政府采取行政法规手段,强制规范相关市场行为。政府可以加大要素市场改革的力度,建立健全的要素市场,完善企业的风险创新体系,为研发人员和资金的自由流动提供良好环境。

第四节 预算软约束理论

预算软约束是 1980 年科尔奈在研究社会主义企业行为时率先提出的术语,它提及当社会主义经济中的国有企业如果出现亏损或者濒临破产时，国有企业的经营管理层就存在期望国家财政予以支持的期望，而国家或政府则常常通过追加投资提供财政税收补贴的方式予以支持，保证其生存下去。后期的经济学研究文献普遍将这一现象称为预算软约束。此后，预算软约束这一概念已经被运用到试图阐释转轨经济的研究文献中[1][2]。科尔奈在谈及预算软约束的成因时，认为有内生性和外生性两种动因促使了预算软约束现象的产生。其中内生性动因涉及时间非一致性问题，短缺经济、政府官员监督以及多个投资者问题；外生性动因则涉及社会主义国家的父爱主义，就业目标以及政治支持等问题。

一 外生性解释

在经济学分析中，外生性的内涵是在一个经济模型中，经济变量在一定期间内不随模型内其他变量的变化而变化。科尔奈率先提出预算软约束的产生主要源于社会主义国家的父爱主义，Goldfeld[3]，Bergara[4]，Joel[5] 研究中则采用父爱主义解释濒临破产企业取得政府支持等问题，Hillman[6] 的研究中则重点阐述政府不能承受和容忍企业组织破产以后所引发的政治后果，Schaffer[7] 则基于政府给予企业承诺的可信程度进行了分析，以此推导预算软约束的形成原因。我国学者如钟伟、宛圆渊[8]，

---

[1] Maskin E. S., "Recent Theoretical Work on the Soft Budget Constraint", *American Economic Review*, Vol. 89 (2), 1999, pp. 421 – 425.

[2] Grigoriadis T. N., *Aid Effectiveness and the Soft Budget Constraint*, Springer New York: Aid in Transition, 2015, pp. 25 – 38.

[3] Goldfeld S. M., Quandt R. E., "Budget Constraints, Bailouts, and the Firm under Central Planning", *Journal of Comparative Economics*, Vol. 12 (4), 1988, pp. 502 – 520.

[4] Bergara M., Ponce J., Zipitria L., "Institutions and Soft Budget Constraints", *Social Science Electronic Publishing*, Vol. 3, 2012, pp. 41 – 66.

[5] Joel., "The Effects of Bailouts and Soft Budget Constraints on the Environment", *Environmental & Resource Economics*, Vol. 54 (1), 2013, pp. 127 – 137.

[6] Hillman A. L., Katz E., Rosenberg J., "Workers As Insurance: Anticipated Government Assistance And Factor Demand", *Oxford Economic Papers*, Vol. 39 (4), 1987, pp. 813 – 820.

[7] Mark E. Schaffer., "The Credible – commitment Problem in the Center – enterprise Relationship", *Journal of Comparative Economics*, Vol. 13 (3), 2006, pp. 359 – 382.

[8] 钟伟、宛圆渊：《预算软约束和金融危机理论的微观建构》，《经济研究》2001 年第 8 期。

林毅夫、刘明兴、章奇①，葛新权、杨颖梅②从政府责任归属角度深入分析了此类问题。总之，预算软约束是一种外生性变量引发的经济后果。

（一）科尔奈的父爱主义解释

科尔奈一直坚信父爱主义是预算软约束产生的直接原因，其用父爱主义来总结国家与企业组织之间的关联关系，并将其余父母和子女之间的经济关系进行对比分析。科尔奈认为国家与微观企业组织间的父爱主义在一定意义上是一种制度的本质特征，父爱主义从程度上可以划分为五个层级，随着层级的提高，政府参与企业经营管理的程度不断加深：程度为 0 的父爱主义是弗里德曼和哈耶克的自由主义愿望，国家对企业没有任何资助扶持政策，企业完全独立自主，表现为预算硬约束，国家只负责依法纳税；程度为 1 的父爱主义是指企业是一个独立核算的实体，自负盈亏，自收自支，但是当企业面临财务困境时，政府将采用财政税收等优惠政策帮助企业脱困；程度为 2、程度为 3 和程度为 4 的父爱主义反映了计划经济模式下中央政府根据配给的方式对企业进行实物分配的国家与企业间的关系，此时的企业组织基本依靠政府。

现实中，即使在资本主义私有制度下，也从来没有出现过政府完全不干涉企业经营管理的，即父爱程度为 0 的情况，政府普遍通过各种手段干预经济发展，程度为 1 的父爱主义在现阶段社会主义国家普遍存在，即便资本主义国家也倾向于存在程度为 1 的父爱主义干预方式，程度为 2 到程度为 4 的父爱主义则基本消失，过度的计划经济模式已经不能够适应经济的发展需要。程度 0 到 1 的父爱主义，正是由于存在国家对企业的支持，企业就会基于政府的干预期望构建其自己的行为准则，这也是为什么科尔奈将其视为预算约束软化的直接原

---

① 林毅夫、刘明兴、章奇：《政策性负担与企业的预算软约束：来自中国的实证研究》，《管理世界》2004 年第 8 期。

② 葛新权、杨颖梅：《我国经济转轨期软预算约束与通货膨胀分析》，《数量经济技术经济研究》2012 年第 3 期。

因。政府帮助濒临破产、经营不善企业的根本原因是不愿意承受其所带来的政治经济后果。

（二）外生性解释的进一步发展

在科尔奈之后，许多研究文献采用父爱主义理论阐释濒临破产企业取得事后营救这一系列预算软约束现象。Hillman 等[1]重点分析了国家满足企业组织要求追加投入的后续影响，在其模型中，企业产品的出厂价格是变动的，较低的价格推动政府对亏损企业给予相应的补贴，否则企业组织不得不大量解雇员工，然而失业是政府所不能承受的政治代价，全世界大多数国家都将失业率降低视为其政权稳定的一个重要目标。Goldfeld[2]的研究中构建了一套完整的预算软约束模型，尝试对亏损企业所得的补贴多寡进行解释，结果显示补贴多寡受制于被政府相信的企业支出的资源多少，而这需要游说，且进一步指出预算软约束的产生提高了企业对资源的需求，并可能进一步导致资源短缺现象的产生。Hart、Shleifer 和 Vishny 等[3]和 Dore[4]指出政治家具有非经济目标，政治家更倾向于通过提高就业率和社会总产量获取更大的政治资本，一旦政治家能够与企业进行谈判，企业的营利性极可能让位于政治家的非营利性需求，因此政治家有必要对企业组织的损失尽可能弥补。Boycko 等[5]研究显示，政府普遍采用财政手段对企业雇佣过剩员工的行为进行补贴，补贴也是政治家父爱主义的惯用手段。林毅夫、刘明兴、章奇[6]指出传统的斯大林模式出现是为了构建目的

---

[1] Hillman A. L., Katz E., Rosenberg J., "Workers As Insurance: Anticipated Government Assistance And Factor Demand", *Oxford Economic Papers*, Vol. 39 (4), 1987, pp. 813–820.

[2] Goldfeld S. M., Quandt R. E., "Budget Constraints, Bailouts, and the Firm under Central Planning", *Journal of Comparative Economics*, Vol. 12 (4), 1988, pp. 502–520.

[3] Hart O., Shleifer A., Vishny R. W., "The Proper Scope of Government: Theory and an Application to Prisons", *Quarterly Journal of Economics*, Vol. 112 (4), 1997, pp. 1127–1161.

[4] Dore M. H., *The Theory of Water and Utility Pricing*, Springer International Publishing.: Global Drinking Water Management and Conservation., 2015, pp. 75–114.

[5] Boycko M., Shleifer A., Vishny R. W., "A Theory of Privatization", *General Information*, Vol. 106 (435), 1996, pp. 309–19.

[6] 林毅夫、刘明兴、章奇：《政策性负担与企业的预算软约束：来自中国的实证研究》，《管理世界》2004 年第 8 期。

性明确的国家企业,这种类型的国家企业在市场竞争中缺乏足够的竞争能力,只有依赖国家扶持才能够生存,在此背景下,国家只能采取措施扭曲各种资源和生产要素的价格,使其偏离实际价值,采用行政计划手段对资源强行分配。但其所带来的后果是信息是不对称的,政府所做的决策往往出现偏差,在这种情况下,政府应该为决策的失误负责,而非企业。中国由计划经济向市场经济转轨以后,许多战略性国有企业在市场竞争中仍然不具备足够的生存能力,且在经济转轨过程中承担政策性责任,政府为了实现战略目标,不得不继续对绝大多数国有企业进行扶持。

二 内生性解释

20世纪90年代以来,学界在研究预算软约束成因问题时,开始将视角由外部转向内部,尝试考虑经济主体的个人利益最大化对预算约束机制发生作用的影响。Maskin[①]研究结果显示,预算软约束不仅与政治目的有关,还与经济因素存在较强的相关性,并将其归因于时间不一致性。所谓时间不一致指的是对一个尚未完工的无效率投资项目追加投资,其所带来的边际收益可能要超过投资项目弃置的边际成本。这一研究范式很快被运用于预算软约束的其他相关研究课题,且取得了令人信服的成果。考虑到与本书研究的相关性,本书重点阐释投资者数量与预算软约束的相关关系。

在差异化的经济体制下,投资者的数量存在显著差异。在西方资本主义经济体制下,一个投资项目可能存在众多投资者,而在社会主义经济体制下,事实上的投资者只有一个,投资者数量将对预算软约束产生影响。资本主义市场经济能够较好地将预算约束硬化,限制企业上马亏损项目。假设有两个投资者参与项目投资,为了取得进行再投资的最佳方案信息,投资者A发现信号Si,如果能够证明投资必须追加投资,则可以按照计划1和计划2的方案进行追加,但这两个方

---

① Maskin E. S., "Recent Theoretical Work on the Soft Budget Constraint", *American Economic Review*, Vol. 89 (2), 1999, pp. 421 – 425.

案哪一个为最优取决于银行金融机构所取得的信号,如果银行取得信号 S1 超过 S2,那么计划 1 更好,反之计划 2 更好。假定投资者已经开始决定追加投资,投资者 A 从计划 2 与计划 1 中得到总收益之差与信号 S1 呈正相关关系,即 S1 提高,总收益之差也会提高,同样的道理也适用于计划 2。因此,不存在一个机制来诱导投资者披露真实信号,以有效选择计划 1 和计划 2。显而易见,多个投资者参与投资的融资形式,将迫使投资者不会轻易对已有投入的项目追加投资,在资本主义市场经济机制下,众多投资者的参与是预算软约束向硬约束转化的重要原因,而在社会主义计划经济体制下,单一投资者则是预算软约束的主要成因。Rizov[1]、Dobrinsky[2] 的研究显示在预算软约束机制存在的情况下,尽管项目投资前景很差也会被追增加投资,此时企业的经营管理可能会偏离正常的经营轨迹。平新乔[3]、杨洁[4]、林敏[5]的研究显示预算软约束使得企业杠杆治理活动失去了应有的意义。辛清泉、林斌[6],闻树瑞[7]指出中国上市公司的国有企业投资支出普遍对债务程度不敏感,债务水平对企业的投资支出并未表现出应有的约束作用,国有企业组织投资决策行为偏离扭曲和债务治理失灵根本性的原因在于国家对国有企业实行双重预算约束。

通过对国内外预算软约束研究文献的梳理可以发现,现阶段针对

---

[1] Rizov M., "Transition and Enterprise Restructuring: The Role of Budget Constraints and Bankruptcy Costs", *Economics Letters*, Vol. 86 (1), 2005, pp. 129 – 134.

[2] Dobrinsky R., "Enterprise Restructuring and Adjustment in the Transition to Market Economy: Lessons from the Experience of Central and Eastern Europe", *Economics of Transition*, Vol. 4 (2), 2010, pp. 389 – 410.

[3] 平新乔:《"预算软约束"的新理论及其计量验证》,《经济研究》1998 年第 10 期。

[4] 杨洁:《浅析政策性负担与杠杆治理失效——一个预算软约束视角下的理论模型》,《当代经济》2009 年第 11 期。

[5] 林敏:《参与式预算、分权治理与地方政府责任研究》,博士学位论文,浙江大学,2011 年。

[6] 辛清泉、林斌:《债务杠杆与企业投资:双重预算软约束视角》,《财经研究》2006 年第 7 期。

[7] 闻树瑞:《预算软约束与债务杠杆治理研究——基于控制权收益视角》,硕士学位论文,南京财经大学,2008 年。

预算软约束的研究普遍是围绕其概念、形成机制来进行的,虽然与之相关的研究已经取得了一定的成果,但研究的范围仍然存在局限性,针对预算软约束文献的数量、研究的频率以及深度尚存在较大的改进空间。与企业预算软约束相比较,企业过度投资行为的研究较多,大多数文献将焦点置于负债程度是否能够抑制过度投资,在研究中,将预算软约束机制纳入其中的研究并不多见,即便现有文献存在类似研究,但普遍存在于国有企业研究之中,缺少对非国有企业的研究。

第五节 企业投资行为理论

企业作为参与社会经济运行的微观个体,是极其重要且关键的一部分。企业能够独立执行企业的各项决策并努力保证长期运营发展,在某种程度上代表着整个社会的经济运行。因此研究企业投资行为背后的动力机制,既可以帮助我们深入地认识企业自身的生存发展,还能协助政府制定针对企业的政府补助政策。

一 基于完美市场假设的新古典投资理论

第一,边际分析法。有关投资理论的发展,最初都是从宏观视角出发,意在分析总量投资的。直到新古典投资理论出现以后,逐渐开始将投资行为关注到微观企业的视角中来。最先提出的是 Jorgenson[1] 和 Olatundun 等[2],他们以 Modigliani 和 Miller(1959)[3]、Rose(1959)[4]

---

[1] Jorgenson D. W., "Capital Theory And Investment Behaviour", Vol. 53 (2), 1963, pp. 366 – 378.

[2] Olatundun J., Adelegan, Ariyo A., "Capital Market Imperfections and Corporate Investment Behavior: A Switching Regression Approach Using Panel Data for Nigerian Manufacturing Firms", *Journal of Money*, 2008.

[3] Modigliani F., Miller M. H., "The Cost of Capital, Corporation Finance And The Theory Of Investmient", Comment, *American Economic Review*, 1959, pp. 261 – 297.

[4] Rose J. R., "The Cost of capital, Corporation Finance and the Theory of Investment – (MODIGLIANI, F.; MILLER, M. H. – 1958)", *American Economic Review*, Vol. 49 (4), 1959, pp. 638 – 639.

假定的完美资本市场为背景，从微观企业主体的角度展开研究。研究构建了企业组织最优资本存量模型，其中模型构建原则是以厂商的长期利润最大化为基础，采取资金的利用成本和产出作为主要变量，使用边际分析法进行的。研究结果表明企业展开投资行为的趋势是由依据现有资本存量水平逐渐转变为最优资本存量水平，并认为所依据的存量水平主要基于历史和现阶段的信息，而非未来的预期信息。

第二，托宾 Q 理论。Tobin 在 1969 年将企业组织的投资行为与资本市场相结合，提出企业的投资决策行为与托宾 Q 值有关，其中托宾 Q 值指的是"企业市场价值/资本重置成本"。由于企业的股票价值代表着企业的市场价值，既能够反映企业当下和过去的财务状况，也能够代表企业长期的发展能力。因此托宾 Q 模型相较传统的财务分析方法更加准确，也更加能够普遍适用大多数企业。从托宾 Q 值的计算公式来看，若托宾 Q 值 >1，即企业市场价值 > 资本重置成本，这表明企业在市场上的估值是超过企业的资本重置成本的，企业有空间和能力去提高现有的投资水平，并且有助于改善企业的市场价值。反之，若托宾 Q 值 <1，企业则应减少投资。

第三，纳入调整成本与投资不可逆性的投资理论。前面所述的边际分析法和托宾 Q 理论具有普遍性，但仍存在不足，比如两种理论均未将企业调整资本所需付出的成本和投资具有的不可逆性考虑在内，学术界的学者又对相关问题予以补充。首先，有关调整资本存量成本的问题，Eisner 和 Strotz[1] 提出，企业在制定投资分析决策时，应将资本存量调整代价考虑在内，比如成本所具有的边际递增的特点，根据企业利润最大化目标进行边际调整成本和收入的衡量，因此，企业从资本存量水平调整到最优存量水平这一方式具有一定程度的时间滞后性。其次，对于投资所具有的不可逆的特点，Arrow[2] 的研究中指出，

---

[1] Eisner R., Strotz R. H., "Flight Insurance and the Theory of Choice", *Journal of Political Economy*, Vol. 69 (4), 1961, pp. 355 – 368.

[2] Arrow K. J., "Optimal Capital Policy with Irreversible Investment", *Value Capital & Growth Papers in Honour of Sir John Hicks*, 1968.

实践中如若要售出所购买资本的再售价会低于购置价，以此引入了投资不可逆的假设，在确定性框架下构建了连续实践动态规划模型进行分析，后续研究者在此基础上构建不可逆性的投资模型，并尝试把调整成本和不可逆性纳入模型中进行研究。

二 基于不完美市场假设的现代投资理论

现实生活中不存在新古典投资理论中提及的完美市场，为了让理论更加贴近实际生活，经济学家逐渐放宽了对完美市场的约束，不断拓展企业的投资决策理论。资本市场自身的不足导致了资本错误配置，对此学界进行了广泛的研究。

融资优序理论是在不完全市场中，以市场交易信息与交易成本为前提，同时考虑了融资约束的影响而产生的。融资优序理论为企业融资提供了参考顺序，理论指出企业外部融资成本普遍超过内部融资成本，因此，内部融资是首要选择的方式。由于企业投资项目的选择取决于企业掌握的自由现金流，而融资约束会加深现金流对企业投资的影响。此外，市场交易信息的不完全也引发企业经营管理层无法有效地了解投资项目存在的风险，很可能在并购项目时过于乐观，导致并收失败。Merrow、Philips 和 Myers[1] 通过对比管理者对投资项目的预计支出和实际支出，发现管理者在决策时往往过度自信从而低估投资支出。

基于信息不对称而产生的代理问题同样会影响企业的投资决策。Jensen 和 Meckling[2] 提出，股东与管理者之间和股东与债权人之间均存在由代理问题产生的利益冲突。对于前者，学界从私人成本和私人收益两方面对管理层进行分析，结果显示股东与经营管理层间的代理问题很可能会造成投资不足或者投资过度。Bertrand 和 Mullainathan[3]

---

[1] Merrow E. W., Phillips K. E., Myers C. W., "Understanding Cost Growth and Performance Shortfalls in Pioneer Process Plants", *Rand Corp Santa Monica Ca*, 1981.

[2] Jensen M. C., Meckling W. H., "Theory of the Firm: Managerial Agency Costs and Ownership Structure", *Social Science Electronic Publishing*, Vol. 3 (4), 1976, pp. 305 – 360.

[3] Bertrand M., Mullainathan S., "Do CEOS Set Their Own Pay? The Ones Without Principals Do", *Ssrn Electronic Journal*, 1999, p. 116.

基于经营管理者的私人成本层面研究发现，在进行企业投资时，管理层由于承担较大的风险和责任不得不恪尽职守，由此可见，私人成本的存在已经使经营管理人员倾向于放弃净现值为正的投资项目，从而引发投资不足。

三 企业投资行为的制度性影响因素

无论是传统的新古典投资理论还是现代投资理论，均需要考虑企业内部治理和外部市场两方面因素，在此基础上识别企业的投资行为影响。与此同时，部分学者以制度环境为出发点，研究企业投资行为与制度环境的关联关系。Hart 和 Moore[1]首次阐述了不完全契约理论，引发了学界对契约环境和企业投资行为的关注，众多学者对此进行了广泛而深入的研究。不完全契约理论认为，市场中契约双方对契约的制定不够全面，契约前的专用性投资往往不能在约定中体现，导致独立第三方无法证实事前投资。这使投资方的事前投资额很有可能被敲竹杠，从而降低投资效率，直至为0。众多研究文献显示制度环境显著影响企业的投资决策。吴文锋、吴冲锋、芮萌等[2]，蔡卫星、赵峰、曾诚[3]，陈艳[4]研究了我国国内非国有上市公司，研究结果显示企业的政治背景显著影响着非国有上市公司的投资行为，尤其是小公司影响程度更大；此外，良好的经济发展状况对政治依赖具有较强的替代

---

[1] Hart O., Moore J., "Property Rights and the Nature of the Firm (Now published in Journal of Political Economy, Vol. 98, No. 6 (1990), pp. 1119 – 1158.)", *Sticerd Theoretical Economics Paper Series*, Vol. 65 (7), 1988, pp. 250 – 254.

[2] 芮萌、吴文锋、吴冲锋等：《融资受限、大股东"圈钱"与再发行募集资金滥用》，《管理科学学报》2009年第5期。

[3] 蔡卫星、赵峰、曾诚：《政治关系、地区经济增长与企业投资行为》，《金融研究》2011年第4期。

[4] 陈艳：《经济危机、货币政策与企业投资行为——基于中国上市公司数据》，《经济与管理研究》2012年第11期。

作用。王雷、党兴华[①]，杨畅[②]，陈浩、刘春林[③]研究显示契约环境与企业组织的长期投资有关联关系，不断改善的契约环境能够有效地促进企业扩大长期投资规模。研发投资活动的技术溢出特征很可能引发市场失灵，导致企业投资额在研究开发初期无法满足，但这种不足将通过政府适当的措施得以缓解，其中政府补贴就是一个较为有效的处理措施，财政补贴措施相较于税收优惠政策其指向性更强，而税收优惠政策能够更有效地激励企业研发投资。

[①] 王雷、党兴华：《R&D 经费支出、风险投资与高新技术产业发展——基于典型相关分析的中国数据实证研究》，《研究与发展管理》2008 年第 4 期。
[②] 杨畅：《企业的吸收能力与创新绩效——基于上海市高新技术产业的经验分析》，硕士学位论文，东华大学，2014 年。
[③] 陈浩、刘春林：《高管晋升激励与并购支付决策》，《软科学》2017 年第 12 期。

第四章

政府补助对上市公司投资效率的影响

政府补助是政府扮演"扶持之手"最直接的手段,在我国市场转型的过程中,各级政府的权力配置经历了由集权到分权的转变,从而调动了各级政府对发展本地经济的积极性。同时,由于我国政府的考核体系中不仅包括了经济实力的提升,而且会涉及就业率、公共产品服务等社会发展方面的指标,政府同样面临很大的"社会业绩"压力。因此,政府具有强烈动机通过各种手段促进地区国民经济发展、提高社会福利水平,而在此过程中,政府补助作为一项重要手段被各级政府广泛使用。

第一节 研究假设的提出

政府补助是政府根据一定时期的政治、经济环境,按照特定目的,直接或间接地向微观经济活动主体提供的一种无偿的转移支付。政府部门针对公司进行补助时,理论上会考虑公司的成长性以及投资机会,以此进行资源的分配。那些成长性好、具有高投资机会的公司相比成长性弱、投资机会差的公司更易获得政府补助。如果政府部门能够根据投资机会分配政府补助,则可以较为真实地体现公司的实际资金需求，换言之，政府补助可以有效缓解上市公司面临的融资约束，进而弥补资金不足，改善投资不足，切实地发挥雪中送炭、帮助之手的作用，对公司的投资效率产生正面影响。据此，本书提出假设1如下：

H1：在其他条件相同的情况下，政府补助对上市公司的投资效率产生正效应。

政府机构在财政支出上具有任意分配权，尤其是我国计划和市场资源分配制度共存的情况下，政府机构完全有能力基于某种特定目的和偏好对公司进行补助，如受到政治干预、承担了政府经济社会目标的公司更易获得政府补助。在我国地方保护主义仍然较为严重的背景下，政府补助普遍体现地方政府的利益偏好，与扶持产业发展的初衷相背离，显而易见，这不利于资源的合理、有效配置。从微观主体公司的角度，公司有可能通过采取"寻租"或盈余管理或者迎合政府产业导向等方式获取政府补贴，从而导致政府补助的错误配置。由此可见，不管是政府出于其他目的配给政府补助，还是公司出于特定目的追求政府补助，都会在一定程度上造成非效率投资。此外，我国的证券市场属于弱式有效市场，意味着技术分析的失效，投资者只能根据公开的历史信息判断股票价格。政府补助能够改善上市公司的经营业绩，甚至扭亏为盈，增加短期内的会计盈余，推动股价上涨，向市场传递利好的信息，吸引投资者的目光，使企业自由现金流增加，资金约束减小，更容易出现非效率投资的现象。另外，政府为了在有限任期内显著提高地方经济水平，提升自己的政绩，会支持企业大规模投资于能够增加就业岗位、增加GDP的项目上，而不管投资对企业是否最优，因此很容易造成企业非效率投资（李刚、侯青川、张瑾，2017；王克敏、刘静、李晓溪，2017）。据此提出研究假设2：

H2：在其他条件相同的情况下，政府补助对上市公司投资效率产生负效应。

第二节 研究设计

一 研究样本确定与数据选择

本节选取 2008—2018 年沪深证券市场的 A 股上市公司为主要的研究样本。选取的样本自 2008 年开始,主要原因是在 2007 年新会计准则实施之后,新阶段针对政府补助的财务信息处理及披露也更为规范,这样能够保证研究样本各项数据的同一性。为了确保研究样本数据的有效性,本书对所选样本进行了复杂的筛选,主要的选择标准如下:

(1) 为确保研究样本处在相同的市场经济环境下,研究样本剔除了发行 B 股和 H 股的上市企业;(2) 本书剔除 ST 及 *ST、PT 状态的企业,因为其投资决策和正常经营的上市企业明显存在差异;(3) 样本中剔除了所需财务数据信息缺失的上市公司。样本实证检验研究中的上市公司的财务数据均来源于锐思数据库和 CSMAR 数据库,行业的分类具体参照 2012 年版《上市企业行业分类指引》(标准版)。本书最终获得了 3309 家上市公司样本数,采用 Stata13.0 数据处理软件进行统计分析。

二 变量选取及操作性定义

(一) 被解释变量

投资效率(INVE)。本书根据 Richardson(2006)方法构建投资效率评价模型,通过该模型本书计算出过度投资或者投资不足的量,且将总投资分为维持性投资和新增项目投资两类。其中,维持性投资可以理解为维护当前资产的支出,包括折旧和摊销两部分,新增项目投资则可以分解为预期的新增项目投资支出和非预期的新增项目投资支出,其中的非预期的新增项目投资支出就属于投资的非效率项。Richardson(2006)对新增项目投资的预期项和非预期项采用下面公式进行估算:

$$INV_{i,t} = \alpha + \beta_1 Growth_{i,t-1} + \beta_2 Lev_{i,t-1} + \beta_3 Cash_{i,t-1} + \beta_4 Age_{i,t-1} +$$
$$\beta_5 Size_{i,t-1} + \beta_6 Re_{i,t-1} + \beta_7 INV_{i,t-1} + \varepsilon \qquad (4-1)$$

公式（4-1）中 $INV_{i,t}$ 为第 t 年第 i 家企业的固定资产、长期投资和无形资产的净值与平均总资产相除的结果；$Growth_{i,t-1}$ 为第 t-1 年第 i 家企业的主营业务收入增长率；$Lev_{i,t-1}$ 为第 t-1 年第 i 家企业的资产负债率；$Cash_{i,t-1}$ 为第 t-1 年第 i 家企业的现金及现金等价物与总资产相除的结果；$Age_{i,t-1}$ 为第 t-1 年第 i 家企业的上市年限；$Size_{i,t-1}$ 为第 t-1 年第 i 家企业的规模；$Re_{i,t-1}$ 为第 t-1 年第 i 家企业的股票收益率；$INV_{i,t-1}$ 为第 t-1 年第 i 家企业的固定资产、长期投资和无形资产的净值与平均总资产相除的结果；ε 为投资的非效率项。在本书中，将 $INVE_{i,t} = \varepsilon / INV_{i,t}$ 作为投资效率评价指标。

（二）解释变量

政府补助（GS）本书定义为政府补助除以初期总资产，这样能够有效地避免规模原因而造成的不同差异，上市公司获得的政府补助将反映在企业利润表内的营业外收入一项中。

（三）控制变量

1. 公司治理能力

（1）第一大股东持股比例（FH）。针对第一大股东持股比例对公司治理、公司绩效的影响一直以来存在较大争议。Jensen 和 Meckling（1976），Shleifer 和 Vishny（1986）认为大股东的存在在一定程度上有助于对公司管理层和治理层形成有效监管，有利于企业价值的提升，换言之，股权越集中越有助于公司绩效的提升。相反 La Porta（1999），Johnson（1999），Boubaker 等（2008）的研究则显示公司内部普遍存在的一个问题是大股东对小股东的掠夺，而非职业经理人员对股东利益的侵害，把这种大股东通过各种交易手段牺牲小股东利益而谋取自身利益的行为称为隧道效应。显而易见，在这种情况下，股权越是集中，越不利于企业绩效水平的提高。

（2）外部独立董事比例（INDR）。一般而言，鉴于外部董事的独立性，外部董事应该能够发挥其对公司治理的监督作用。针对公司的投资项目决策,需要外部和内部董事共同讨论,综合各方意见后形成决议。但需要注意的是内部董事在信息的占有程度上明显超过外部独立董事,这易造成内部董事利用其对信息的独占权牟利。为了应对这一不利形势,独立董事往往采用对管理层和治理层的投票权激励内部董事与其共享内部信息。显而易见,外部独立董事在约束公司管理者机会主义行为过程中能够发挥关键作用。提高外部董事在董事构成中的比重,将使独立董事的有效性显著提高(王跃堂,2006;吴晓晖,2006;孙光国,2018)。

(3)监事规模(SOS)。Raheja(2005)、胡晓静(2008)、王世权(2011)研究显示,企业监事会具有监督制衡与提供参与机制双重职能,通过业务监督和财务监督活动能够有效地防范和检查出企业管理层和治理层是否存在侵害公司和股东利益的行为,进而推动公司健康稳定发展。本书通过监事会人数反映企业监事规模,并将其纳入投资效率影响模型中,分析其对投资的影响。

(4)股权性质(NOE)。针对股权性质的定义在当前学术界仍然存在较大争议,所有权说倾向于股权性质的内涵为所有权性质,即股东具有对其投入资本的调配权。债券说则倾向于股权性质的本质是债权。尽管对股权性质的定义存在争议,但学术界较为一致的观点是股权性质会对企业投资效率产生影响。Shleifer(1994)、Bushman(2011)、Boubakri(2017)研究均显示,政府控制的企业投资效率显著低于外国投资者控股的企业,股权结构对会计信息质量和投资效率之间的关系变化发挥作用。本书假设公司控股股东为非国有性质定义为1,控股股东为国有性质定义为0。

2. 投融资状况

(1)融资约束(FC)。经典的MM理论假定在没有交易成本的资本市场中,公司内部资本与外部资本可以完全替代,因此企业资本结构不管如何变动都不会对其投资行为产生影响,投资行为只决定于技术偏好和产品需求。但在客观世界中,资本市场并非绝对无摩擦,交易成本必然存在,企业内部融资和外部融资成本也必然存在明显差异，这可能导致企业由于无法支付较高的外部融资成本而使融资不足，进而影响企业的投资最优水平，产生融资约束现象。本书根据采用交易宣告前一年年末目标公司负债权益比率反映企业融资约束，分析融资约束对投资效率的影响（Almazan，2010；王新红等，2017；郑毅等，2018）。

（2）现金持有量（CH）。企业持有现金及现金等价物的总体水平取决于企业的战略部署，其与企业的融资安排、税收以及股利的分配等情况紧密相联。公司治理和内部控制较差的企业的现金流普遍存在投资效率损失。鉴于客观世界资本市场的不完善，企业管理层极容易将剩余的内部现金用于过度投资，也可能由于企业持有现金短缺而引发投资不足（Fazzari，1988；Dittmar 和 Smith，2007）。实证研究显示我国政府和企业存在自由现金流过度投资的行为（杨华军和胡奕明，2007；高心智，2015）。本书采用现金及现金等价物÷（总资产－现金及现金等价物）来反映现金持有量。

（3）营业收入增长率（RG）。营业收入增长率能够反映企业成长机会，如果企业的成长机会较多，那么新增项目的投资机会也会较多，反之，当企业成长机会不佳时，新增项目投资的机会也会降低。显而易见，成长机会与投资之间存在紧密的联系，理论上这种联系应该表现为正相关关系。根据 Pagano 等（1998）的研究，营业收入增长率可以通过交易宣告前一年目标公司的主营业收入增长率来表示。

（4）托宾 Q 值（Tobin Q）。托宾 Q 理论的主导思想是基于企业市场价值与资产重置价值的角度来分析公司的投资行为。一般而言，当托宾 Q 值大于 1 时，公司的市场价值超过其账面价值，作为一个理性的投资者，此时会提高新投资品的购买规模；当托宾 Q 值小于 1 时，公司的市场价值低于其账面价值，作为一个理性的投资者，此时会降低新投资品的购买规模；当托宾 Q 值等于 1 时，公司的市场价值等于其账面价值，此时公司投资和资本的成本将表现为动态平衡。资本市场通常以托宾 Q 值反映企业成长机会，即当托宾 Q 值大于 1 时，企业具有较好的成长机会，资本市场对公司预期较佳，反之，当托宾

Q 值小于 1 时，企业成长机会较差，资本市场也不对其预期看好。托宾 Q 理论的出现在一定程度上弥补了投资加速器理论以及新古典理论对企业成长机会认识不够深入的缺陷。本书采用"（总负债的账面价值＋非流通股股数×每股净资产＋流通股股数×每股市价）÷总资产的账面价值"计算托宾 Q 值。

3. 财务治理能力

（1）公司规模（CS）。通常而言，如果上市公司的规模较大，那么该上市公司融资能力就会较强，掌握的资源也更为丰富，进而能够很好地把握投资机会；反之，规模较小的上市公司所能掌控的资源则相对较少，投资的渠道和范围也必然受到约束。因此，公司规模在一定程度上将对投资支出产生影响。根据 Bodnaruk 等（2009）和韩洁等（2014）的研究，本书选择采用交易宣告前一年末目标公司的总市值来反映公司的规模。

（2）净资产收益率（ROE）。Tinbergen（1938）提出投资—利润理论，该理论认为企业之前已经实现的利润决定企业未来的利润水平，企业未来利润水平进一步决定了投资水平。Modiglian 和 Miller（2015）假定在完全有效的资本市场上，投资项目的盈利能力是决定投资项目支出的唯一因素，其对投资支出的影响显著超过其他因素。尽管上述论断过于绝对，但毋庸置疑，盈利能力对投资效率存在显著影响。本书采用目标公司的净资产收益率来衡量企业的盈利性。

（3）代理成本（AC）。一旦企业的管理层和治理层存在私人成本与私人利益时，企业的投资行为将使管理层和治理层面临较大的责任和压力，且管理层和治理层通过努力创造的财富需要与全体股东共同分享，当企业对管理层和治理层的回报不足以弥补其付出的成本时，就会出现卸责行为，这意味着净现值为正的投资项目将可能被放弃，引发投资不足；反之，当企业对管理层和治理层的回报超过其付出的成本时，就会出现净现值为负的投资项目也会被投资，引发投资过度，损害股东利益。Angeta（2000）采用两种方法来计量代理成本：一是选择用管理费用率来表示代理成本，为管理费用与主营业务收入之比，其内涵在于反映管理层怎样有效控制经营成本，管理费用率越高代理成本越高，这是一个逆向指标；二是用资产周转率来表示代理成本，为年收入与总资产之比，它主要反映管理层如何有效利用资产，周转率越高代理成本越低，这是一个正向指标。本书采用公司（经营费用+管理费用+销售费用）÷销售收入衡量。

4. 宏观环境

（1）市场化指数（MI）。企业外部制度环境即市场化程度的改善将降低政府机构对经济的干预水平，有助于降低企业政策性负担，进一步避免因政府目标压力而进行过度投资。与此同时，市场化程度的渐趋改善，制度的不断完善也必将推动政府补助按照市场经济的原则进行资源配置，换言之，政府补助资源将遵循投资机会高低的原则进行分配，这样资源才能得到最优配置，发挥资源的最大效应。在这一过程中，市场化对投资效率的提高发挥了积极的作用。反之，市场化程度下降必然意味着政府对经济干预加大，依赖关系进行资源配置的可能性也在加大，显而易见，这不利于投资效率的普遍提高（王凤翔和陈柳钦，2005；王红建等，2014）。本书将采用樊纲（2009）编制的"减少政府对企业干预"指数反映政府干预指标的替代变量。该指标属于逆向指标，指数越低政府干预企业投资行为的程度就会越强。

（2）经济增长（EG）。宏观经济增长与微观企业的投资选择并不是直接相关联，更多的是通过一些中间变量形成间接的传导影响机制。一般而言，在经济增长较快时，政府为了降低通货膨胀的压力，倾向于采取紧缩的货币政策。与此同时，经济增长较快背景下的微观企业存在以下几个方面特征：一是由于商品需求旺盛，企业销售通畅，企业自有现金充裕；二是资产价格的普遍提高导致企业资产负债压力减弱，偿债能力普遍增强；三是对经济前景的良好预期淡化了企业自身的生存压力。基于上述特点，经济增长背景下的企业更倾向于过度投资，反之经济衰退背景下企业投资将偏向投资不足。总之，企业投资机会必然要受到宏观经济环境强弱变动的影响。本书采用每年国内生产总值增长率反映经济增长。

第四章
政府补助对上市公司投资效率的影响

各种变量具体说明见表4-1。

表4-1　　　　　　　　主要变量的定义以及相关说明

变量名称		代码	变量说明	文献依据
被解释变量	投资效率	INVE	实际投资水平与正常投资水平之间的偏离（即模型残差），反映了T期公司的投资效率	Griffith, 2001；Cheng 等, 2013
解释变量	政府补助	GS	定义为政府补助除以期初总资产，这样基本能够有效地避免规模原因而造成的不同差异	王凤翔和陈柳钦, 2005；申香华, 2010
控制变量	第一大股东持股比率	FH	第一大股东持股总股份	王娟, 2013
	外部独立董事比例	INDR	外部独立董事应该能够发挥其对公司治理的监督作用	王跃堂, 2006；吴晓辉, 2006；孙光国, 2018
	监事规模	SOS	监事会人数	Raheja, 2005；胡晓静, 2008；王世权, 2011
	股权性质	NOE	公司控股股东为非国有性质定义为1，控股股东为国有性质定义为0	Shleifer 和 Vishny, 1994；黄志忠, 2009
	融资约束	FC	负债比率为交易宣告前一年年末（潜在）目标公司负债权益比率	王宏利, 2005；Almazan 等, 2010
	现金持有量	CH	现金及现金等价物÷（总资产－现金及现金等价物）	Fazzari, 1988；Dittmar 和 Smith, 2007；杨华等, 2007；高心智, 2015
	营业收入增长率	RG	营业收入增长率为交易宣告前一年目标公司的主营业收入增长率	Pagano 等, 1998
	托宾Q值	Tobin Q	（总负债的账面价值＋非流通股股数×每股净资产＋流通股股数×每股市价）÷总资产的账面价值	Pagano, 1998
	公司规模	CS	公司规模为交易宣告前一年年末（潜在）目标公司总市值的自然对数	Bodnaruk, 2009；韩洁等, 2014
	净资产收益率	ROE	盈利性用并购公告前一年（潜在）目标公司的净资产收益率衡量	Capron 和 Shen, 2007
	代理成本	AC	公司（经营费用＋管理费用＋销售费用）÷销售收入	Angeta, 2000

续表

变量名称		代码	变量说明	文献依据
控制变量	市场化指数	MI	使用樊纲等（2009）所编制的各个地区"减少政府对于企业的干预"指数而将其作为政府干预指标的替代变量。该项指标属于反向指标，即指数越低，那么政府干预企业投资行为的程度就会越强	樊纲等，2009
	经济增长	EG	本期经济的增长率	Pagano，1998

三 经济计量模型构建

根据 Richardson（2006）直接度量企业非效率投资的方法，本书将企业新增投资支出分为两部分：一部分为由企业投资机会决定的预期投资支出；另一部分为非正常投资支出，正则代表过度投资，负则代表投资不足。采用模型（4-2）进行面板回归，检验政府补助对投资效率的影响。本书为了尽量避免内生性问题，模型中核心变量和控制变量均做滞后一期处理。

$$INVE_t = \alpha_0 + \alpha_1 GS_{t-1} + \alpha_2 FH_{t-1} + \alpha_3 INDR_{t-1} + \alpha_4 SOS_{t-1} + \alpha_5 NOE_{t-1} + \alpha_6 FC_{t-1} + \alpha_7 CH_{t-1} + \alpha_8 RG_{t-1} + \alpha_9 TobinQ_{t-1} + \alpha_{10} CS_{t-1} + \alpha_{11} ROE_{t-1} + \alpha_{12} AC_{t-1} + \alpha_{13} MI_{t-1} + \alpha_{14} EG_{t-1} + \varepsilon_{t-1} \quad (4-2)$$

在模型（4-2）中，INVE 为投资效率，GS 为政府补助，α_0 为截距项，α_1—α_{14} 为各变量的估计系数，ε 为随机误差项。鉴于不同产业和不同区域的政府补贴政策的差异性，本书将基于模型（4-2）进一步从产业和区域两个维度分别进行分析，这是考虑到已有研究存在的三个不足。第一，已有研究虽然考虑了投资效率、政府补助在不同产业和区域间的分布差异，但在计量经济分析中却并未加以区分，而是采用总体分析的方法，这无疑掩盖了产业和区域的个体差异，不利于后续针对性对策的提出。第二，已有研究在静态分析中考虑了产业和区域的分布差异，但普遍按照三次产业分类的模式进行研究，而未对三次产业进一步分类，以致研究中无法进一步揭示不同细分产业间存在的差异，我国当前正处于产业转型升级的关键时期，政府政策措施是引导产业转型的重要力量，发现不同类型产业下的政府补助如何影响企业投资是提供正确政策指导的前提和基础。据此本书根据国际产业分类标准，将产业细分为农林牧渔业等19个细分产业，在此基础上分析不同细分产业下政府补助对投资效率的影响。第三，已有研究中普遍将中国分为三大经济带，但三大经济带是按某些相似的特征划在一起，缺少统一的经济中心和紧密的内在联系。国务院发展研究中心在"十一五"期间提出了将中国划分为八大经济区域，即：①东北综合经济区（辽宁、吉林、黑龙江）；②北部沿海经济区（北京、天津、河北、山东）；③东部沿海经济区（上海、江苏、浙江）；④南部沿海经济区（福建、广东、海南）；⑤黄河中游经济区（陕西、山西、河南、内蒙古）；⑥长江中游经济区（湖北、湖南、江西、安徽）；⑦西南经济区（云南、贵州、四川、重庆、广西）；⑧大西北经济区（甘肃、青海、宁夏、西藏和新疆），重新划分的经济区兼有远景经济区和类型经济区特征的综合经济区，相互之间存在紧密的联系和相互作用，这有助于更准确地解释不同区域政府补助对企业投资效率的影响。

基于上述分析，本书构建基于产业的政府补助对投资效率影响的经济计量模型，如模型（4-3）所示：

$$INVE_{t,i} = \beta_0 + \beta_1 GS_{t-1,i} + \beta_2 FH_{t-1,i} + \beta_3 INDR_{t-1,i} + \beta_4 SOS_{t-1,i} + \beta_5 NOE_{t-1,i} + \beta_6 FC_{t-1,i} + \beta_7 CH_{t-1,i} + \beta_8 RG_{t-1,i} + \beta_9 TobinQ_{t-1,i} + \beta_{10} CS_{t-1,i} + \beta_{11} ROE_{t-1,i} + \beta_{12} AC_{t-1,i} + \beta_{13} MI_{t-1,i} + \beta_{14} EG_{t-1,i} + \varepsilon_{t-1} \quad (4-3)$$

模型（4-3）中，β_0为截距项，β_1—β_{14}为各变量的估计系数，ε为随机误差项，i∈（农林牧渔业，采矿业，制造业，电力热力燃气及水生产和供应业，建筑业，批发和零售业，交通运输仓储和邮政业，住宿和餐饮业，信息传输软件和信息技术服务业，金融业，房地产业，租赁和商务服务业，科学研究和技术服务业，水利，环境和公共设施管理业，居民服务修理和其他服务业，教育卫生和社会工作，文化体育和娱乐业，综合）。

本书构建基于区域的政府补助对投资效率影响的经济计量模型，如模型（4-4）所示：

$$INVE_{t,i} = \gamma_0 + \gamma_1 GS_{t-1,i} + \gamma_2 FH_{t-1,i} + \gamma_3 INDR_{t-1,i} + \gamma_4 SOS_{t-1,i} +$$
$$\gamma_5 NOE_{t-1,i} + \gamma_6 FC_{t-1,i} + \gamma_7 CH_{t-1,i} + \gamma_8 RG_{t-1,i} +$$
$$\gamma_9 TobinQ_{t-1,i} + \gamma_{10} CS_{t-1,i} + \gamma_{11} ROE_{t-1,i} + \gamma_{12} AC_{t-1,i} +$$
$$\gamma_{13} MI_{t-1,i} + \gamma_{14} EG_{t-1,i} + \varepsilon_{t-1} \qquad (4-4)$$

模型（4-4）中，γ_0 为截距项，γ_1—γ_{14} 为各变量的估计系数，ε 为随机误差项，$i \in$（东北综合经济区、北部沿海经济区、东部沿海经济区、南部沿海经济区、黄河中游经济区、长江中游经济区、西南经济区、大西北经济区）。

第三节　实证结果分析

一　描述性统计分析

（一）变量全样本描述性统计分析

表4-2显示了总体样本的描述性统计分析结果，该表报告了本部分研究所涉及的投资效率、政府补助以及各控制变量的样本量、标准差、最小值、最大值和样本缺失量。从表4-2可以看出：

表4-2　　　　　　变量全样本描述性统计　　　　单位：亿元，%

变量	标准差	平均值	最小值	最大值	样本总量	样本缺失	缺失占比
INVE	0.254	0.140	-3.258	2.843	36399	648	1.78
GS	4.230	4.850	0.000	503.420	36399	761	2.09
FH	15.670	35.885	0.290	99.000	36399	889	2.44
INDR	0.055	0.371	0.091	0.800	36399	657	1.80
SOS	1.275	3.726	1.000	14.000	36399	649	1.78
NOE	0.497	0.554	0.000	1.000	36399	2294	6.30

第四章
政府补助对上市公司投资效率的影响

续表

变量	标准差	平均值	最小值	最大值	样本总量	样本缺失	缺失占比
FC	7.295	1.371	0.000	135590.800	36399	648	1.78
CH	927.869	6.832	0.000	135590.783	36399	649	1.78
RG	964.800	8.482	-1.000	134607.058	36399	776	2.13
Tobin Q	359.073	5.761	0.602	51077.911	36399	730	2.01
CS	714.286	140.719	0.827	25293.499	36399	908	2.49
ROE	1.088	0.057	-79.888	28.696	36399	889	2.44
AC	11.749	0.304	0.000	1594.916	36399	853	2.34
MI	0.000	0.000	0.000	0.001	36399	0	0.00
EG	0.054	0.130	-0.094	0.243	36399	0	0.00

一是上市公司投资效率差异较大。投资效率 INVE 的最小值为 -3.258，最大值为 2.843，平均值为 0.140，标准差为 0.254，标准差显著大于平均值，说明各上市公司投资效率存在较大差异。

二是政府补助在行业和产业分布差异较大。政府补助是政府从自身预定目标出发对企业实施的补助，至于具体补助多寡则主要取决于企业特征或企业行为是否与政府目标相契合以及契合的程度，换言之，如果企业特征或行为有利于协助政府实现其预定目标，那么企业获得政府补助的力度和机会也就越高。企业的空间异质性、行业异质性、最终控制人属性、企业规模、企业就业容纳能力、企业纳税能力和企业增配行为等特征或行为会对政府补助决定产生影响，换言之，政府补助在不同企业和产业间的分布应该存在较大差异。统计结果显示政府补助的最小值为 0.000，最大值为 503.420，平均值为 4.850，标准差为 4.230，标准差低于均值，说明上市公司的政府补助虽然存在差异，但差异程度相对较小，这在一定程度上是否意味着我国政府补助的发放缺少侧重。

三是控制变量影响程度差异较大。针对公司治理能力、投融资状况以及财务治理能力三类控制变量的描述性统计结果显示，上述控制变量在不同上市公司间的分布存在显著差异。宏观环境变动并不会因上市公司个体变化而变化,即控制变量在不同上市公司间不存在差异。

四是统计结果显示只有控制变量中的股权性质、货币供应量增长率、市场指数和经济增长四个变量是完全变量,其他变量均为不完全变量。针对不完全变量,本书对其甄别发现均属于随机缺失类型。对于完全随机缺失变量,其数据不依赖于任何不完全变量或完全变量,不影响样本的无偏性,故无须处理,但对随机缺失的变量数据不是完全随机的,该类数据的缺失依赖于其他完全变量,其数据缺失值的处理有其必要性,本书根据各变量的具体情况,采用了人工填写、平均值填充和特殊值填充三种方式进行处理,尽可能保证估计结果的合理性。

(二) 基于区域分类的政府补助样本描述性统计分析

表4-3显示了中国八大区域和31个省级区域政府补助的统计分析结果,该表报告了本书重点涉及的政府补助解释变量的最大值、最小值、平均值、标准差、中位数、样本总数和样本比重,从表4-3可以看出:

一是政府补助在经济区域分布差异大。从经济区角度来看,对八大区域上市企业样本总数按降序排列依次为东部沿海经济区、南部沿海经济区、北部沿海经济区、长江中游经济区、西南经济区、黄河中游经济区、东北综合经济区、大西北经济区,所占比重分别为29.74%、20.42%、17.97%、10.07%、7.60%、5.64%、4.74%、3.83%,排名前四经济区上市企业数量比重累计高达78.20%,显著超过其他四个地区,在区域分布上显示出较大的失衡;对八大区域的政府补助均值:北部沿海、东部沿海、南部沿海、西南、黄河中游、东北综合、大西北、长江中游的金额分别为474.60亿元、260.21亿元、201.64亿元、63.63亿元、55.93亿元、39.25亿元、31.59亿元、0.44亿元,可以发现我国政府提供的大部分政府补助普遍集中于发达地区,北部沿海、东部沿海、南部沿海经济区上市企业累计获得的政府补助均值达到936.45亿元,占政府补助平均总额度的83.07%,其

第四章
政府补助对上市公司投资效率的影响

表 4-3 省域政府补助样本描述性统计

单位：亿元，%

区域	2008年	2010年	2012年	2013年	2014年	2016年	2018年	最大值	最小值	平均值	中位数	标准差	样本总数	样本比重
北京	717.64	115.34	315.07	294.88	383.68	436.42	628.44	717.64	89.16	380.10	383.68	197.98	300.00	9.05
天津	3.24	7.12	15.75	13.88	29.96	28.26	40.69	59.87	3.24	23.30	15.84	17.11	49.00	1.48
河北	8.86	14.41	15.23	29.47	30.97	30.69	44.19	44.19	7.00	24.16	29.47	12.61	58.00	1.75
山东	20.79	32.38	44.40	44.23	46.35	61.13	88.03	88.03	19.28	47.03	44.40	21.23	189.00	5.70
北部沿海	750.53	169.25	390.45	382.46	490.97	556.49	801.35	801.35	123.29	474.60	490.97	224.96	596.00	17.97
西藏	0.49	0.94	2.65	2.26	1.57	3.74	5.39	5.39	0.49	2.25	1.57	1.65	14.00	0.42
甘肃	1.66	2.36	3.71	4.99	4.47	6.93	9.98	9.98	1.66	4.90	4.47	2.63	34.00	1.03
青海	1.14	2.17	3.00	2.50	3.63	3.09	4.44	4.44	1.14	2.83	3.00	0.99	13.00	0.39
宁夏	2.13	4.43	5.32	4.85	4.51	4.55	6.55	6.55	2.13	4.26	4.51	1.35	13.00	0.39
新疆	6.22	8.10	13.26	17.76	21.42	28.47	40.99	40.99	6.22	19.59	17.76	11.77	53.00	1.60
大西北	11.15	17.05	25.29	30.10	34.03	43.03	61.97	61.97	11.15	31.59	30.10	16.29	127.00	3.83
辽宁	6.22	12.31	26.46	24.43	23.47	26.88	38.71	38.71	5.88	22.66	24.43	11.03	75.00	2.26
吉林	4.83	6.54	9.50	7.03	7.56	9.44	13.60	13.60	4.83	8.13	7.56	2.64	44.00	1.33
黑龙江	2.44	10.66	7.42	7.40	6.28	11.32	16.30	16.30	2.44	8.46	7.42	4.10	38.00	1.15
东北综合	13.49	29.51	43.39	38.86	37.31	47.64	68.61	68.61	13.49	39.25	38.86	16.67	157.00	4.74
上海	67.12	58.39	101.33	116.41	163.71	177.70	255.88	255.88	53.59	134.31	116.41	70.18	265.00	7.99
江苏	14.45	27.20	52.23	41.05	52.16	80.22	115.52	115.52	14.45	53.73	52.16	32.12	351.00	10.59
浙江	14.31	33.99	50.59	55.70	67.68	114.63	165.07	165.07	14.31	72.17	55.70	49.56	370.00	11.16
东部沿海	95.88	119.58	204.15	213.16	283.55	372.55	536.47	536.47	87.83	260.21	213.16	149.77	986.00	29.74

— 89 —

续表

区域	2008年	2010年	2012年	2013年	2014年	2016年	2018年	最大值	最小值	平均值	中位数	标准差	样本总数	样本比重
山西	1.97	4.31	8.49	6.70	6.23	17.28	24.88	24.88	1.97	9.68	6.70	7.70	38.00	1.15
内蒙古	5.04	5.63	9.10	9.78	9.61	27.03	38.93	38.93	5.04	16.74	9.61	12.73	26.00	0.78
河南	4.09	12.98	26.16	24.09	23.46	28.74	41.39	41.39	4.09	22.04	24.09	11.39	78.00	2.35
陕西	0.99	3.05	4.91	5.16	8.42	11.88	17.10	17.10	0.99	7.47	5.16	5.30	45.00	1.36
黄河中游	12.08	25.97	48.67	45.73	47.71	84.93	122.30	122.30	12.08	55.93	47.71	35.60	187.00	5.64
福建	4.46	7.69	20.04	21.63	31.11	34.60	49.82	49.82	4.02	23.42	21.63	15.28	122.00	3.68
广东	63.69	124.11	114.71	138.68	146.65	228.33	328.79	328.79	56.97	165.31	138.68	85.53	525.00	15.83
海南	4.50	6.24	7.75	4.73	10.56	22.45	32.32	32.32	4.50	12.91	7.75	9.85	30.00	0.91
南部沿海	72.65	138.04	142.50	165.03	188.31	285.37	410.93	410.93	67.45	201.64	165.03	109.41	677.00	20.42
广西	1.25	6.96	6.36	10.15	8.80	11.73	16.89	25.95	1.25	10.00	8.80	7.11	36.00	1.09
重庆	1.56	4.40	30.42	10.35	20.87	23.06	33.21	33.21	1.56	16.93	20.87	11.62	46.00	1.39
四川	7.93	16.16	19.82	18.58	17.84	28.69	41.32	41.32	7.93	21.51	18.58	9.81	114.00	3.44
贵州	1.57	3.17	7.52	4.36	9.08	6.59	9.49	9.49	1.57	5.81	6.37	2.64	23.00	0.69
云南	3.10	5.97	10.61	11.14	6.72	11.89	17.12	17.12	2.49	9.38	10.61	5.14	33.00	1.00
西南	15.41	36.66	74.73	54.59	63.31	81.96	118.03	118.03	15.41	63.63	63.31	33.00	252.00	7.60
安徽	17.51	29.00	41.71	41.79	44.20	108.09	155.64	155.64	17.51	64.13	41.79	47.75	102.00	3.08
江西	5.99	7.58	13.81	12.68	18.99	19.29	27.77	27.77	5.28	15.34	13.81	7.64	38.00	1.15
湖北	8.42	17.11	35.33	28.80	34.89	47.88	68.95	68.95	8.42	34.21	34.89	18.80	97.00	2.93
湖南	6.15	7.94	12.84	19.47	24.35	29.18	42.02	42.02	6.15	21.16	20.06	12.04	97.00	2.93
长江中游	38.07	61.63	103.68	102.74	122.43	204.43	294.39	0.67	0.21	0.44	0.39	0.16	334.00	10.07

中北部沿海经济区的上市公司获得的政府补助金额显著超过其他经济区，占比高达42.10%；对于对各经济区获得的政府补助自2008年到2018年的增长率，按降序排列依次为黄河中游、长江中游、西南、南部沿海、东部沿海、大西北、东北综合、北部沿海经济区，增长率分别为912.26%、673.30%、665.73%、465.61%、459.54%、455.84%、408.40%、6.77%，可以发现不同区域上市公司取得政府补助的额度普遍出现倍增趋势，而北部沿海经济区增长率则显著低于其他经济区，负增长的原因主要在于北京上市公司的政府补助额度急剧下降所致。

二是政府补助在省域分布差异显著且增幅各异。对31个省域上市公司样本总数按降序排列依次为广东、浙江、江苏、北京、上海、山东、福建、四川、安徽、湖北、湖南、河南、辽宁、河北、新疆、天津、重庆、陕西、吉林、黑龙江、山西、江西、广西、甘肃、云南、海南、内蒙古、贵州、西藏、青海和宁夏，排名前十个省区的上市公司数目达到2435家，累计占比达到73.43%，显著超过其他省区，上市公司数量在省域分布上存在失衡。

对31个省域公司获取的政府补助均值按降序排列依次为北京、广东、上海、浙江、安徽、江苏、山东、湖北、河北、福建、天津、辽宁、河南、四川、湖南、新疆、重庆、内蒙古、江西、海南、广西、山西、云南、黑龙江、吉林、陕西、贵州、甘肃、宁夏、青海、西藏，其中政府补助均值最大的北京与政府补助均值最小的陕西相差377.84亿元，在补助的金额上区域差距较为明显；对各省域2018年相对于2008年的政府补助增长率按降序排列依次为重庆、陕西、广西、山西、天津、浙江、福建、西藏、河南、安徽、湖北、江苏、内蒙古、海南、湖南、黑龙江、新疆、辽宁、贵州、甘肃、云南、四川、广东、河北、江西、山东、青海、上海、宁夏、吉林、北京，其中增幅处于1倍以内的省域有8个，处于1—2倍的省域有11个，处于2—3倍的省域有7个，处于4—5倍的省域有4个，只有北京市的政府补助呈现出负增长。即便北京市的政府补助出现大幅度下降，但在2008—2018年整个观测期间，北京市上市公司获得的政府补助均值仍然显著超过其他地区。

（三）基于产业分布的政府补助样本描述性统计分析

表4-4显示所有样本上市公司按其所属产业归类，计算了上市公司按产业划分所获取的政府补助额度，从表4-4可以看出：

一是我国上市公司获取政府补助总体呈现增长趋势。我国对上市公司的政府补助总额在2008—2018年呈现先降低而后快速提高的趋势，从2008年的1009.75亿元下降到2009年的394.25亿元，下降幅度达到60.96%，之后政府对上市公司补助金额逐年提高，从2010年的598.64亿元持续提高到2018年的1680.16亿元，提高幅度为107.11%。

二是政府补助在产业间的集中度高。对2008—2018年获取政府补助的产业平均值所占权重按降序排列前五名为：制造业、采矿业、交通运输仓储和邮政业、电力热力燃气及水生产和供应业、建筑业，比重分别为50.69%、17.09%、8.47%、8.14%、3.06%，上述五个产业合计比重为87.45%，涵盖的上市公司数量达到2441家，占总样本比重为73.77%，其中制造业上市公司数量最多，达到2070家，占比为62.56%。

三是政府补助在产业间分布呈现较强结构性变化。2008年获取政府补助最多的五个产业按降序排列依次为采矿业、制造业、电力热力燃气及水生产和供应业、交通运输仓储和邮政业、房地产业，所占比重分别为67.19%、19.69%、5.39%、3.00%、1.03%，2018年分别为制造业、采矿业、电力热力燃气及水生产和供应业、交通运输仓储和邮政业、金融业，比重分别为53.63%、10.62%、7.50%、6.49%、5.32%。对比2008年和2018年位居政府补助前五名产业发现：首先，采矿业之前是政府首要补助的产业，取而代之的是制造业，制造业所占比重由2008年的19.69%显著提高到2018年的53.63%，实际上从2009年开始，政府对制造业的补助就开始超过采矿业。国家经济由虚转实的关键就在于制造业是否强大，显而易见，

第四章 政府补助对上市公司投资效率的影响

表 4-4　基于产业分布的政府补助样本描述性统计

单位：亿元,%

	A	B	C	D	E	F	G	H	I	J	K	L	M	N	P	Q	R	S
2008 年	2.344	678.409	198.799	54.422	8.544	8.523	30.276	0.146	9.884	3.673	10.371	1.405	0.159	0.250	0.022	0.084	1.030	1.409
2010 年	2.934	26.131	206.350	37.762	15.270	8.756	63.574	0.105	10.293	6.352	11.453	1.680	0.295	0.532	0.023	0.070	1.064	1.605
2012 年	6.442	63.298	414.382	71.845	23.423	15.807	42.187	0.257	22.326	15.076	17.899	3.141	1.001	1.322	0.019	0.139	5.064	3.371
2014 年	7.974	119.115	511.743	78.786	31.586	20.879	69.240	0.272	28.385	16.083	22.077	4.265	1.133	1.898	0.025	0.151	8.333	3.490
2016 年	10.769	148.082	570.061	70.887	36.056	26.165	76.998	0.423	34.404	17.042	17.647	7.895	1.345	1.591	0.039	0.341	11.976	3.205
2018 年	14.054	178.365	901.059	125.966	54.656	40.813	108.978	1.627	63.444	89.302	35.894	25.988	4.169	5.941	0.235	0.763	24.876	4.027
最大值	15.069	678.409	901.059	137.401	54.656	40.813	190.399	1.627	63.444	89.302	35.894	25.988	4.169	5.941	0.235	1.059	24.876	6.963
最小值	2.344	26.131	198.799	37.762	8.544	8.523	30.276	0.105	9.884	3.673	10.371	1.405	0.159	0.25	0.016	0.07	1.03	1.409
平均值	8.874	183.183	528.941	82.56	31.456	22.295	87.125	0.559	32.035	28.947	20.203	7.657	1.588	2.015	0.074	0.376	10.696	3.378
中位数	8.851	148.082	568.416	78.3	35.29	22.804	76.998	0.281	31.621	16.358	21.709	4.652	1.169	1.732	0.028	0.186	10.926	3.205
标准差	4.692	194.866	249.539	32.268	15.038	11.255	52.749	0.521	18.276	28.974	7.917	7.879	1.305	1.702	0.087	0.353	8.434	1.7
样本总数	43	75	2070	105	95	163	96	10	238	78	127	43	35	41	3	8	54	25
样本比重	1.30	2.27	62.56	3.17	2.87	4.93	2.90	0.30	7.19	2.36	3.84	1.30	1.06	1.24	0.09	0.24	1.63	0.76

注：A 代表农林牧渔业；B 代表住宿和餐饮业；C 代表制造业；D 代表采矿业；E 代表电力热力燃气及水生产和供应业；F 代表批发和零售业；G 代表建筑业；H 代表信息传输软件和信息技术服务业；I 代表金融业；K 代表房地产业；L 代表租赁和商务服务业；M 代表科学研究和技术服务业；N 代表水利环境和公共设施管理业；P 代表教育；Q 代表卫生和社会工作；R 代表文化体育和娱乐业；S 代表综合。

我国制造业一直以来充当的角色就是制造业大国，而非制造业强国，加大对制造业领域的政府补助，既是政府对制造业变大变强的希望，同时也在发挥信号作用，引导社会资本关注重视制造业。其次，金融业代替房地产业成为第五大政府资助对象，其中金融业在全部政府补助中所占份额从2008年的0.36%提高到2018年的5.32%，房地产业在全部政府补助中所占份额从2008年的1.03%提高到2018年的2.54%。显而易见，房地产业和金融业在政府补助结构中所呈现的此消彼长，在一定程度上反映了金融产业重要性程度在显著提高，但房地产业获取政府补助的权重并没有下降反而提高，也预示我国房地产业在国民经济发展中仍然发挥着重要作用。最后，电力热力燃气及水生产和供应业、交通运输仓储和邮政业两个产业在历年的政府补助中所占权重持续稳定，其根本原因在于这两个产业具有公众服务性质，要承担公共产品和服务的重要职能，政府需要给予一定的政策倾斜。

四是产业获得政府补助变化幅度较大。对各产业政府补助在2008—2018年的变动幅度按降序排列依次为：制造业、金融业、交通运输仓储和邮政业、信息传输软件和信息技术服务业、建筑业、电力热力燃气及水生产和供应业、批发和零售业、租赁和商务服务业、文化体育和娱乐业、房地产业、农林牧渔业、水利环境和公共设施管理业、科学研究和技术服务业、综合、住宿和餐饮业、卫生和社会工作、教育、采矿业。政府补助多寡能够反映对该领域的重视程度，如前所述，政府补助发挥的作用不仅仅是资金的支持，还要发挥其"指挥棒"的功能，发挥其示范作用。

二 相关性检验

表4-5展示的是所研究的变量之间的相关系数矩阵，矩阵的下三角部分为Pearson检验结果，上三角部分为Spearman检验结果。通过对矩阵进行观察本书可以发现不同解释变量和控制变量与被解释变量之间粗略的关联关系，所谓粗略的关联关系意味着这种相关性检验结果并不必然存在于不同区域和不同产业，这种总体性的相关性检验往往容易掩盖个体差异。解释变量政府补助（GS）与投资效率（INVE）

第四章 政府补助对上市公司投资效率的影响

表 4-5　变量的相关性分析

		INVE	GS	FH	INDR	SOS	NOE	FC	CH	RG	Tobin Q	CS	ROE	AC	MI	EG
INVE	相关系数	1.000	0.108	0.034	0.014	-0.057	0.147	-0.051	-0.002	0.284	0.040	0.162	0.193	0.027	-0.034	-0.026
	显著水平	0.001	0.000	0.012	1.000	0.000	0.000	0.000	1.000	0.000	0.001	0.000	0.000	0.232	0.011	0.276
GS	相关系数	0.003	1.000	0.093	0.025	0.119	-0.149	0.201	-0.073	0.027	-0.210	0.442	0.098	-0.071	-0.133	-0.110
	显著水平	0.029	0.000	0.000	0.447	0.000	0.000	0.000	0.000	0.240	0.000	0.000	0.000	0.000	0.000	0.000
FH	相关系数	0.036	0.080	1.000	0.037	0.058	-0.191	0.070	-0.015	0.014	-0.127	0.195	0.118	-0.195	0.034	0.020
	显著水平	0.004	0.000	0.000	0.003	0.000	0.000	0.000	1.000	1.000	0.000	0.000	0.000	0.000	0.013	1.000
INDR	相关系数	0.006	-0.000	0.055	1.000	-0.085	0.061	-0.017	0.019	0.004	0.034	0.056	-0.012	0.026	-0.072	-0.052
	显著水平	1.000	1.000	0.000	0.000	0.000	0.000	1.000	1.000	1.000	0.010	0.000	1.000	0.295	0.000	0.000
SOS	相关系数	-0.033	0.113	0.069	-0.094	1.000	-0.393	0.207	-0.124	-0.053	-0.222	0.111	-0.028	-0.182	0.087	0.101
	显著水平	0.017	0.000	0.000	0.000	0.000	0.000	0.000	0.000	0.000	0.000	0.000	0.168	0.000	0.000	0.000
NOE	相关系数	0.105	-0.059	-0.190	0.057	-0.377	1.000	-0.306	0.170	0.088	0.305	-0.117	0.077	0.224	-0.135	-0.136
	显著水平	0.000	0.000	0.000	0.000	0.000	0.000	0.000	0.000	0.000	0.000	0.000	0.000	0.000	0.000	0.000
FC	相关系数	-0.011	0.010	0.023	-0.000	0.021	-0.068	1.000	-0.349	0.038	-0.452	0.111	-0.055	-0.416	0.072	0.069
	显著水平	1.000	1.000	0.000	1.000	1.000	0.000	0.000	0.000	0.002	0.000	0.000	0.000	0.000	0.000	0.000
CH	相关系数	-0.004	-0.001	-0.006	0.005	-0.005	0.008	-0.002	1.000	0.094	0.248	-0.018	0.187	0.205	0.036	0.024
	显著水平	1.000	1.000	1.000	1.000	1.000	1.000	1.000	0.000	0.000	0.000	1.000	0.000	0.000	0.006	0.659

◆ 政府补助、产品市场竞争对上市公司投资效率的影响研究

续表

		INVE	GS	FH	INDR	SOS	NOE	FC	CH	RG	Tobin Q	CS	ROE	AC	MI	EG
RG	相关系数	0.052	-0.001	0.009	-0.006	-0.006	-0.009	0.001	-0.000	1.000	0.115	0.136	0.374	-0.084	0.080	0.167
	显著水平	0.000	1.000	1.000	1.000	1.000	1.000	1.000	1.000	.	0.000	0.000	0.000	0.000	0.000	0.000
Tobin Q	相关系数	-0.018	-0.021	-0.061	0.033	-0.082	0.126	-0.036	0.456	-0.002	1.000	0.144	0.205	0.425	-0.074	-0.180
	显著水平	1.000	1.000	0.000	0.020	0.000	0.000	0.004	0.000	1.000	.	0.000	0.000	0.000	0.000	0.000
CS	相关系数	0.030	0.464	0.156	0.039	0.148	-0.082	0.005	-0.002	-0.002	-0.002	1.000	0.333	-0.106	-0.248	-0.316
	显著水平	0.082	0.000	0.000	0.001	0.000	0.000	1.000	1.000	1.000	1.000	.	0.000	0.000	0.000	0.000
ROE	相关系数	0.018	0.003	0.021	-0.006	-0.009	0.019	0.199	0.002	0.001	0.012	0.015	1.000	-0.044	0.085	0.075
	显著水平	1.000	1.000	1.000	1.000	1.000	1.000	0.000	1.000	1.000	1.000	1.000	.	0.000	0.000	0.000
AC	相关系数	-0.065	-0.009	-0.040	-0.011	-0.034	0.056	-0.014	0.001	0.000	0.052	-0.010	0.010	1.000	-0.098	-0.108
	显著水平	0.000	1.000	0.001	1.000	0.011	0.000	1.000	1.000	1.000	0.000	1.000	1.000	.	0.000	0.000
MI	相关系数	-0.032	-0.013	0.030	-0.070	0.098	-0.157	-0.001	0.006	-0.001	-0.029	-0.018	0.016	-0.019	1.000	0.551
	显著水平	0.026	1.000	0.056	0.000	0.000	0.000	1.000	1.000	1.000	0.085	1.000	1.000	1.000	.	0.000
EG	相关系数	-0.025	-0.001	0.014	-0.053	0.101	-0.142	0.008	0.006	0.003	-0.054	-0.020	0.028	-0.026	0.500	1.000
	显著水平	0.444	1.000	1.000	0.000	0.000	0.000	1.000	1.000	1.000	0.000	1.000	0.157	0.317	0.000	.

之间存在显著正相关关系，说明政府补助提高会导致上市公司投资效率越高。

公司治理能力类控制变量与投资效率存在如下相关关系：第一大股东持股比例（FH）与上市公司投资效率（INVE）之间存在显著的正相关关系，说明第一大股东持股比例越高，上市公司投资效率越高，印证了大股东的存在有助于对公司管理层和治理层形成有效监管，有利于企业价值的提升的观点。独立董事比例（INDR）与上市公司投资效率（INVE）显著不相关，说明独立董事在改善上市公司投资效率方面未发挥作用，可能的原因是针对内部董事利用对信息的独占权牟利，独立董事未有效采取措施推动管理层和治理层共享内部信息。监事规模（SOS）与上市公司投资效率（INVE）呈显著负相关，与已有理论认知恰好相反，可能的原因是企业监事会未能发挥其监督制衡与提供参与机制双重职能作用，从而未能有效防范和检查企业管理层和治理层是否存在侵害公司和股东利益的行为，进而推动公司健康稳定发展。股权性质（NOE）与投资效率（INVE）之间呈显著的正相关关系，说明股权性质能够对投资效率产生影响，已有研究显示国有控股企业投资效率显著低于非国有控股企业，但针对不同产业和不同区域是否存在同样的因果关系尚有待证明。

投融资状况类控制变量与投资效率存在如下相关关系：融资约束（FC）与投资效率（INVE）之间呈显著的负相关关系，说明中国上市公司融资约束会影响企业最优投资水平，融资约束越强投资效率越低。现金持有量（CH）与上市公司投资效率（INVE）不存在相关关系，换言之，中国上市公司投资效率高低与现金持有量不具有明显的相关关系。营业收入增长率（RG）与上市公司投资效率（INVE）存在显著的相关关系，说明上市公司成长机会较多时能够带来更多的新增投资项目，创造更多的投资机会，反之，当上市公司前景堪忧之时，新增项目投资的机会会减少，投资效率也会随之而降低。托宾Q值（Tobin Q）与上市公司投资效率（INVE）显著不相关，托宾Q理论的主导思想是基于企业市场价值与资产重置价值来分析公司的投资行为，上述结果显示中国上市公司投资过程对企业市场价值与资产重置价值关注度明显不够，在一定程度上反映了中国上市公司投资决策的科学性与合理性值得商榷。

财务治理能力类控制变量与投资效率存在如下相关关系：公司规模（CS）与上市公司投资效率（INVE）呈显著的正相关关系，说明上市公司的规模越大，那么该上市公司融资能力就会越强，掌握的资源也更为丰富，进而能够很好地把握投资机会；反之，规模较小的上市公司所能掌控的资源则相对较少，投资的渠道和范围也必然受到约束。净资产收益率（ROE）与上市公司投资效率（INVE）呈显著的正相关关系，说明盈利能力是决定上市公司投资项目支出的关键影响因素。代理成本（AC）与上市公司投资效率（INVE）显著不相关，说明中国上市公司管理层和治理层的利益与上市公司并未实现捆绑，或者说，中国上市公司在管理层和治理层奖励激励机制制度设计上存在不足，这种不足反而使上市公司管理层和治理层没有因为代理成本问题引发投资效率不足或者过度。

宏观环境类控制变量与投资效率呈如下相关关系：市场化指数（MI）与上市公司投资效率（INVE）显著负相关，市场化指数是一个逆向指标，指数越大，市场化水平越低，市场化程度下降必然意味着政府对经济的干预加大，依赖关系进行资源配置的可能性也在加大，这不利于投资效率的普遍提高。经济增长（EG）与上市公司投资效率（INVE）呈现显著的负相关关系，说明经济繁荣时期，上市公司可能会出现投资过度，进而引发投资效率下降，反之，当经济处于衰退时期，上市公司投资会更加谨慎，反而导致投资效率提高。

三 回归结果分析

在对样本进行回归之前，本书首先对解释变量的多重共线性问题进行了分析。需要注意的是如果研究关注点是模型整体的解释能力而非具体的回归系数，那么即便存在多重共线也没什么关系。在关心具体回归系数的情况下，如果多重共线不影响变量显著性，那也无所谓，因为如果没有多重共线的情况下，结果应该更加显著。此外，较大的样本容量可以改善多重共线性问题。本书样本量足够大且关注点在模型整体的解释能力上，在操作上可以忽略共线性问题。但本书基于谨慎性原则计算了各个解释变量的 VIF 值和容忍度，发现回归模型中所有解释变量的 VIF 值都远小于 10，VIF 的平均值为 1.32，容忍度均大于 0.1，这表明各变量之间不存在显著的共线性问题。之后，本书对估计模型进行 Hausman 检验确定最优模型形式，即选择随机效应模型形式还是固定效应模型形式，如伴随概率低于 10%，则选择固定效应模型形式，表 4-6 检验结果显示建筑业，住宿和餐饮业，科学研究和技术服务业，水利、环境和公共设施管理业，卫生和社会工作，综合产业的检验结果的伴随概率均大于 10%，选用随机效应模型形式，其他产业伴随概率均小于 5%，采用固定效应模型进行估计。

表 4-6　　　　　　　　面板模型形式检验

Hausman 检验	A	B	C	D	E	F	G	H	I
χ^2	21.857	24.640	234.399	16.302	11.572	46.376	59.829	8.591	63.349
伴随概率	0.076	0.054	0.000	0.209	0.532	0.000	0.000	0.803	0.000
Hausman 检验	J	K	L	M	N	P	Q	R	S
χ^2	25.982	20.383	64.064	9.064	18.865	33.318	7.370	427.460	12.782
伴随概率	0.037	0.110	0.000	0.964	0.930	0.000	0.828	0.000	0.524

表 4-7 报告了以政府补助为主要解释变量的各产业投资效率回归估计结果。限于篇幅，本书仅对通过 10% 水平下显著性检验的变量予以分析，从表 4-7 可以看出：

一是政府补助产业显著影响行业集中。在所有产业中，只有农林牧渔业、电力热力燃气及水生产和供应业、交通运输仓储和邮政业、信息传输软件和信息技术服务四个产业的政府补助系数显著性水平低于 10%，换言之，只有这四个产业的政府补助对产业内上市公司的投资效率产生影响。在其他产业中，政府补助估计系数为正的产业有采矿业，科学研究和技术服务业，文化、体育和娱乐业以及综合产业，其他产业政府补助系数均为负。

政府补助对投资效率的影响

表 4-7

	A	B	C	D	E	F	G	H	I	J	K	L	M	N	P	Q	R	S
GS	-1.31	0.00	-0.02	0.34	-0.14	-0.59	0.16	-7.68	0.82	-0.77	-0.17	-1.63	6.08	-9.57	-14.27	-14.27	0.34	0.84
	(0.01)***	-0.81	-0.59	(0.05)**	-0.63	-0.33	(0.04)***	-0.43	(0.10)***	-0.75	-0.38	-0.34	-0.50	-0.13	-0.27	-0.27	-0.87	-0.41
FH	0.24	0.07	0.07	-0.13	0.17	-0.04	-0.01	1.81	0.37	0.25	0.03	0.19	-0.49	1.37	-2.37	-2.37	0.60	0.25
	-0.10	-0.72	0.00	-0.31	-0.12	-0.59	-0.97	-0.26	(0.00)***	-0.52	-0.49	-0.27	-0.42	0.00	-0.16	-0.16	-0.04	-0.44
INDR	-0.05	0.12	-0.01	0.05	-0.02	0.10	0.01	0.20	-0.05	-0.11	-0.05	0.09	-0.10	-0.23	-0.04	-0.04	-0.04	-0.12
	-0.35	-0.27	-0.59	-0.52	-0.72	-0.04	-0.95	-0.73	-0.40	-0.63	-0.12	-0.45	-0.63	-0.22	-0.95	-0.95	-0.86	-0.31
SOS	-0.11	-0.08	-0.04	0.00	0.05	0.06	-0.26	0.24	-0.15	0.27	0.02	0.06	0.21	0.07	0.00	0.00	0.08	0.09
	-0.15	-0.60	-0.16	-0.98	-0.51	-0.52	-0.15	-0.71	-0.21	-0.51	-0.76	-0.88	-0.78	-0.94	0.00	0.00	-0.84	-0.62
NOE	-0.42	-0.15	0.22	0.24	0.45	0.07	-1.68	0.00	-0.03	0.05	0.08	0.44	0.36	-0.48	0.00	0.00	0.56	-0.28
	(0.00)**	-0.61	0.00	-0.68	-0.01	-0.56	(0.04)***	0.00	-0.87	-0.92	-0.22	-0.30	-0.42	-0.03	0.00	0.00	-0.20	-0.16
FC	0.30	0.03	0.01	0.23	0.15	-0.35	-0.36	1.95	-1.44	-0.31	0.03	0.27	-2.82	1.59	1.60	1.60	-1.98	-0.38
	-0.24	-0.45	-0.48	-0.41	-0.53	0.00	-0.15	-0.75	(0.00)**	-0.69	-0.88	-0.31	-0.15	0.00	-0.81	-0.81	-0.03	-0.68
CH	187.28	237.09	148.29	1595.74	378.10	20.70	9.31	1984.26	53.33	87.13	55.61	329.26	101.70	707.66	632.84	632.84	0.05	3231.21
	-0.31	-0.03	0.00	(0.00)**	-0.10	-0.15	-0.98	-0.12	-0.17	-0.83	-0.71	-0.23	-0.78	-0.23	-0.49	-0.49	-0.30	0.00
RG	-0.36	28.52	-0.29	21.77	73.88	4.28	-33.51	-783.64	1.04	0.42	0.14	17.33	141.41	0.01	-112.90	-112.90	-18.19	-98.24
	-0.30	-0.35	-0.46	-0.13	-0.04	-0.22	-0.33	-0.34	-0.87	-1.03	-0.81	-0.81	-0.22	-0.08	-0.52	-0.52	-0.59	-0.23
Tobin Q	-0.59	26.12	7.57	73.48	-15.52	48.72	72.16	21.58	22.18	76.84	15.47	21.41	43.34	36.37	45.53	45.53	21.39	155.49
	-1.02	-0.24	0.00	(0.00)***	-0.10	0.00	(0.00)***	-0.86	(0.00)**	-0.02	-0.13	-0.34	-0.16	-0.10	-0.34	-0.34	-0.34	0.00
CS	0.10	-0.01	-0.04	-0.15	0.08	-0.19	0.19	-0.49	-0.43	-0.74	0.02	0.29	-1.04	1.90	0.99	0.99	-1.23	-2.88
	-0.96	-0.96	-0.71	-0.80	-0.58	-0.72	-0.60	-0.97	-0.15	-0.53	-0.96	-0.79	-0.82	-0.18	-0.88	-0.88	-0.27	-0.02

续表

	A	B	C	D	E	F	G	H	I	J	K	L	M	N	P	Q	R	S
ROE	0.67	1.45	0.03	-0.05	-1.79	-0.40	-1.41	3.50	0.45	-0.70	-0.04	-0.65	-0.90	-0.76	2.92	2.92	-1.44	-0.54
	(0.00)***	0.00	-0.03	-0.43	0.00	-0.02	(0.00)**	-0.02	0.00	-0.47	-0.41	-0.07	-0.21	0.00	-0.49	-0.49	-0.07	-0.48
AC	-6.76	0.94	0.42	-21.67	-5.07	-0.29	48.49	71.66	-12.35	-0.24	1.80	-8.05	11.16	-5.71	64.91	64.91	-56.75	-8.78
	-0.26	-0.95	-0.59	-0.26	-0.01	-0.36	(0.02)***	-0.04	(0.01)**	-0.38	0.00	-0.66	-0.71	-0.35	-0.05	-0.05	0.00	-0.23
MI	-0.02	-0.01	0.02	-0.01	0.04	-0.04	0.06	-0.07	-0.16	-0.37	-0.05	-0.14	0.17	0.00	-0.17	-0.17	-0.23	-0.14
	-0.77	-0.90	-0.02	-0.84	-0.27	-0.19	-0.35	-0.83	(0.00)**	-0.01	-0.01	-0.12	-0.45	-1.03	-0.46	-0.46	-0.08	-0.10
EG	0.01	0.10	0.05	-0.03	0.02	0.04	0.02	-0.33	0.01	-0.08	0.04	0.00	-0.06	-0.08	0.08	0.08	-0.02	0.04
	-0.87	-0.21	0.00	-0.63	-0.76	-0.20	-0.84	-0.25	-0.91	-0.66	-0.06	-1.02	-0.81	-0.49	-0.75	-0.75	-0.92	-0.64
cons	1.10	2.16	1.02	13.03	2.96	0.44	0.09	5.80	0.26	0.95	0.23	2.36	2.59	4.51	3.37	3.37	-1.18	23.34
	-0.44	0.00	0.00	0.00	-0.10	-0.01	-1.02	-0.66	-0.41	-0.72	-0.85	-0.21	-0.31	-0.30	-0.60	-0.60	0.00	0.00
sigma u	0.86	1.53	0.45	0.81	3.32	0.44	1.49	1.73	0.62	0.81	0.30	0.80	0.93	1.46	1.40	1.40	3.61	1.69
sigma e	0.44	1.17	0.71	1.11	0.55	0.67	0.94	1.09	0.78	1.05	0.37	0.91	0.89	0.81	0.82	0.82	1.06	0.67
rho	0.83	0.67	0.30	0.36	1.02	0.31	0.75	0.75	0.40	0.40	0.42	0.46	0.55	0.80	0.78	0.78	0.97	0.91
F检验显著性	0.01	0.00	0.00	0.01	0.00	0.00	0.00	0.01	0.00	0.37	0.01	0.13	0.10	0.00	0.00	0.03	0.00	0.00

注：1. 产业代码跨参考表4-44；2. 括号中为t统计量，*代表显著性$p<0.10$，**代表显著性$p<0.05$，***代表显著性$p<0.01$。

二是政府补助对农林牧渔行业产生负相关影响。政府补助估计系数显著为负，这意味着政府对农林牧渔业政府补助力度越强，该产业的投资效率越低。从实际情况来看，政府对农林牧渔业给予的政府补助从 2008 年的 2.34 亿元提高到 2018 年的 14.05 亿元，提高幅度达到 500.42%。然而，同期，农林牧渔业所属上市公司投资效率却从 2008 年的 0.15% 降低到 2018 年的 0.129%，投资效率降幅达到 14.00%。政府补助对投资效率的边际效应为每增加一亿元的政府补助，上市公司投资效率降低 1.188%。政府补助系数显著为负一定程度上印证了假设 2，即农林牧渔业科学技术创新有着很大的不确定因素，且要承担很大的风险，政府补助一般不倾向于支持企业加大无形资产投资。与此同时，股权性质估计系数显著为负，验证了政府补助对国有控股和非国有控股上市公司影响不一致，或者说，占农林牧渔业所有上市公司中大约 43% 的国有控股企业在政府补助不断提高的情况下投资效率却不断下降。净资产收益率估计系数显著为正，验证了投资项目的盈利能力对决定投资项目的影响力显著超过大多数控制变量，能够引导投资项目的投资方向。

三是政府对电热水燃气等民生行业产补助效应明显。在电力热力燃气及水生产和供应业中，政府补助估计系数显著为正，这意味着政府对电力热力燃气及水生产和供应业的政府补助力度越强，该产业的投资效率越高。从实际情况来看，政府对电力热力燃气及水生产和供应业给予的政府补助从 2008 年的 54.42 亿元提高到 2018 年的 125.97 亿元，提高幅度达到 131.461%。同期，农林牧渔业所属上市公司投资效率从 2008 年的 0.117% 提高到 2018 年的 0.196%，投资效率增幅达到 67.625%。政府补助对投资效率的边际效应为每增加一亿元的政府补助，上市公司投资效率提高 0.945%。政府补助系数显著为正一定程度上印证了假设 1，即电力热力燃气及水生产和供应业的政府补助与其固定资产投资呈现较强的正相关关系。与此同时，现金持有比例估计系数显著为正，电力热力燃气及水生产和供应业上市公司现金持有比例从 2008 年的 10.58% 提高到 2018 年的 13.28%，一定程度上促进了投资效率，但也可能引发投资过度行为。托宾 Q 值估计系数显著为正，并且托宾 Q 值在观测期间内均值普遍大于 1，显示了上市公司有较高的成长机会，向市场传递了公司在管理和经营等方面健康、积极的信号。

四是政府补助对交通运输仓储和邮政业公共服务起到正面帮助作用。在交通运输仓储和邮政业中，政府补助估计系数显著为正，这意味着政府对交通运输仓储和邮政业政府补助力度越强，该产业的投资效率越高。从实际情况来看，政府对电力热力燃气及水生产和供应业给予的政府补助从 2008 年的 30.28 亿元提高到 2018 年的 108.98 亿元，提高幅度达到 259.945%。同期，农林牧渔业所属上市公司投资效率从 2008 年的 0.166% 提高到 2018 年的 0.175%，投资效率增幅达到 5.027%。政府补助对投资效率的边际效应为每增加一亿元的政府补助，上市公司投资效率提高 0.064%。政府补助系数显著为正一定程度上印证了假设 1，即交通运输仓储和邮政业的政府补助与其固定资产投资呈现较强的正相关关系。与此同时，股权性质估计系数显著为负，同样验证了政府补助对国有控股和非国有控股上市公司的影响不一致。托宾 Q 值估计系数显著为正，意味着上市公司能够向外界传递积极信号。净资产收益率估计系数显著为负，这说明此类产业的投资并非完全遵循市场化、利益最大化原则，根本原因在于该产业要承担公共服务和社会责任。代理成本估计系数显著为正，意味着电力热力燃气及水生产和供应业的改革使各方需要考虑市场格局下相关方面的利益，这无疑有助于提高上市公司的投资效率。

五是政府引导促进信息传输软件行业发展。在信息传输软件和信息技术服务业中，政府补助估计系数显著为正，这意味着政府对信息传输软件和信息技术服务业政府补助力度越强，该产业的投资效率越高。从实际情况来看，政府对电力热力燃气及水生产和供应业给予的政府补助从 2008 年的 9.88 亿元提高到 2018 年的 63.44 亿元，提高幅度达到 541.88%。同期，农林牧渔业所属上市公司投资效率从 2008 年的 0.111% 提高到 2018 年的 0.1856%，投资效率增幅达到

66.918%。政府补助对投资效率的边际效应为每增加一亿元的政府补助，上市公司投资效率提高1.249%。即信息传输软件和信息技术服务业的政府补助与其固定资产投资呈现较强的正相关关系。与此同时，第一大股东持股比率估计系数、托宾Q值估计系数和净资产收益率估计系数显著为正，融资约束估计系数、代理成本估计系数和市场化指数估计系数显著为负。需要注意的市场化指数在观测期间持续下降，意味着中国市场化程度逐渐加强，市场化程度渐趋改善。现阶段，我国有更多民营企业已经介入信息化建设之中，倒逼加速真正的信息化产品推出，加速了中国信息产业化的形成。

第四节 稳健性检验

为确保本章实证结果的可靠性，按照不同区域分组的方式进行检验，重新估计政府补助对投资效率的影响，对本章结论进行稳健性检验。表4-8检验结果显示所有检验结果的伴随概率均显著小于10%，选用固定效应模型形式。表4-9报告了以政府补助为主要解释变量的各地区投资效率回归估计结果。限于篇幅，本书仅通过对10%水平下显著性检验的变量予以分析。结果显示八大经济区域中，只有东北综合经济区、东部沿海经济区和大西北经济区的政府补助系数显著性水平低于10%，仅有这三个地区的政府补助对所属区域上市公司的投资效率产生影响。

表4-8　　　　　　　　面板模型形式检验

Hausman检验	东北综合	北部沿海	东部沿海	南部沿海	黄河中游	长江中游	西南	大西北
χ^2	21.462	60.669	107.079	94.899	31.458	51.2295	42.063	49.602
伴随概率	0.059	0.000	0.000	0.000	0.000	0.000	0.000	0.000

第四章 政府补助对上市公司投资效率的影响

表4-9 以区域为标准选择样本估计政府补助对投资效率的影响

	东北综合	北部沿海	东部沿海	南部沿海	黄河中游	长江中游	西南	大西北
GS	-0.27	0.00	0.01	-0.08	-0.16	-0.17	0.27	-0.27
	(0.06)***	(0.95)	(0.02)***	(0.28)	(0.47)	(0.14)	(0.12)	(0.01)**
FH	0.13	0.04	0.08	0.19	0.22	0.11	0.04	0.13
	(0.20)	(0.43)	(0.03)**	0.00	(0.02)	(0.10)	(0.67)	(0.22)
INDR	0.04	0.03	-0.01	-0.02	-0.03	-0.01	0.03	-0.08
	(0.44)	(0.26)	(0.65)	(0.44)	(0.59)	(0.76)	(0.57)	(0.21)
SOS	-0.08	-0.02	0.05	-0.06	0.06	-0.07	0.06	-0.34
	(0.47)	(0.59)	(0.22)	(0.29)	(0.49)	(0.30)	(0.50)	(0.01)**
NOE	-0.29	0.24	0.03	0.47	-0.12	0.01	-0.20	0.00
	(0.01)***	(0.00)	(0.63)	(0.00)	(0.27)	(0.94)	(0.12)	(0.98)
FC	0.01	-0.07	0.10	-0.44	0.10	0.10	0.05	0.03
	(0.97)	(0.01)	(0.26)	(0.00)	(0.14)	(0.23)	(0.01)	(0.31)
CH	350.80	5.06	138.05	47.85	315.05	384.11	0.08	925.85
	(0.03)**	(0.70)	(0.00)**	(0.26)	(0.00)	(0.00)	(0.00)	(0.00)**
RG	2.77	-6.50	-0.17	0.03	0.03	-0.23	20.56	-10.44
	(0.33)	(0.59)	(0.84)	(0.96)	(0.00)	(0.60)	(0.22)	(0.48)
Tobin Q	4.92	10.93	22.79	6.12	18.68	12.33	36.64	62.54
	(0.60)	(0.01)	(0.00)**	(0.00)	(0.01)	(0.01)	(0.00)	(0.00)**
CS	-0.06	0.01	-0.12	0.10	0.22	0.00	-0.97	-1.20
	(0.87)	(0.84)	(0.34)	(0.54)	(0.45)	(0.99)	(0.01)	(0.12)
ROE	0.14	0.01	0.34	0.03	-0.02	-0.62	-0.07	0.20
	(0.34)	(0.32)	(0.00)**	(0.56)	(0.74)	(0.00)	(0.03)	(0.01)***
AC	-2.10	-1.18	1.06	-0.26	-0.39	-1.42	-3.60	-7.24
	(0.44)	(0.61)	(0.16)	(0.06)	(0.72)	(0.28)	(0.26)	(0.23)
MI	0.01	0.04	-0.01	-0.04	0.03	-0.04	0.01	0.01
	(0.70)	(0.02)	(0.59)	(0.05)	(0.38)	(0.21)	(0.71)	(0.90)
EG	0.01	0.05	0.02	0.03	0.00	0.04	0.08	0.02
	(0.67)	(0.03)	(0.36)	(0.31)	(0.99)	(0.17)	(0.06)	(0.61)
常数项	2.56	0.00	1.07	0.20	2.30	2.84	0.13	7.20
	(0.04)	(1.05)	0.00	(0.54)	0.00	0.00	(0.47)	0.00

续表

	东北综合	北部沿海	东部沿海	南部沿海	黄河中游	长江中游	西南	大西北
sigma u	0.76	0.67	0.70	0.72	0.90	0.83	1.00	0.98
sigma e	0.43	0.38	0.29	0.41	0.47	0.31	0.92	0.55
rho	0.43	0.38	0.29	0.41	0.47	0.31	0.92	0.55
F检验显著性	0.00	0.00	0.00	0.00	0.00	0.00	0.00	0.00

注：括号中为 t 统计量，*代表显著性 $p<0.10$，**代表显著性 $p<0.05$，***代表显著性 $p<0.01$。

第一，东北综合经济区政府补助估计系数显著为负，这意味着政府对东北综合经济区的政府补助力度越强，东北综合经济区的投资效率越低。从实际情况来看，政府对东北综合经济区的政府补助从2008年的13.494亿元提高到2018年的68.61亿元，提高幅度达到408.40%。同期，东北综合经济区投资效率从2008年的0.063%提高到2018年的0.111%，投资效率提高了75.198%。与此同时，股权性质估计系数显著为负，现金持有比例估计系数显著为正。第二，东部沿海经济区政府补助估计系数显著为正，这意味着政府对东部沿海经济区的政府补助力度越强，东部沿海经济区的投资效率越高。从实际情况来看，政府对东部沿海经济区的政府补助从2008年的95.877亿元提高到2018年的372.550亿元，提高幅度达到459.54%。同期，东部沿海综合经济区投资效率从2008年的0.071%提高到2018年的0.172%，投资效率提高了144.310%。与此同时，第一大股东持股比例、现金持有比例、托宾Q值、净资产报酬率估计系数显著为正。第三，大西北经济区政府补助估计系数显著为负，这意味着政府对大西北经济区的政府补助力度越强，大西北经济区的投资效率越低。从实际情况来看，政府对大西北经济区的政府补助从2008年的11.15亿元提高到2018年的61.97亿元，提高幅度达到455.78%。同期，大西北经济区投资效率从2008年的0.100%提高到2018年的0.156%，投资效率提高了56.151%。与此同时，监事会规模估计系数显著为负，现金持有比例和托宾 Q 值估计系数显著为正，股权性质估计系数显著为正。

基于上述分析，本书研究发现：政府补助对不同地区投资效率产生效应方向并不一致，东北综合经济区和大西北经济区在经济发展水平上较为落后，政府补助在这些地区投入得越多，反而可能造成类似地区的发展惰性，不利于其提高区域治理水平，拓展经济发展路径。然而，对经济较为发达的东南沿海给予的政府补助越多，投资效率越高，展现出截然不同的影响，一定程度上反映了发达地区对政府补助的利用效率，资源配置能力相比欠发达地区具有较强的优势，这也可能是造成区域经济差距的一个原因。

第五章 产品市场竞争对上市公司投资效率的影响

市场这只"看不见的手"在资源配置中发挥着重要的作用，会使市场更加透明，从而对企业投资活动产生影响。产品市场竞争是公司面临的一个重要外部环境因素，无论是代理成本导致的过度投资，还是政府干预导致的过度投资，其投资项目最终要参与到产品市场竞争中，公司的项目投资行为可能是对外部竞争环境做出的反应。良好的要素市场可以提高资源在市场上的流动，减少资源的浪费，提高资源的利用率，在市场要素发展完善的地区，企业和市场之间的信息传递更加迅速，生产要素自由流动，便于企业及时调整生产经营方向，提高投资效率。市场竞争环境的变化可能会导致公司采用领先战略，先入为主，积极进行过度投资，通过过度投资阻止进入，先发制人，引诱其他企业退出。考虑市场竞争对公司投资效率的影响，较少有文献利用大样本数据方式研究二者之间的关系，这也正是本书的研究内容。

第一节 研究假设的提出

国外学者在研究市场竞争程度与投资效率关系时，通常是以市场经济为其分析的基本前提。一些文献从市场竞争环境变动角度出发进行研究，Carroll（2001）考察了欧盟单一市场计划对市场竞争的影响，针对产品市场竞争与生产效率以及经济增长之间究竟存在何种关系进行了深入分析，结果显示欧盟单一市场计划引发的市场竞争有助于生产效率和经济增长率的提升，不仅如此，产品市场竞争在代理成本的下降过程中发挥了积极作用。Chhaochharia等（2008）实证分析了在奥克斯利萨班斯法案颁布后，美国上市企业产品市场竞争与管理层激励二者间的协同效应，研究显示萨班斯法案在行业集中度较高领域所带来的效率提高更显著，进一步发现效率提高取决于更合理的投资决策、生产决策以及较低的生产制造费用，与行业集中度低的领域相比，集中程度高的行业倾向于采用提高支出和降低盈余的方式对萨班斯法案做出反应。Frésard和Valta（2013）检验了美国贸易自由化带来的国外竞争对手的激烈竞争对公司投资的影响。他们通过差分分析发现，竞争显著降低了公司的资本和投资水平，因为公司会保留更多现金来应对更大幅度的关税下降带来的竞争加剧。Laksmana和Yang（2015）研究发现公司管理层的投资决策与产品市场竞争存在较强的相关性，产品市场竞争在公司治理过程中发挥了作用，至少在如下两个方面有所表现：一是产品市场竞争有助于激励公司管理层的投资偏向风险性项目；二是产品市场竞争约束了管理层使用公司自由现金流的行为。

国内相关研究在考虑我国国情的背景下，着重从政府对市场的干预、产业进入壁垒角度探讨了产品市场竞争与投资效率之间的关联关系。徐一民和张志宏（2010）从政府控制角度出发研究产品市场竞争对投资效率的影响，结果显示投资效率与产品市场竞争呈现正向相关关系，产品市场竞争越强，投资效率越高；但如果企业股权性质被政府控制，则投资效率对产品市场竞争的敏感性显著下降，投资行为出现扭曲。陈信元等（2014）从行业竞争角度出发，研究其对投资效率的影响，研究显示行业竞争提高了企业投资行为的敏感性，能够有效调整企业投资过度和投资不足，提高公司投资效率。黎来芳等

(2013)基于市场竞争和负债融资两个变量,探析其对公司投资过度的影响。结果显示债务融资对投资过度具有较强的约束抑制作用,产品市场竞争程度越高,负债融资对投资过度的约束效应越强,反之则越弱。黎文靖和李耀淘(2014)从产业政策视角分析其对投资效率的影响,结果显示当企业受到产业政策冲击时,相比国有企业,民营企业更容易突破行业进入壁垒,从而获取更多的融资渠道,提高投资规模。

现阶段,国外对产品市场与投资效率的研究取得较为一致的结论,即产品市场竞争程度越高,公司的投资效率也越高。欧美国家的市场经济相比转型过程中的新兴经济体要更为发达,上述结论的表现也更为明显。相比于欧美发达的市场经济环境,中国正处于经济产业转型之中,市场经济机制尚不完善,市场环境也较为复杂多变,产品市场竞争与投资效率之间的传导效应也异常复杂,这也愈加凸显出市场竞争对投资效率影响研究的重要性,这对改善资源配置效率具有重要意义。第一,资源的有限性特征必然加剧市场竞争,在一定程度上有助于降低企业管理层与外部信息使用者之间的信息不对称程度,使公司管理层的决策影响更加透明化,变得更加易于观察。产品市场竞争能够增加比较机会,公司的股东与利益相关群体可以通过行业内部企业的绩效水平来评估企业管理层的尽责程度,进而形成对企业管理层的隐性监督。竞争压力能够激发企业管理层寻求高质量投资项目的动力,经济学意义上的理性人假设认为外部投资者能够判断区分不同投资项目的质量差异,这有助于改善高质量投资项目投资不足的窘境。此外,竞争压力还能够减弱管理层的道德风险,降低管理层的"帝国建造"行为,这有助于防范投资过度。第二,市场竞争作为一种外部治理机制,在一定程度上,能够替代代价高昂的监督和激励机制,市场竞争的加剧使管理层更加重视职业声誉,为了避免不尽责而被淘汰出局,管理层通常会选择努力工作。这意味着竞争加剧提高了管理层不尽责的成本,可以有效降低管理层无效率行为。第三,产品市场竞争环境中竞争主体的增加进一步加剧了资本市场竞争,资金作为资本市场最主要的资源同样有限，这一特征导致投资者必然要加强对投资过程的监督，这种来自投资者的外部监督能够约束管理层的投资过度行为，管理层为企业经济利益考虑，为取得资本市场有限资金资源，必然要提高其投资效率。综上分析可以看出，产品市场竞争是制约管理层行为、公司治理优化和投资效率提高的关键机制。据此本研究提出研究 H1 和 H2。

H1：在其他条件相同的情况下，产品市场竞争程度越高，公司投资效率越高。

H2：在其他条件相同的情况下，产品市场竞争程度越激烈，其他控制变量对投资效率的影响越弱，产品市场竞争对其他控制变量具有替代作用。

第二节　研究设计

一　研究样本确定与数据选择

本书选取 2008—2018 年沪深证券市场的 A 股上市公司为主要的研究样本。选取的样本自 2008 年开始，主要原因是在 2007 年新会计准则实施时间之后，新阶段针对政府补助的财务信息处理及披露也更为规范，这样能够保证研究样本各项数据的同一性。为了确保研究样本数据的有效性，本书对所选样本进行复杂的筛选，主要的选择标准如下：（1）确保研究样本处在相同的市场经济环境下，研究样本剔除了发行 B 股和 H 股的上市公司；（2）剔除 ST 及 *ST、PT 状态的公司，因为其投资决策和正常经营的上市公司明显存在差异；（3）样本中剔除了所需财务数据信息缺失的上市公司。样本实证检验研究中的上市公司的财务数据均来源于锐思数据库和 CSMAR 数据库，行业的分类具体参照 2012 年版《上市企业行业分类指引》（标准版）。本书最终获得了 3309 家上市公司样本数，采用 Stata13.0 数据处理软件进行经济计量分析。

二 变量选取及操作性定义

（一）被解释变量

投资效率（INVE）。（见第四章第二节）

（二）解释变量

产品市场竞争（HHI）。本书采用 HHI 指数（赫芬达尔指数，Herfindahl - Hir_ schman Index，HHI）度量行业竞争程度、市场结构和行业壁垒。一般而言，一个行业里企业越少，HHI 数值越高，市场集中度也就越高，产品市场竞争程度就越低。HHI 指数的计算如下：

$$HHI = \sum_{i=1}^{k} S_i^2 S_i = x_i / \sum_{i=1}^{n} x_i$$

其中 S_i 表示 i 企业的市场份额，X_i 表示规模因素。本书采用企业营业收入占行业内企业总收入的比重来表示 S_i。因为行业集中度与竞争程度成反向关系，因此 HHI 指数越大，行业集中度越高，行业竞争程度越弱，HHI 指数越小，行业集中度越低，行业竞争程度越强。

（三）控制变量

1. 公司治理能力

（1）股东大会次数（SMT）。根据《公司法》的相关规定，上市公司的股东大会构成为全体股东，股东大会是上市公司最高权力机构，股东大会能够体现股东意志，能够对公司重大事项作出决策，有权选任或者解除上市公司董事，对公司的经营管理也具有一定程度的决定权。通常股东大会可以划分为三类，法定大会、股东大会定期会议以及股东大会临时会议。本书研究中的股东大会次数专指股东大会年会。闻岳春（2001）、颜旭若（2003）、廖沁芳（2006）的研究显示，由于一股独大和二元股权结构的普遍存在，使小股东即便参加股东大会也没有话语权，股东大会普遍成为大股东实现其意志的盛会，因此股东大会的会议次数越多，对小股东利益侵害的可能性也就越大。然而，在上市公司面临财务困境的情况下，上市公司大股东普遍呈现出一种积极主义，努力调整与中小股东的利益关系，争取更大限度的支持，此时股东大会的主题也可能转向探讨如何改善公司经营，提高公司绩效上来,以此向市场传递一种积极信号,不可否认,这种情况下的股东大会有助于缓解上市公司投资不足、提高投资效率。

(2) 外部独立董事比例(INDR)。(见第四章第二节)

(3) 股权性质(NOE)。(见第四章第二节)

2. 投融资状况

(1) 融资约束(FC)。(见第四章第二节)

(2) 短期负债比例(STD)。负债融资对股东与管理层之间的冲突能够发挥相机治理作用,负债融资在一定程度上可以被视作公司治理的工具。其所发挥的相机治理作用对投资效率的影响主要体现在两个方面:第一,还本付息的压力可以减少供上市公司管理层调配的闲置资金;第二,负债融资使管理层面临较多利益相关者的监管,能够有效约束管理层的非效率投资行为。但在短期和长期负债对投资行为的影响机理上又存在明显差异。在负债融资整体水平相同的情况下,上市公司提高短期负债融资水平能够更好地约束管理层的过度投资动机,其原因在于短期债务融资价值对上市公司资产价值变化的敏感程度弱于长期债务对上市公司资产价值变化的敏感程度,不仅如此,短期债务融资对上市公司的短期偿债压力大于长期负债融资,这会推动管理层经常性降低上市公司的现金收益,降低自由现金流。与此同时,短期负债融资放大了上市公司发生财务危机的风险,促使管理层制定更为合理有效的投资决策以改善上市公司投资效率,从而约束管理层投资过度行为。同样在负债水平不变的背景下,短期负债融资相比长期负债融资更容易加剧投资不足的程度。其原因在于短期负债的融资期限较短,通常先于长期负债融资偿付,且经常重新签订短期债务合约,在一定程度上迫使管理层不得不放弃对债权人有利的投资项目,从而导致投资不足,引发投资效率下降。

(3) 现金持有量(CH)。(见第四章第二节)

(4) 营业收入增长率(RG)。(见第四章第二节)

(5) 托宾 Q 值(Tobin Q)。(见第四章第二节)

3. 财务治理能力

（1）流通股股数（FS）。流通股对上市公司投资效率的影响有积极和消极两方面。由于流通股一般通过股票市场的流通和价格信号来实现对公司投资效率的影响，而我国资本市场不发达，到目前为止还没有形成一个有效的外部并购市场。但是，在上市公司流通股比重较大的情况下，股东主体在上市公司经营状况不佳时，可以采用"用脚投票"的方式，大规模抛售股票，导致股价大幅下跌，这样能够增加公司高级管理层压力，从而促使他们及时改进经营管理模式。

（2）公司规模（CS）。（见第四章第二节）

（3）净资产收益率（ROE）。（见第四章第二节）

（4）代理成本（AC）。（见第四章第二节）

4. 宏观环境

（1）货币供应量增长率（GRMS）。企业的投资行为与其外部筹资能力密切相关，因此企业投资决策的制定会受到企业外部融资环境的影响，而国家的宏观货币政策则会通过影响企业融资约束进而影响企业融资路径的选择，并最终对企业的投资决策造成影响（Bernanke和Gertler，1995；Aleem，2010）。一般而言，宽松的货币政策有助于缓解企业的融资限制，扩大上市公司的融资规模。周英章和蒋振声（2002）、张西征等（2012）、吴秋生和黄贤环（2017）等学者针对中国货币政策对企业融资约束的影响机制进行了研究，结果显示中国货币政策是通过货币渠道和信贷渠道共同发挥作用，宏观货币政策的调整导致市场货币供应量发生变化，宽松的货币政策有利于企业融资约束水平的下降，紧缩的货币政策则强化了企业的融资约束（靳庆鲁等，2012；黄志忠和谢军，2013；贾丽平，2017）。虽然宽松的货币政策有助于缓解企业的融资约束，但这并不意味着融资规模的扩大必然提高上市公司的投资效率。考虑到资本的逐利原则，企业在将来的投资活动本质上取决于企业的盈利能力，已有文献研究显示，当企业面临较好的投资机会时，企业能够从这些较好的投资机会中得到更高的利润，那么企业就应该扩张其投资的规模，与此同时产生更大的资金需求，宽松的宏观货币政策则可以为企业提供较佳的外部融资环境支持，有利于企业取得更广泛的外部融资，有助于企业从更多更好的投资机会中取得进一步的成长，提高企业的投资效率，这意味着宽松的宏观货币政策对企业非效率投资行为发挥其抑制作用（柳瞳，2013；黄新建和张余，2018）。本研究选择货币供应增长率来衡量。

（2）市场化指数（MI）。（见第四章第二节）

（3）经济增长（EG）。（见第四章第二节）

各种变量具体说明见表5-1。

表5-1　　　　　主要变量的定义以及相关说明

变量名称		代码	变量说明	文献依据
被解释变量	投资效率	INVE	实际投资水平与正常投资水平之间的偏离（即模型残差），反映了T期公司的投资效率	Griffith，2001；Cheng等，2013
解释变量	产品市场竞争	HHI	采用赫芬达尔指数度量产品市场竞争	
控制变量	股东大会次数	SMT	股东大会是上市公司最高权力机构，股东大会能够体现股东意志	闻岳春，2001；颜旭若，2003；廖沁芳，2006
	外部独立董事比例	INDR	外部独立董事应该能够发挥其对公司治理的监督作用	王跃堂，2006；吴晓晖，2006；孙光国，2018
	股权性质	NOE	公司控股股东为非国有性质定义为1，控股股东为国有性质定义为0	Shleifer和Vishny，1994；黄志忠，2009
	融资约束	FC	负债比率为交易宣告前一年年末（潜在）目标公司负债权益比率	王宏利，2005；Almazan等，2010
	短期负债比率	STD	短期负债的提高比长期负债的提高更能督促管理层改善经营管理	
	现金持有量	CH	现金及现金等价物÷（总资产-现金及现金等价物）	Fazzari，1988；Dittmar和Smith，2007；杨华军，2007；高心智，2015
	营业收入增长率	RG	营业收入增长率为交易宣告前一年目标公司的主营业收入增长率	Pagano，1998

续表

	变量名称	代码	变量说明	文献依据
控制变量	托宾Q值	Tobin Q	（总负债的账面价值＋非流通股股数×每股净资产＋流通股股数×每股市价）÷总资产的账面价值	Pagano等，1998
	流通股股数	FS	流通股对上市公司投资效率的影响有积极和消极两方面	
	公司规模	CS	公司规模为交易宣告前一年年末（潜在）目标公司总市值的自然对数	Bodnaruk，2009；韩洁等，2014
	净资产收益率	ROE	盈利性用并购公告前一年（潜在）目标公司的净资产收益率衡量	Capron和Shen，2007
	代理成本	AC	用公司（经营费用＋管理费用＋销售费用）÷销售收入衡量	Angeta，2000
	货币供应量增长率	GRMS	宏观货币政策则会通过影响企业的融资约束进而影响企业融资路径的选择，并最终对企业的投资决策造成影响	Aleem，2010；周英章，2002；盛朝晖，2006；吴秋生，2017
	市场化指数	MI	使用樊纲等（2009）所编制的各个地区"减少政府对于企业的干预"指数而将其作为政府干预指标的替代变量。该项指标属于反向指标，即指数越低，那么政府干预企业投资行为的程度就会越强	樊纲等，2009
	经济增长	EG	本期经济的增长率	Pagano，1998

三 经济计量模型构建

根据 Richardson（2006）直接度量企业非效率投资的方法，本书将企业新增投资支出分为两部分：一部分为由企业投资机会决定的预期投资支出；另一部分为非正常投资支出，正则代表过度投资，负则代表投资不足。采用模型（5-1）进行面板回归，检验产品市场竞争对投资效率的影响。本书为了尽量避免内生性问题，模型中核心变量和控制变量均做滞后一期处理。

$$INVE_t = \alpha_0 + \alpha_1 HHI_{t-1} + \alpha_2 SMT_{t-1} + \alpha_3 INDR_{t-1} + \alpha_4 NOE_{t-1} +$$
$$\alpha_5 FC_{t-1} + \alpha_6 STD_{t-1} + \alpha_7 CH_{t-1} + \alpha_8 RG_{t-1} + \alpha_9 TobinQ_{t-1} +$$
$$\alpha_{10} FS_{t-1} + \alpha_{11} CS_{t-1} + \alpha_{12} ROE_{t-1} + \alpha_{13} AC_{t-1} + \alpha_{14} GRMS_{t-1} +$$
$$\alpha_{15} MI_{t-1} + \alpha_{16} EG_{t-1} + \varepsilon_{t-1} \tag{5-1}$$

模型（5-1）中，INVE 为投资效率，HHI 为赫芬达尔指数，α_0 为截距项，$\alpha_1 — \alpha_{16}$ 为各变量的估计系数，ε 为随机误差项。鉴于不同产业和不同区域市场竞争程度的差异性，本书将基于模型（5-1）进一步从产业和区域两个维度分别进行分析。基于上述分析，本书构建基于产业的产品市场竞争对投资效率影响的经济计量模型，如模型（5-2）所示：

$$INVE_{t,i} = \beta_0 + \beta_1 HHI_{t-1,i} + \beta_2 SMT_{t-1,i} + \beta_3 INDR_{t-1,i} + \beta_4 NOE_{t-1,i} +$$
$$\beta_5 FC_{t-1,i} + \beta_6 STD_{t-1,i} + \beta_7 CH_{t-1,i} + \beta_8 RG_{t-1,i} +$$
$$\beta_9 TobinQ_{t-1,i} + \beta_{10} FS_{t-1,i} + \beta_{11} CS_{t-1,i} + \beta_{12} ROE_{t-1,i} +$$
$$\beta_{13} AC_{t-1,i} + \beta_{14} GRMS_{t-1,i} + \beta_{15} MI_{t-1,i} + \beta_{16} EG_{t-1,i} + \varepsilon_{t-1,i} \tag{5-2}$$

模型（5-2）中，β_0 为截距项，$\beta_1 — \beta_{16}$ 为各变量的估计系数，ε 为随机误差项，i ∈（农林牧渔业，采矿业，制造业，电力热力燃气及水生产和供应业，建筑业，批发和零售业，交通运输仓储和邮政业，住宿和餐饮业，信息传输软件和信息技术服务业，金融业，房地产业，租赁和商务服务业，科学研究和技术服务业，水利环境和公共设施管理业，居民服务、修理和其他服务业，教育卫生和社会工作，文化体育和娱乐业，综合）。

本书构建基于区域的产品市场竞争对投资效率影响的经济计量模型，如模型（5-3）所示：

$$INVE_{t,i} = \gamma_0 + \gamma_1 HHI_{t-1,i} + \gamma_2 SMT_{t-1,i} + \gamma_3 INDR_{t-1,i} + \gamma_4 NOE_{t-1,i} +$$
$$\gamma_5 FC_{t-1,i} + \gamma_6 STD_{t-1,i} + \gamma_7 CH_{t-1,i} + \gamma_8 RG_{t-1,i} +$$
$$\gamma_9 TobinQ_{t-1,i} + \gamma_{10} FS_{t-1,i} + \gamma_{11} CS_{t-1,i} + \gamma_{12} ROE_{t-1,i} +$$
$$\gamma_{13} AC_{t-1,i} + \gamma_{14} GRMS_{t-1,i} + \gamma_{15} MI_{t-1,i} + \gamma_{16} EG_{t-1,i} + \varepsilon_{t-1} \tag{5-3}$$

模型（5-3）中，γ_0 为截距项，γ_1—γ_{16} 为各变量的估计系数，ε 为随机误差项，i∈（东北综合经济区、北部沿海经济区、东部沿海经济区、南部沿海经济区、黄河中游经济区、长江中游经济区、西南经济区、大西北经济区）。

第三节 实证结果分析

一 描述性统计分析

（一）变量全样本描述性统计分析

表5-2显示了总体样本的描述性统计分析结果，该表报告了本部分研究所涉及的投资效率、产品市场竞争以及各控制变量的样本量、标准差、最小值、最大值和样本缺失量。从表5-2可以看出：

表5-2　　　　　变量全样本描述性统计　　　　单位：亿元，%

变量	标准差	均值	最小值	最大值	样本总量	缺失样本量	缺失占比
INVE	0.27	0.13	-3.36	2.96	36399	648	1.78
HHI	0.20	0.08	0.01	1.93	36399	0	0.00
SMT	1.71	3.17	0.00	33.00	36399	927	2.55
INDR	0.06	0.37	0.09	0.80	36399	657	1.80
NOE	0.50	0.55	0.00	1.00	36399	0	0.00
FC	7.30	1.37	0	135590.80	36399	648	1.78
STD	0.20	0.82	0.00	1.00	36399	946	2.60
CH	927.87	6.83	0.00	135590.78	36399	649	1.78
RG	964.80	8.48	-1.00	134607.06	36399	776	2.13
Tobin Q	359.07	5.76	0.60	51077.91	36399	730	2.01
FS	117.10	13.19	0.00	3564.06	36399	927	2.55
CS	714.29	140.72	0.83	25293.50	36399	908	2.49
ROE	1.09	0.06	-79.89	28.70	36399	889	2.44
AC	11.75	0.30	0.00	1594.92	36399	853	2.34

续表

变量	标准差	均值	最小值	最大值	样本总量	缺失样本量	缺失占比
GRMS	0.05	0.16	0.11	0.28	36399	0	0.00
MI	0.00	0.00	0.00	0.00	36399	0	0.00
EG	0.05	0.12	-0.09	0.24	36399	0	0.00

一是上市公司投资效率差异较大。投资效率 INVE 的最小值为 -3.36，最大值为 2.96，平均值为 0.13，标准差为 0.27，标准差显著大于平均值，说明各上市公司投资效率存在较大差异。

二是上市公司处于分散竞争状态。本书采用赫芬达尔指数，即企业营收入占行业内企业总收入的比重来计算行业集中度，进而反映产品市场的竞争程度，HHI 值越大行业集中度越高，行业竞争程度则越低。结果显示赫芬达尔指数的最小值为 0.01，最大值为 1.93，平均值为 0.08，标准差为 0.20，标准差显著大于平均值，这反映了大多数产业处于分散竞争的状态。

三是控制变量影响各异。针对公司治理能力、投融资状况以及财务治理能力三类控制变量的描述性统计结果显示，上述控制变量在不同上市公司间的分布存在显著差异；宏观环境变动并不会因上市公司个体变化而变化，即控制变量在不同上市公司间不存在差异。

四是统计结果显示只有控制变量中的股权性质、货币供应量增长率、市场指数和经济增长四个变量是完全变量，其他变量均为不完全变量。针对不完全变量，本书甄别后发现均属于随机缺失类型。对于完全随机缺失变量，其数据不依赖于任何不完全变量或完全变量，不影响样本的无偏性，故无须处理，但对随机缺失的变量数据不是完全随机的，该类数据的缺失依赖于其他完全变量，其数据缺失值的处理有其必要性，本书根据各变量的具体情况，采用人工填写、平均值填充和特殊值填充三种方式进行处理，尽可能保证估计结果的合理性。

（二）基于区域分类的产品市场竞争样本描述性统计分析

表 5-3 显示了中国八大区域和 31 个省级区域产品市场竞争的统

计分析结果。该表报告了本书重点涉及的产品市场竞争解释变量的最大值、最小值、平均值、标准差、中位数、样本总数和样本比重。从表5-3可以看出：

一是不同经济区域产品竞争激烈程度差异较大。从经济区角度来看，对八大区域上市公司样本总数按降序排列依次为东部沿海经济区、南部沿海经济区、北部沿海经济区、长江中游经济区、西南经济区、黄河中游经济区、东北综合经济区、大西北经济区，所占比重分别为29.74%、20.42%、17.97%、10.07%、7.60%、5.64%、4.74%、3.83%，排名前四位的经济区上市公司数量比重累计高达78.20%，显著超过其他四个地区，在区域分布上显示出较大的失衡；对八大区域的产品市场竞争均值按降序排列依次为南部沿海经济区、黄河中游经济区、北部沿海经济区、东部沿海经济区、大西北经济区、西南经济区、东北综合经济区、长江中游经济区，产品市场竞争指数分别为0.097、0.089、0.082、0.075、0.075、0.071、0.070和0.046，如前所述，产品市场竞争指数与产品市场竞争程度成反比，指数越大，产品市场竞争越弱，结果显示产品市场竞争最激烈区域是长江中游经济区，其他经济区的表现则相对均衡。长江中游经济区产品市场竞争强度之所以位居所有地区首位，原因在于早在2007年就开始推进区域市场一体化进程，早期阶段虽然阻力较大，但其一体化进程并未因此而止步，商务部2017年印发了《长江中游区域市场发展规划（2017—2020年）》（以下简称《规划》），将依托湖北、湖南、江西三省交通区位优势，抢抓"一带一路"建设、长江经济带发展等战略机遇，将长江中游区域打造成为全国重要的商贸物流枢纽。《规划》对湖北、江西、湖南三省的发展定位是：打造国内市场改革创新先行区、国家重要商贸物流枢纽、流通开放合作示范区，全力推进市场一体化进程。对各经济区2018年相对于2008年的产品市场竞争指数增长率按降序排列依次为大西北经济区、黄河中游经济区、长江中游经济区、南部沿海经济区、西南经济区、北部沿海经济区、东北综合经济区、东部沿海经济区，增长率分别为-21.176%、-24.034%、

第五章 产品市场竞争对上市公司投资效率的影响

表5-3 省域产品市场竞争样本描述性统计

区域	2008年	2010年	2012年	2014年	2016年	2018年	最大值	最小值	平均值	中位数	标准差	样本总数	样本比重
北京	0.24	0.19	0.18	0.18	0.12	0.11	0.24	0.11	0.17	0.18	0.04	300	9.00%
天津	0.07	0.05	0.06	0.07	0.05	0.05	0.07	0.05	0.06	0.05	0.01	49	1.00%
河北	0.04	0.04	0.04	0.07	0.04	0.03	0.07	0.03	0.04	0.04	0.01	58	2.00%
山东	0.05	0.04	0.04	0.07	0.04	0.04	0.07	0.04	0.05	0.04	0.01	189	6.00%
北部沿海	0.1	0.08	0.08	0.1	0.06	0.06	0.11	0.06	0.08	0.08	0.02	596	18.00%
西藏	0.12	0.1	0.1	0.12	0.09	0.09	0.12	0.09	0.1	0.1	0.01	14	0.00%
甘肃	0.05	0.05	0.05	0.08	0.06	0.06	0.08	0.05	0.06	0.05	0.01	34	1.00%
青海	0.09	0.08	0.07	0.11	0.07	0.06	0.11	0.06	0.07	0.07	0.01	13	0.00%
宁夏	0.03	0.02	0.02	0.05	0.02	0.02	0.05	0.02	0.02	0.02	0.01	13	0.00%
新疆	0.13	0.11	0.11	0.12	0.1	0.09	0.13	0.09	0.11	0.11	0.01	53	2.00%
大西北	0.08	0.07	0.06	0.1	0.07	0.06	0.1	0.06	0.07	0.07	0.01	127	4.00%
辽宁	0.07	0.06	0.06	0.07	0.04	0.04	0.07	0.04	0.05	0.06	0.01	75	2.00%
吉林	0.12	0.1	0.1	0.11	0.06	0.06	0.12	0.06	0.09	0.1	0.02	44	1.00%
黑龙江	0.07	0.05	0.05	0.07	0.04	0.04	0.07	0.04	0.05	0.05	0.01	38	1.00%
东北综合	0.09	0.07	0.07	0.09	0.05	0.05	0.09	0.05	0.07	0.07	0.02	157	5.00%
上海	0.12	0.1	0.1	0.11	0.07	0.06	0.12	0.06	0.09	0.1	0.02	265	8.00%
江苏	0.07	0.05	0.05	0.08	0.04	0.03	0.08	0.03	0.05	0.05	0.01	351	11.00%
浙江	0.1	0.1	0.07	0.1	0.05	0.05	0.1	0.05	0.07	0.07	0.02	370	11.00%
东部沿海	0.09	0.08	0.07	0.11	0.08	0.07	0.11	0.07	0.08	0.07	0.02	986	30.00%
山西	0.09	0.08	0.08	0.11	0.08	0.07	0.11	0.07	0.08	0.08	0.01	38	1.00%

续表

区域	2008年	2010年	2012年	2014年	2016年	2018年	最大值	最小值	平均值	中位数	标准差	样本总数	样本比重
内蒙古	0.1	0.1	0.1	0.12	0.09	0.09	0.12	0.09	0.1	0.1	0.01	26	1.00%
河南	0.05	0.05	0.04	0.08	0.04	0.04	0.08	0.04	0.05	0.04	0.01	78	2.00%
陕西	0.15	0.13	0.12	0.15	0.09	0.09	0.15	0.09	0.12	0.13	0.02	45	1.00%
黄河中游	0.1	0.09	0.09	0.11	0.08	0.07	0.12	0.07	0.09	0.09	0.01	187	6.00%
福建	0.12	0.1	0.09	0.11	0.06	0.06	0.12	0.06	0.09	0.09	0.02	122	4.00%
广东	0.12	0.1	0.09	0.12	0.06	0.06	0.12	0.06	0.09	0.1	0.02	525	16.00%
海南	0.11	0.1	0.1	0.11	0.1	0.1	0.11	0.09	0.1	0.1	0	30	1.00%
南部沿海	0.12	0.1	0.09	0.11	0.08	0.07	0.12	0.07	0.09	0.1	0.02	677	20.00%
广西	0.09	0.08	0.07	0.08	0.05	0.05	0.09	0.05	0.07	0.07	0.02	36	1.00%
重庆	0.07	0.06	0.06	0.08	0.05	0.04	0.08	0.04	0.06	0.06	0.01	46	1.00%
四川	0.13	0.11	0.1	0.12	0.07	0.06	0.13	0.06	0.1	0.1	0.03	114	3.00%
贵州	0.08	0.07	0.07	0.09	0.05	0.05	0.09	0.05	0.06	0.07	0.01	23	1.00%
云南	0.05	0.05	0.05	0.07	0.05	0.05	0.07	0.05	0.05	0.05	0.01	33	1.00%
西南	0.09	0.07	0.07	0.09	0.05	0.05	0.09	0.05	0.07	0.07	0.01	252	8.00%
安徽	0.07	0.06	0.05	0.08	0.04	0.04	0.08	0.04	0.05	0.05	0.01	102	3.00%
江西	0.03	0.03	0.03	0.06	0.02	0.02	0.06	0.02	0.03	0.03	0.01	38	1.00%
湖北	0.05	0.04	0.04	0.06	0.03	0.03	0.06	0.03	0.04	0.04	0.01	97	3.00%
湖南	0.06	0.05	0.05	0.07	0.05	0.05	0.07	0.05	0.05	0.05	0.01	97	3.00%
长江中游	0.05	0.04	0.04	0.07	0.04	0.04	0.07	0.04	0.04	0.04	0.01	334	10.00%

第五章 产品市场竞争对上市公司投资效率的影响

-33.010%、-39.092%、-42.362%、-43.481%、-46.682%、-49.333%，可以发现不同经济区产品市场竞争指数不断下降，产品市场竞争强度均不同程度提高，这意味着我国区域市场一体化程度不断提高，市场分割程度下降，行业壁垒渐趋下降。

二是不同省域产品市场竞争程度发展不均衡。从省域角度来看，对31个省域上市公司样本总数按降序排列依次为广东、浙江、江苏、北京、上海、山东、福建、四川、安徽、湖北、湖南、河南、辽宁、河北、新疆、天津、重庆、陕西、吉林、黑龙江、山西、江西、广西、甘肃、云南、海南、内蒙古、贵州、西藏、青海和宁夏，排名前十个省区的上市企业数目达到2435家，累计占比达到73.43%，显著超过其他省区，上市公司数量在省域分布上存在失衡；对31个省域产品市场竞争指数均值按降序排列依次为北京、陕西、新疆、西藏、四川、海南、内蒙古、上海、广东、吉林、福建、山西、青海、浙江、广西、贵州、重庆、辽宁、天津、安徽、甘肃、黑龙江、湖南、江苏、云南、河南、山东、湖北、河北、江西、宁夏，可以发现北京市产品市场竞争指数最大，产品市场竞争强度最弱，一个可能的原因是北京市的上市公司中国有企业占比较大，鉴于国有企业对资源的控制程度较强，国有企业所处行业的门槛准入较高，使北京市区域市场竞争强度显著弱于其他地区；对各省域2018年相对于2008年的产品市场竞争增长率按降序排列依次为甘肃、海南、内蒙古、云南、山西、河北、河南、江西、西藏、青海、新疆、宁夏、湖南、山东、天津、黑龙江、安徽、重庆、湖北、贵州、陕西、江苏、广西、辽宁、上海、浙江、吉林、广东、福建、北京、四川。其中降幅超过50%以上的省域有6个，处于40%—50%的省域有4个，处于30%—40%的省域有8个，处于20%—30%的省域有6个，处于20%以下的省域有6个，只有甘肃省的产品市场竞争指数出现了罕见的提高，提高幅度达到5.46%。显而易见，全国31个省域中有30个省域的市场化竞争程度出现了提高，意味着我国市场化改革在不断深化。

（三）基于分产业的产品市场竞争样本描述性统计分析

本书对所有样本上市公司按其所属产业归类，计算出以上市公司为基础的各产业产品市场竞争平均指数，表5-4显示了统计结果：

一是产品市场竞争程度总体水平在不断加强。我国全产业产品市场竞争平均指数在观测期间内持续下降，从2008年的0.31下降到2018年的0.169，降幅达到45.49%，这意味着我国整体产品市场企业数量越来越多，产品集中化程度越来越弱，产品竞争程度在不断加强。

二是产业内产品市场竞争程度发展不均衡。观测期间内，采矿业、信息传输软件和信息技术服务业、租赁和商务服务业和教育产业的市场竞争指数持续下降，产品市场竞争程度也在不断加强，但其产品市场竞争指数普遍超过全产业产品市场竞争指数的均值，这意味着上述产业的产品市场竞争程度一直低于全国产业平均水平。其中采矿业、信息传输软件和信息技术服务业的市场竞争水平只是略低于全产业产品市场竞争平均水平，但租赁和商务服务业和教育产业则显著低于全产业产品市场竞争平均水平。

三是产品市场竞争程度变化凸显市场经济发展轨迹。2008年，产品市场竞争最强的五个产业按降序排列依次为制造业、批发和零售业、房地产业、农林牧渔业、电力热力燃气及水生产和供应业，产品市场竞争指数分别为0.009、0.043、0.056、0.064、0.067，2018年分别为制造业、批发和零售业、电力热力燃气及水生产和供应业、文化体育和娱乐业、交通运输仓储和邮政业，产品市场竞争指数分别为0.008、0.025、0.045、0.045、0.053。对比2008年和2018年位居产品市场竞争前五名的产业发现：首先，19个产业中有5个产业的产品市场竞争指数2018年相比2008年出现提高，产品市场竞争程度出现下降，这5个产业分别为：农林牧渔业、住宿和餐饮业、金融业、房地产业和综合，农林牧渔业市场竞争程度下降幅度最大。其次，制造业产品市场竞争强度在观测期间内始终领先于其他产业，观测期间内，制造业产品市场竞争指数最大值为0.009，最小值为0.007，标

第五章 产品市场竞争对上市公司投资效率的影响

表 5-4　基于分产业的产品市场竞争样本描述性统计

	A	B	C	D	E	F	G	H	I	J	K	L	M	N	P	Q	R	S
2008年	0.064	0.364	0.009	0.067	0.294	0.043	0.084	0.155	0.508	0.086	0.056	1.925	0.350	0.122	0.984	0.293	0.097	0.072
2010年	0.070	0.353	0.008	0.070	0.190	0.033	0.072	0.143	0.417	0.101	0.040	1.535	0.155	0.101	0.864	0.257	0.070	0.078
2012年	0.083	0.349	0.008	0.067	0.138	0.029	0.063	0.142	0.404	0.113	0.058	1.408	0.172	0.073	0.796	0.191	0.072	0.081
2014年	0.063	0.347	0.054	0.054	0.142	0.026	0.058	0.158	0.321	0.124	0.053	1.503	0.105	0.061	0.969	0.201	0.062	0.075
2016年	0.189	0.319	0.008	0.047	0.137	0.025	0.057	0.242	0.189	0.161	0.067	0.904	0.076	0.063	0.414	0.179	0.050	0.084
2018年	0.187	0.310	0.008	0.045	0.134	0.025	0.053	0.259	0.154	0.196	0.063	0.823	0.071	0.063	0.335	0.180	0.045	0.086
最大值	0.191	0.364	0.054	0.070	0.294	0.043	0.084	0.259	0.508	0.196	0.070	1.925	0.350	0.127	0.984	0.293	0.097	0.086
最小值	0.063	0.310	0.007	0.045	0.134	0.025	0.053	0.134	0.154	0.086	0.040	0.823	0.071	0.061	0.335	0.173	0.045	0.072
平均值	0.113	0.339	0.012	0.059	0.167	0.030	0.064	0.182	0.334	0.127	0.057	1.342	0.154	0.082	0.727	0.208	0.065	0.081
中位数	0.070	0.349	0.008	0.067	0.142	0.030	0.063	0.152	0.404	0.113	0.056	1.535	0.155	0.073	0.864	0.201	0.070	0.080
标准差	0.053	0.016	0.015	0.010	0.052	0.006	0.009	0.044	0.116	0.032	0.010	0.343	0.093	0.026	0.231	0.043	0.014	0.004
样本总数	43	75	2070	105	95	163	96	10	238	78	127	43	35	41	3	8	54	25
样本比重	1.299%	2.267%	62.557%	3.173%	2.871%	4.926%	2.901%	0.302%	7.193%	2.357%	3.838%	1.299%	1.058%	1.239%	0.091%	0.242%	1.632%	0.756%

注：产业代码参考表 4-4。

◆ 政府补助、产品市场竞争对上市公司投资效率的影响研究

表 5-5　　　　　　　　　　　　　　变量的相关性分析

		INVE	HHI	SMT	INDR	NOE	FC	STD	CH	RG	Tobin Q	FS	CS	ROE	AC	GRMS	MI	EG
INVE	相关系数	1.000	0.032	0.153	0.010	0.129	-0.045	-0.158	0.015	0.278	0.012	-0.124	0.180	0.197	0.010	-0.056	-0.051	-0.039
	显著水平		0.025	0.000	1.000	0.000	0.000	0.000	0.000	0.000	1.000	0.000	0.000	0.000	1.000	0.000	0.000	0.001
HHI	相关系数	0.010	1.000	0.032	0.034	-0.043	0.040	-0.098	-0.039	0.010	-0.009	0.086	0.095	0.003	-0.020	-0.323	-0.261	-0.166
	显著水平	0.047		0.000	0.012	0.000	0.001	0.000	0.001	1.000	1.000	0.000	0.000	1.000	1.000	0.000	0.000	0.000
SMT	相关系数	0.128	0.024	1.000	0.021	0.137	0.152	-0.085	-0.030	0.095	-0.035	-0.010	0.070	0.001	-0.055	-0.102	-0.100	-0.096
	显著水平	0.000	0.766		1.000	0.000	0.000	0.000	0.082	0.000	0.005	1.000	0.000	1.000	0.000	0.000	0.000	0.000
INDR	相关系数	0.001	0.007	0.028	1.000	0.071	-0.024	-0.006	0.013	0.003	0.044	0.005	0.047	-0.020	0.032	-0.072	-0.074	-0.053
	显著水平	1.000	1.000	0.173		0.000	0.694	1.000	1.000	1.000	1.000	1.000	0.000	1.000	0.029	0.000	0.000	0.000
NOE	相关系数	0.085	0.009	0.134	0.070	1.000	-0.288	0.189	0.147	0.078	0.303	-0.279	-0.120	0.053	0.227	-0.146	-0.128	-0.131
	显著水平	0.000	1.000	0.000	0.000		0.000	0.000	0.000	0.000	0.000	0.000	0.000	0.000	0.000	0.000	0.000	0.000
FC	相关系数	-0.012	-0.007	0.025	-0.004	-0.059	1.000	-0.242	-0.330	0.052	-0.442	0.264	0.103	-0.033	-0.404	0.076	0.065	0.063
	显著水平	1.000	1.000	0.593	1.000	0.000		0.000	0.000	0.000	0.000	0.000	0.000	0.022	0.000	0.000	0.000	0.000
STD	相关系数	-0.152	0.030	-0.073	-0.001	0.183	-0.029	1.000	0.254	-0.002	0.261	-0.212	-0.234	0.013	0.133	0.068	0.073	0.048
	显著水平	0.000	0.069	0.000	1.000	0.000	0.107		0.000	1.000	0.000	0.000	0.000	1.000	0.000	0.000	0.000	0.000
CH	相关系数	-0.004	-0.000	0.005	0.005	0.008	-0.002	0.008	1.000	0.097	0.227	-0.195	0.009	0.190	0.175	0.032	0.023	0.011
	显著水平	1.000	1.000	1.000	1.000	1.000	1.000	1.000		0.000	0.000	0.000	1.000	0.000	0.000	0.032	0.938	1.000

— 126 —

第五章 产品市场竞争对上市公司投资效率的影响

续表

		INVE	HHI	SMT	INDR	NOE	FC	STD	CH	RG	Tobin Q	FS	CS	ROE	AC	GRMS	MI	EG
RG	相关系数	0.049	-0.001	0.016	-0.005	-0.009	0.001	0.003	-0.000	1.000	0.089	-0.110	0.140	0.367	-0.103	0.073	0.069	0.154
	显著水平	0.000	1.000	1.000	1.000	1.000	1.000	1.000	1.000		0.000	0.000	0.000	0.000	0.000	0.000	0.000	0.000
Tobin Q	相关系数	-0.055	0.019	-0.012	0.037	0.106	-0.026	0.051	0.324	-0.002	1.000	-0.219	0.128	0.167	0.425	-0.051	-0.062	-0.175
	显著水平	0.000	1.000	1.000	0.002	0.000	0.400	0.000	0.000	1.000		0.000	0.000	0.000	0.000	0.000	0.000	0.000
FS	相关系数	-0.004	0.015	0.010	0.012	-0.021	0.004	-0.036	-0.001	-0.000	-0.008	1.000	0.399	-0.019	-0.171	-0.173	-0.171	-0.169
	显著水平	1.000	1.000	1.000	1.000	1.000	1.000	0.004	1.000	1.000	1.000		0.000	1.000	0.000	0.000	0.000	0.000
CS	相关系数	0.031	0.036	-0.013	0.032	-0.077	0.005	-0.072	-0.002	-0.002	-0.005	0.039	1.000	0.337	-0.116	-0.262	-0.265	-0.329
	显著水平	0.000	0.003	1.000	0.026	0.000	1.000	0.000	1.000	1.000	1.000	0.001		0.000	0.000	0.000	0.000	0.000
ROE	相关系数	0.032	-0.003	0.006	-0.005	0.013	0.076	0.010	0.002	0.001	0.009	-0.001	0.013	1.000	-0.078	0.075	0.074	0.070
	显著水平	0.000	1.000	1.000	1.000	1.000	0.000	1.000	1.000	1.000	1.000	1.000	1.000		0.000	0.000	0.000	0.000
AC	相关系数	0.036	0.006	-0.015	0.000	0.038	-0.013	0.004	0.001	-0.000	0.153	0.009	-0.009	-0.005	1.000	-0.101	-0.092	-0.102
	显著水平	0.000	1.000	1.000	1.000	0.002	1.000	1.000	1.000	1.000	0.000	1.000	1.000	1.000		0.000	0.000	0.000
GRMS	相关系数	-0.069	0.002	-0.109	-0.067	-0.141	0.004	0.014	-0.003	-0.003	0.020	-0.027	-0.015	-0.008	0.007	1.000	0.880	0.647
	显著水平	0.000	1.000	0.000	0.000	0.000	1.000	1.000	1.000	1.000	1.000	0.273	1.000	1.000	1.000		0.000	0.000
MI	相关系数	-0.051	0.014	-0.104	-0.073	-0.146	-0.008	0.025	0.006	-0.002	-0.009	-0.032	-0.033	-0.001	0.001	0.852	1.000	0.550
	显著水平	0.000	1.000	0.000	0.000	0.000	1.000	0.430	1.000	1.000	1.000	0.030	1.000	1.000	1.000	0.000		0.000
EG	相关系数	-0.047	0.018	-0.099	-0.055	-0.136	-0.002	0.025	0.005	0.003	-0.043	-0.037	-0.038	0.015	0.001	0.313	0.496	1.000
	显著水平	0.000	1.000	0.000	0.000	0.000	1.000	0.530	1.000	1.000	0.000	0.002	0.002	1.000	1.000	0.000	0.000	

准差为 0.000，这意味着制造业呈现出显著的分散化竞争态势。此外，制造业涵盖的样本上市公司数量高达 2070 家，显著超过其他产业，这也决定了制造业产品市场竞争更加激烈。再次，房地产业产品市场竞争程度出现下降，其产品市场竞争指数从 2008 年的 0.056 上升到 2018 年的 0.063，提高幅度达到 13.09%，房地产业在经历了早期分散、无序的竞争阶段后，开始加速整合，行业集中度不断提高，一批品牌价值高、业务规模大、综合实力强的综合服务商迅速确立行业领先地位，加快发展。最后，交通运输仓储和邮政业、文化体育和娱乐业的产品市场竞争程度出现显著提高，从之前的五名之外跃升为前五名之内。电力热力燃气及水生产和供应业在观测期间市场竞争程度持续提高，并且稳定处于前五名之内，一个可能的原因是新电改的实施和应用，其市场竞争力也在不断加强。

四是产品市场竞争的提高决定企业的投资效率。对各产业产品市场竞争强度在 2008—2018 年的变动幅度按降序排列依次为：租赁和商务服务业、教育、信息传输软件和信息技术服务业、科学研究和技术服务业、建筑业、卫生和社会工作、水利环境和公共设施管理业、采矿业、文化体育和娱乐业、交通运输仓储和邮政业、电力热力燃气及水生产和供应业、批发和零售业、制造业、房地产业、综合、住宿和餐饮业、金融业、农林牧渔业。竞争是市场经济的常态，每一个行业内企业面临的市场环境是一样的，在激烈的市场竞争中，一家企业、一个项目如果不具备一定的市场竞争能力是无法生存发展的。如前所述，市场竞争能力提高与否最终也决定了企业的投资效率能否有效提高。

二 相关性检验

表 5-5 展示的是所研究的变量之间的相关系数矩阵。矩阵的下三角部分为 Pearson 检验结果，上三角部分为 Spearman 检验结果。通过对矩阵进行观察本书可以发现不同解释变量和控制变量与被解释变量之间粗略的关联关系，所谓粗略的关联关系意味着这种相关性检验结果并不必然存在于不同区域和不同产业，这种总体性的相关性检

验往往容易掩盖个体差异。解释变量产品市场竞争（HHI）与投资效率（INVE）之间存在显著正相关关系，说明产品市场竞争越强，投资效率越高，一定程度上印证了原假设。

公司治理能力类控制变量与投资效率相关关系如下：股东大会次数（SMT）与投资效率（INVE）之间呈显著的正相关关系，说明股东大会次数越多，上市公司投资效率越高，并未出现大股东操纵股东大会的情况，通过改善公司经营向市场传递积极信号。外部独立董事比例（INDR）与投资效率（INVE）不存在相关关系，说明独立董事在提高上市公司投资效率方面并未发挥应有的作用，可能的原因是内部董事利用了其对信息的独占权牟利，而针对这一不利形势，独立董事并未采取有效措施推动管理层和治理层内部信息的共享。股权性质（NOE）与投资效率（INVE）之间显著的正相关关系，说明股权性质能够对投资效率产生影响，已有研究显示国有控股企业投资效率显著低于非国有控股企业，但针对不同产业和不同区域是否存在同样的因果关系尚有待证明。

公司投融资状况类控制变量与投资效率相关关系如下：融资约束（FC）与投资效率（INVE）呈显著的负相关关系，说明中国上市公司融资约束会影响企业最优投资水平，融资约束越强投资效率越低。短期负债比率（STD）与投资效率（INVE）呈显著的负相关关系，说明短期负债融资比例的提升将导致上市公司投资效率下降，反之投资效率将提高。值得注意的是短期负债比率的提高在理论上并不必然引发投资效率的下降，它是一把"双刃剑"，但实证结果粗略地显示二者呈现相反变动，这就意味着短期负债比率的提高并未让上市公司管理层意识到提高管理水平和制定合理投资决策的必要性。现金持有量（CH）与上市公司投资效率（INVE）不存在相关关系，换言之，中国上市公司投资效率高低与现金持有量不具有明显的相关关系。营业收入增长率（RG）与上市公司投资效率（INVE）呈显著的相关关系，说明上市公司成长机会较多时能够带来更多的新增投资项目，创造更多的投资机会，反之，当上市公司前景堪忧之时，新增项目投资的机会减少，投资效率也会随之而降低。托宾 Q 值（Tobin Q）与上市公司投资效率（INVE）显著不相关，托宾 Q 理论的主导思想是基于企业市场价值与资产重置价值来分析公司的投资行为，上述结果显示中国上市公司投资过程对企业市场价值与资产重置价值关注度明显不够，一定程度上反映了中国上市公司投资决策的科学性与合理性值得商榷。流通股股数（FS）与上市公司投资效率（INVE）呈显著的负相关关系，中国资本市场尚不够发达，流通股持有者更注重短期利益而非公司的长期发展，很难实现对上市公司的市场监督作用，且严重阻碍公司的正常运营，影响公司投资效率的提升。

公司财务治理能力类控制变量与投资效率相关关系如下：公司规模（CS）与上市公司投资效率（INVE）呈显著的正相关关系，说明上市公司的规模越大，那么该上市公司融资能力就会越强，掌握的资源也更为丰富，进而能够很好地把握投资机会；反之，规模较小的上市公司所能掌控的资源则相对较少，投资的渠道和范围也必然受到约束。净资产收益率（ROE）与上市公司投资效率（INVE）呈显著的正相关关系，说明盈利能力是决定上市公司投资项目支出的关键影响因素。代理成本（AC）与上市公司投资效率（INVE）显著不相关，说明中国上市公司管理层和治理层的利益与上市公司并未实现捆绑，或者说，中国上市公司在管理层和治理层奖励激励机制制度设计上存在不足，这种不足反而使上市公司管理层和治理层没有因为代理成本问题引发投资效率不足或者过度。

宏观经济环境类控制变量与投资效率相关关系如下：货币供应量增长率（GRMS）与上市公司投资效率（INVE）呈现显著负相关关系，理论上，宽松的宏观货币政策可以为企业提供较佳的外部融资环境支持，有利于企业取得更广泛的外部融资，有助于企业从更多更好的投资机会中取得进一步的成长，提高企业的投资效率，但本书检验结果与理论认知相反，其原因可能是宽松的货币环境也容易引发上市公司非科学、非合理化的投资决策，引发投资效率降低。市场化指数（MI）与上市公司投资效率（INVE）呈显著负相关，市场化指数是一个逆向指标,指数越大,市场化水平越低,市场化程度下降必然意味着政府对经济的干预加大,依赖关系进行资源配置的可能性也在加大,这不利于投资效率的普遍提高。经济增长(EG)与上市公司投资效率(INVE)呈显著负相关关系,说明经济繁荣时期,上市公司可能会出现投资过度,进而引发投资效率下降,反之,当经济处于衰退时期,上市公司投资会更加谨慎,反而导致投资效率提高。

三 回归结果分析

表5-6检验结果显示农林牧渔业、建筑业、交通运输仓储和邮政业、住宿和餐饮业、金融业、科学研究和技术服务业、卫生和社会工作伴随概率均显著大于10%,选用随机效应模型形式进行回归估计,其他产业伴随概率均显著小于10%,选用固定效应模型形式进行回归估计。

表5-6 面板模型形式检验

Hausman 检验	A	B	C	D	E	F	G	H	I
χ^2	20.830	38.930	171.900	31.570	3.930	508.080	16.680	11.380	45.880
伴随概率	0.185	0.000	0.000	0.002	0.522	0.000	0.273	0.496	0.000
Hausman 检验	J	K	L	M	N	P	Q	R	S
χ^2	4.390	32.930	46.090	6.460	52.660	45.230	12.000	40.270	47.770
伴随概率	0.996	0.001	0.000	0.982	0.000	0.000	0.527	0.000	0.000

表5-7报告了以产品市场竞争为主要解释变量的各产业投资效率回归估计结果。限于篇幅,本书仅对通过10%水平下显著性检验的变量予以分析,从表5-7可以看出:

一是产品市场竞争程度行业差异明显。在所有产业中,只有采矿业、制造业、电力热力燃气及水生产和供应业、信息传输软件和信息技术服务业、金融业五个产业的产品市场竞争系数显著性水平低于10%,或者说,只有这五个产业的产品市场竞争对所属产业内上市公司的投资效率产生影响。在其他产业中,产品市场竞争估计系数为正

◆ 政府补助、产品市场竞争对上市公司投资效率的影响研究

表 5-7　产品市场竞争对投资效率的影响

	A	B	C	D	E	F	G	H	I	J	K	L	M	N	Q	R	S
HHI	0.05	7.94	-0.18	-5.24	0.16	0.68	-0.99	0.16	-0.40	-9.42	-0.20	0.07	0.22	0.68	-1.66	-0.85	1.23
	-0.77	(0.00)***	(0.08)**	(0.06)**	-0.55	-0.65	-0.63	-0.89	(0.02)**	(0.03)**	-0.72	-0.38	-0.66	-0.74	-0.47	-0.77	-0.75
SMT	0.05	0.09	0.03	-0.04	-0.03	0.05	0.05	0.31	0.03	-0.26	0.04	0.03	-0.10	-0.01	0.10	0.29	0.13
	-0.29	(0.32)**	-0.01	-0.61	-0.62	-0.15	-0.49	-0.10	-0.54	-0.11	-0.03	-0.75	-0.57	-0.97	-0.71	-0.03	-0.12
INDR	-0.01	0.15	0.00	0.06	-0.04	0.07	0.04	-0.40	-0.05	-0.06	-0.01	0.05	-0.14	-0.21	-0.29	-0.10	-0.04
	-0.83	-0.23	-0.82	-0.40	-0.53	-0.12	-0.59	-0.07	-0.38	-0.75	-0.58	-0.71	-0.48	-0.28	-0.46	-0.60	-0.69
NOE	-0.30	-0.21	0.20	-0.76	0.26	0.08	-0.57	0.00	0.13	0.19	0.05	0.92	0.61	-0.24	0.00	-0.15	-0.30
	-0.03	(0.49)**	0.00	-0.12	-0.20	-0.48	-0.07	0.00	-0.37	-0.53	-0.50	-0.01	-0.19	-0.30	0.00	-0.55	-0.08
FC	0.34	0.05	0.00	0.48	0.07	-0.33	-0.38	1.88	-0.24	0.15	0.04	0.28	0.51	1.71	-5.37	-1.93	0.18
	-0.18	-0.27	-0.66	(0.09)**	-0.83	0.00	-0.14	-0.47	(0.01)**	-0.69	-0.07	-0.29	-0.40	0.00	-0.37	0.00	-0.83
STD	0.05	0.34	-0.02	0.12	-0.06	0.03	0.02	0.27	-0.03	-0.29	-0.02	-0.05	0.07	0.05	0.32	-0.03	0.28
	-0.40	(0.00)**	-0.16	(0.09)**	-0.55	-0.53	-0.78	-0.14	-0.67	(0.04)**	-0.52	-0.78	-0.78	-0.73	-0.25	-0.88	0.00
CH	-65.30	270.89	200.38	1699.45	748.08	9.35	1172.05	366.87	-13.67	-133.80	210.47	185.32	-196.61	668.40	676.21	0.13	576.31
	-0.55	(0.01)**	(0.00)**	(0.00)**	0.00	-0.48	0.00	-0.71	(0.04)**	-0.57	-0.07	-0.44	-0.55	-0.24	-0.46	0.00	-0.17

— 132 —

第五章 产品市场竞争对上市公司投资效率的影响

续表

	A	B	C	D	E	F	G	H	I	J	K	L	M	N	Q	R	S
RG	-0.33	45.88	-0.20	18.73	2.12	0.82	26.58	-939.89	0.87	5.38	0.05	24.22	45.90	0.03	164.43	4.74	-14.50
	-0.32	-0.13	-0.57	-0.17	-0.31	-0.63	-0.11	-0.05	-0.85	-0.70	-0.92	-0.68	-0.59	0.00	-0.38	-0.79	-0.67
Tobin Q	4.87	27.48	3.85	40.33	5.28	18.52	45.05	1.86	34.28	56.89	10.63	41.08	36.83	41.17	24.30	55.79	-11.67
	-0.71	(0.04)**	(0.00)**	-0.04	-0.28	0.00	0.00	-0.86	0.00	(0.01)***	-0.01	-0.07	-0.01	0.00	-0.65	0.00	-0.06
FS	-4.55	-0.26	-0.12	-0.58	0.02	1.18	0.16	38.39	-1.50	10.69	-0.04	1.93	4.54	21.06	-6.57	-1.01	-7.11
	-0.05	-0.82	-0.19	-0.41	-0.98	-0.13	-0.51	0.00	-0.16	-0.29	-0.86	-0.54	-0.53	0.00	-0.68	-0.71	-0.45
CS	0.19	0.02	-0.05	-0.60	0.08	0.03	-0.10	0.91	-0.29	0.13	-0.03	-0.50	1.57	-1.42	6.65	-3.02	0.05
	-0.82	-0.84	-0.56	-0.23	-0.63	-0.95	-0.78	-0.77	-0.40	-0.86	-0.86	-0.50	-0.67	-0.33	-0.16	-0.01	-0.97
ROE	0.60	-0.01	0.10	-0.08	-1.56	-0.35	-1.38	3.22	0.00	-0.71	0.06	-0.72	-0.96	-0.72	3.51	-1.32	0.51
	-0.01	-0.69	(0.00)**	-0.17	0.00	-0.01	0.00	0.00	-0.98	(0.08)**	-0.09	-0.04	-0.01	0.00	-0.41	-0.01	-0.34
AC	-4.80	-1.02	1.53	-35.09	-7.69	-0.20	86.57	-6.94	-14.83	-0.12	-0.17	-17.93	7.21	-11.69	91.28	-0.07	8.80
	-0.38	-0.88	(0.00)**	(0.01)**	0.00	-0.48	0.00	-0.70	0.00	-0.61	-0.50	-0.28	-0.76	-0.03	-0.02	-0.70	-0.02
GRMS	-0.02	-0.02	0.00	0.12	0.24	0.01	-0.08	-0.06	-0.22	-0.32	-0.03	-0.04	0.12	0.00	-0.29	-0.30	0.09
	-0.74	-0.88	-0.86	-0.21	-0.01	-0.86	-0.41	-0.81	(0.00)***	-0.14	-0.43	-0.82	-0.67	-0.99	-0.47	-0.13	-0.50

续表

		A	B	C	D	E	F	G	H	I	J	K	L	M	N	Q	R	S
MI		0.02	0.10	0.02	−0.02	−0.22	−0.04	0.14	0.24	0.01	−0.28	−0.01	−0.07	0.16	0.02	0.01	0.05	−0.16
		−0.80	−0.53	−0.25	−0.85	−0.01	−0.47	−0.20	−0.40	−0.87	−0.21	−0.76	−0.72	−0.58	−0.91	−0.98	−0.84	−0.26
EG		−0.01	−0.28	0.04	0.02	0.10	0.06	−0.03	−0.05	−0.07	−0.43	0.02	0.01	0.12	−0.04	0.41	−0.03	−0.02
		−0.91 (0.02)**	(0.00)***	−0.82	−0.13	−0.14	−0.72	−0.77	−0.20	(0.03)**	−0.51	−0.94	−0.58	−0.80	−0.42	−0.87	−0.81
cons		−0.92	−8.22	1.37	11.19	5.03	0.30	10.10		−0.71	1.25	1.20	1.09	−0.45	6.69		−0.84	3.14
		−0.24	−0.01	0.00	0.00	−0.01	−0.50	0.00		−0.01	−0.52	−0.16	−0.52	−0.84	−0.11	0.00	−0.01	−0.30
sigmau		0.98	1.10	0.43	0.83	0.45	0.52	0.87	−2.19	3.52	0.83	0.27	1.01	0.71	1.27	8.40	8.93	0.79
sigmae		0.44	1.23	0.70	1.07	0.71	0.64	0.93	0.76	0.85	0.91	0.44	0.92	0.89	0.87	1.93	1.15	0.72
rho		0.83	0.44	0.27	0.37	0.28	0.39	0.47	0.53	0.95	0.45	0.27	0.55	0.39	0.68	0.82	0.98	0.54
F 检验显著性		0.10	0.00	0.00	0.00	0.00	0.01	0.00	0.32	0.00	0.11	0.03	0.07	0.31	0.00	0.10	0.01	0.00

注：1. 产业代码参考表 4-4；2. 括号中为 t 统计量，* 代表显著性 $p<0.10$，** 代表显著性 $p<0.05$，*** 代表显著性 $p<0.01$。

第五章 产品市场竞争对上市公司投资效率的影响

的产业有农林牧渔业、建筑业、批发和零售业、住宿和餐饮业、租赁和商务服务业、科学研究和技术服务业、文化体育和娱乐业以及综合产业，其他产业产品市场竞争系数均为负。

二是采矿业中产品市场竞争估计系数显著为正。这意味着产品市场竞争指数越大，产品市场竞争越弱，采矿业的投资效率反而越高，这与产品市场竞争越高，投资效率越高的原假设相反。从实际情况来看，采矿业产品市场竞争指数从2008年的0.364下降到2018年的0.310，降低幅度达到15.023%，产品市场竞争强度提高15.023%，市场集中度逐渐降低。而对于采矿业而言，产业和市场集中度越高，说明市场中大型企业的份额越高、规模越大、对于市场的支配力和领导力越强，才有可能使矿产的开采更加标准化，有助于提高投资效率。同期采矿业所属上市公司投资效率却从2008年的0.249%降低到2018年的0.056%，投资效率降幅达到77.665%。与此同时，短期负债比率和现金持有比例估计系数显著为正，矿产业投资回收期相对较长，而短期负债的融资期限较短，迫使上市公司管理层有更强的动力去改善投资、经营和管理，而充足、不断提高的现金比例有助于矿产企业把握住好的投资机会，反之，现金持有量不足也会使矿产企业面临投资不足，投资效率下降的风险。托宾Q值估计系数显著为正，意味着采矿业上市公司能够向外界传递积极信号。其一，经济增长估计系数显著为负，这意味经济增长加快反而会降低矿产业的投资效率，一个可能的原因是经济增长传递的积极信号使采矿业加大生产规模，容易引发过度投资行为；其二，我国矿产业上市公司长期负债比超过100%，短期负债比平均值也超过70%，而经济繁荣时期为了加强经济调控往往提高利率，这样加大了矿产企业的融资成本，加大了投资压力，一旦遭遇经济下行，投资效率会加速下降。

三是制造业中产品市场竞争估计系数为负，但并不显著。这意味着产品市场竞争强度的提高推动了制造业上市公司的投资效率。从实际情况来看，制造业产品市场竞争指数从2008年的0.009下降到2018年的0.008，降低幅度达到4.541%，产品市场竞争强度提高

4.541%，市场集中度逐渐降低，分散化竞争加剧。同期，制造业所属上市公司投资效率却从2008年的0.119%提高到2018年的0.154%，投资效率提高了29.094%。但近年来，中央直属大型国有企业和地方国有企业不断兼并重组，形成行业垄断，短期看这种合并可能节约了资源，然而实际上是缺少竞争，短期有利，却将削弱这个行业的长期竞争力，不利于长期投资效率的提升，违背市场规律。与此同时，股东大会次数、股权性质、现金持有比例、托宾Q值、净资产收益率、代理成本以及经济增长的估计系数均显著为正。

四是电力热力燃气及水生产和供应业中产品市场竞争估计系数显著为负。这意味着产品市场竞争强度的提高有助于推动电力热力燃气及水生产和供应业上市公司的投资效率。从实际情况来看，电力热力燃气及水生产和供应业产品市场竞争指数从2008年的0.067下降到2018年的0.045，降幅达到33.058%，产品市场竞争强度提高33.058%，市场集中度逐渐降低，分散化竞争加剧。同期，该产业所属上市公司投资效率却从2008年的0.117%提高到2018年的0.196%，投资效率提高了67.625%。近年来，电力热力燃气及水生产和供应业持续进行供给侧改革，运用先进的互联网信息技术，调整产业结构，优化能源系统，有效提高了能源利用效率，减少环境污染，促进电力热力燃气及水生产和供给业健康发展。与此同时，融资约束、短期负债比、现金持有比例估计系数均显著为正，代理成本的估计系数则显著为负。

五是信息传输软件和信息技术服务业中产品市场竞争估计系数显著为负。这意味着产品市场竞争指数降低，产品市场竞争提高，金融业的投资效率越高。从实际情况来看，金融业产品市场竞争指数从2008年的0.086%提高到2018年的0.196%，提高幅度达到128.037%，产品市场竞争强度降低128.037%，市场集中度逐渐提高。同期，信息传输软件和信息技术服务业所属上市公司投资效率从2008年的0.111%提高到2018年的0.185%，投资效率增幅达到66.918%。我国信息产业发展势头良好，产业体系不断完善，产业链掌控能力显著提高，正日益成为我国创新发展的先导力量、驱动经济持续增长的新引擎、引领产业转型和融合创新的新动力、提升政府治理和公共服务能力的新手段。与此同时，融资约束和现金持有比例、代理成本和货币增长率的估计系数显著为负，托宾Q值估计系数显著为正。

六是金融产业中产品市场竞争估计系数显著为负。这意味着产品市场竞争指数提高，产品市场竞争下降，金融业的投资效率越高。从实际情况来看，金融业产品市场竞争指数从2008年的0.086%提高到2018年的0.196%，提高幅度达到128.037%，产品市场竞争强度提高128.037%，市场集中度逐渐提高，分散化竞争减弱，中国金融产业属于高度寡头垄断，中国金融组织不仅具有金融属性，还具有执行国家经济政策的政府职能。短期内，由于垄断形成了超额利润，提高了投资效率；但这种垄断也造成了金融创新不足，金融业内企业现代管理制度和体系不完备，无法适应即将到来的全球金融竞争，届时投资效率可能会显著下滑。与此同时，短期负债融资、净资产收益率和经济增长估计系数显著为负，托宾Q值估计系数显著为正。其中净资产收益率和经济增长估计系数显著为负意味着中国金融业上市公司的投资不完全以市场原则为导向，这也是其双重职能所致，在经济繁荣时期，金融业企业为了抑制增长所带来的通货膨胀，需要采取逆周期的经济手段，一定程度上也限制了投资，影响了投资效率，在经济衰退时期，为了对抗衰退，要采取量化宽松的货币政策，但此时由于经济萧条，好的投资项目匮乏，投资效率也会降低。

第四节 稳健性检验

为确保本章实证结果的可靠性，通过按照不同区域分组的方式进行检验，重新估计产品市场竞争对投资效率的影响，对本章结论进行稳健性检验。表5-8检验结果显示除了东北综合经济区，其他经济区检验结果的伴随概率均显著小于10%，选用固定效应模型形式进行回归估计，东北综合经济区采用随机效应模型形式进行回归估计。表 5-9 报告了以产品市场竞争为主要解释变量的各地区投资效率回归估计结果。限于篇幅，本书仅对通过 10% 水平下显著性检验的变量予以分析。结果显示八大经济区域中，只有东北综合经济区和北部沿海经济区的产品市场竞争估计系数显著性水平低于 10%，南部沿海经济区的产品市场竞争估计系数显著性水平为 10.8%，略高于 10%。总体上这三个地区的产品市场竞争指数对所属区域的投资效率产生了影响。

表 5-8　　　　　　　　　面板模型形式检验

Hausman 检验	东北综合	北部沿海	东部沿海	南部沿海	黄河中游	长江中游	西南	大西北
χ^2	16.610	78.270	134.660	226.970	111.640	80.100	99.990	77.060
伴随概率	0.277	0.000	0.000	0.000	0.000	0.000	0.000	0.000

表 5-9　　　　以区域为标准选择样本估计产品市场
竞争对投资效率的影响

	东北综合	北部沿海	东部沿海	南部沿海	黄河中游	长江中游	西南	大西北
HHI	0.39 (0.04)***	0.14 (0.06)**	0.03 (0.63)	-0.09 (0.11)**	-0.23 (0.31)	-0.09 (0.60)	-0.03 (0.82)	-0.34 (0.23)
SMT	-0.03 (0.52)	0.06 (0.00)**	0.01 (0.72)	0.06 (0.01)**	-0.04 (0.40)	0.04 (0.17)	-0.01 (0.81)	0.08 (0.16)
INDR	-0.02 (0.77)	0.02 (0.38)	0.00 (0.94)	-0.04 (0.13)	-0.01 (0.89)	-0.03 (0.43)	0.05 (0.29)	-0.05 (0.47)
NOE	0.24 (0.02)**	0.11 (0.11)	0.03 (0.68)	0.32 (0.00)**	-0.16 (0.12)	0.03 (0.72)	-0.23 (0.06)	0.31 (0.08)
FC	-0.07 (0.54)	-0.07 (0.01)***	0.00 (0.99)	0.02 (0.37)**	0.23 (0.00)	0.15 (0.05)	0.06 (0.01)	0.03 (0.37)
STD	-0.09 (0.11)	0.02 (0.48)	-0.02 (0.34)	0.03 (0.20)	0.10 (0.09)	-0.04 (0.42)	0.05 (0.40)	-0.06 (0.46)
CH	407.59 (0.01)***	9.02 (0.49)	145.08 0.00	5.98 (0.26)	124.84 (0.01)	401.17 0.00	0.10 0.00	1759.51 0.00

续表

	东北综合	北部沿海	东部沿海	南部沿海	黄河中游	长江中游	西南	大西北
RG	2.47 (0.43)	-0.22 (0.91)	-0.16 (0.85)	0.00 (1.00)	0.03 0.00	-0.10 (0.82)	25.95 (0.11)	-7.50 (0.52)
Tobin Q	-2.03 (0.44)	1.10 (0.72)	26.03 (0.00)	4.82 (0.00)**	16.42 (0.00)	20.77 (0.00)	44.36 (0.00)	11.22 (0.00)
FS	0.24 (0.79)	-0.14 (0.14)	0.20 (0.20)	-1.28 (0.01)	0.66 (0.35)	-1.00 (0.03)	-0.08 (0.90)	0.48 (0.53)
CS	0.01 (0.98)	0.01 (0.75)	-0.14 (0.25)	0.00 (1.00)	0.24 (0.41)	-0.19 (0.53)	-0.85 (0.01)	-0.77 (0.37)
ROE	0.26 (0.05)**	0.01 (0.60)	0.17 (0.00)	-0.11 (0.00)***	-0.08 (0.08)	-0.60 (0.00)	-0.09 (0.01)	0.15 (0.07)
AC	0.16 (0.20)	-0.84 (0.23)	0.88 (0.23)	-0.23 (0.10)	0.45 (0.64)	-2.60 (0.02)	-0.24 (0.69)	1.36 (0.10)
GRMS	0.11 (0.09)***	0.04 (0.24)	-0.06 (0.01)	-0.01 (0.92)	-0.15 (0.05)	-0.08 (0.09)	-0.10 (0.11)	0.08 (0.39)
MI	-0.11 (0.11)	-0.01 (0.78)	0.07 (0.02)	-0.01 (0.78)	0.18 (0.03)	0.04 (0.57)	0.12 (0.10)	-0.04 (0.63)
EG	0.01 (0.80)	0.05 (0.04)**	0.01 (0.54)	0.01 (0.64)	-0.02 (0.67)	0.00 (0.95)	0.03 (0.56)	0.03 (0.52)
cons	2.81 (0.01)	-0.05 (0.61)	1.09 (0.00)	-0.16 (0.00)	0.87 (0.01)	2.80 (0.00)	0.23 (0.14)	12.44 (0.00)
sigmau	0.47	0.47	0.48	1.34	0.77	0.49	3.12	0.84
sigmae	0.82	0.66	0.68	0.71	0.92	0.81	0.96	1.04
rho	0.41	0.34	0.34	0.78	0.41	0.27	0.91	0.40
F检验显著性	0.02	0.00	0.00	0.00	0.00	0.00	0.00	0.00

注：括号中为 t 统计量，*代表显著性 $p<0.10$，**代表显著性 $p<0.05$，***代表显著性 $p<0.01$。

第一，东北综合经济区产品市场竞争估计系数显著为正，这意味着产品市场竞争程度提高不利于东北综合经济区投资效率的提高。从实际情况来看，东北综合经济区的产品市场竞争指数从 2008 年的 0.084% 下降到 2018 年的 0.044%，降幅达到 47.398%。同期，东北综合经济区投资效率从 2008 年的 0.063% 提高到 2018 年的 0.111%，投资效率提高了 75.198%。与此同时，股权性质估计系数、现金持有比例、净资产收益率、货币供给增长率估计系数显著为正。第二，北部沿海经济区产品市场竞争估计系数显著为正，这意味着产品市场竞争程度提高不利于北部沿海经济区投资效率的提高。从实际情况来看，北部沿海经济区的产品市场竞争指数从 2008 年的 0.147% 下降到 2018 年的 0.074%，降幅达到 49.591%。同期，北部沿海经济区投资效率从 2008 年的 0.091% 提高到 2018 年的 0.128%，投资效率提高了 40.826%。与此同时，股东大会次数和经济增长估计系数显著为正，融资约束估计系数显著为负。第三，南部沿海经济区产品市场竞争估计系数显著为负，这意味着产品市场竞争程度提高有助于南部沿海经济区投资效率的提高。从实际情况来看，南部沿海经济区的产品市场竞争指数从 2008 年的 0.122% 下降到 2018 年的 0.060%，降幅达到 50.769%。同期，南部沿海经济区投资效率从 2008 年的 0.079% 提高到 2018 年的 0.158%，投资效率提高了 99.843%。与此同时，股东大会次数、股权性质和托宾 Q 值估计系数显著为正，融资约束和净资产报酬率估计系数显著为负。基于上述分析本研究发现：产品市场竞争的提高并不必然导致该地区投资效率的提高，如东北综合经济区和北部沿海经济区就呈现出这种特点，市场竞争提高作为一种有效推动效率提升的机制，其过程也是波动反复，对投资效率的影响也需要在与政府补助所带来的改善惰性之间进行较量、不断调整，最终才可能实现理论上的预期。

第六章 政府补助与产品市场竞争对上市公司投资效率研究

"市场竞争——看不见的手"和"政府补助——看得见的手"是推动我国企业投资效率改进的两个主要推手。改革开放以来，我国企业的快速发展壮大与政府在经济增长中起到的主导作用密不可分。较为独特的行政体制和地方政府 GDP 竞争模式诱发了中国各级政府对微观企业的大量补贴（周黎安等，2009）。"看不见的手"与"看得见的手"两种相互交织的力量成为理解改革开放以来我国企业发展的核心和关键。由此引发出一个令人疑惑并且激发我们深入思考的问题：在影响企业投资效率的过程中，市场竞争和政府补贴的作用效果是简单的叠加呢，还是出现"1+1>2"抑或"1+1<2"的效果呢？能否同时实现两者作用效果的最大化，达到"鱼与熊掌兼得"的目标。目前国内外研究均从竞争和补贴两个独立的维度分别考察两者与企业投资效率的关系，并未把两者的作用机制联系起来进行讨论。基于上述困惑和思考，本章基于国家统计局和国泰安上市公司财务数据库，采用面板数据计量方法，讨论政府补助在不同市场竞争程度下对企业投资效率的影响和作用机理。

◇ 政府补助、产品市场竞争对上市公司投资效率的影响研究

第一节 研究假设的提出

　　法律保护、政府治理、市场竞争等公司治理环境是比公司的内部和外部治理机制更为基础的层面，因此考虑公司行为，包括非效率投资行为，要将公司外部环境纳入公司投资决策的约束条件。樊纲等（2003）认为中国各个地区之间的市场化进程并不平衡，存在显著差异，这正好为我们研究不同市场化进程的影响提供了条件。基于此，本节将市场化进程作为中国外部制度环境的切入点，研究不同市场化进程对政府补助与投资效率关系的影响。吴晓晖等（2006）发现：一方面，市场化程度的提高，在一定程度上反映了各地资源自由流动程度的提高；同时，市场对政府的监督更加全面，政府治理水平提高，对企业的干预减少，并可推动资源配置市场化，促使政府补助更倾向于按照投资机会的高低进行分配，提高政府财政资金的配置效率，从而有效改善上市公司的投资效率。另一方面，市场化程度的提高，上市公司受到外部及内部治理机制的监督与约束增强，因而促使公司在进行决策时更加注重决策对企业价值的影响。因为根据企业价值最大化理论，非效率投资会显著降低企业价值，因而在利用政府补助进行投资决策时，企业会考虑投资项目对企业价值的影响，因此导致政府补助的正面影响更加显著或者负面影响受到一定程度的抑制。

　　结合上文关于外部制度环境即市场化程度的讨论，市场化程度的提高可以降低政府对经济的干预水平，进而减少了上市公司的政策性负担，使其在政府目标压力下进行过度投资的动机减弱。同时，随着市场化程度的提高，法制环境不断完善，监督体制不断健全，促使政府补助更多地按照投资机会的高低进行分配，从而使具有好的投资机会但资金存在一定缺口，即存在投资不足的企业更多地获得政府补助，政府补助更可能发挥"帮助之手"的作用，其对投资效率的正向影响作用增强。再有，随着市场化程度提高，金融市场不断发展，对

风险的预估也更全面，资本市场股权融资成本可更好地反映风险与收益的权衡，同时银行体系的风险控制不断加强，上市公司获得外部融资均需要通过相对严格的审核监督，从而降低了国有上市企业通过与政府关联获得低成本股权融资和债权融资的可能性。推动资金配置更加市场化，一定程度上可以加强对国有上市公司原本过度宽松的融资约束，国有企业获得关系型股权融资与债权融资的可能性降低，即其对政府补助的替代性降低，政府补助对公司资金的补充效果更加明显，从而使政府补助对投资效率的积极作用更加显著。由此，本书提出以下假说。

H1：在产品市场竞争较高的地区或产业，政府补助缓解投资不足的正面效果更为显著。

第一，市场化程度较低的地区，在 GDP 考核体制和税收最大化的激励之下，地方政府干预地区企业投资活动的经济动机相对较强。而且除了政绩目标和经济目标之外，地方政府还肩负着公共服务、维持就业与社会稳定的目标，在市场化程度较低的地区，政府更为关注此类目标。企业所在地区的市场化程度越低，企业面临的政府干预越多，政策性负担越高，非生产性支出也越高。对于民营企业而言，民营企业在承担一定政策性负担的情况下，政府目标的压力会加剧投资过度。由此，民营企业获取政府补助后，可能更多地用于满足政府目标的投资，从而降低了投资效率。第二，市场化程度较低的地区，政府对经济资源分配介入的程度较高，企业需要更多地获得政府的支持，更多地依赖政府来获得各种经济资源。而市场化程度较低地区的政府中，政府官员凭借手中权力设租的现象相对普遍或严重，企业进行非生产性"寻租"活动的动机相对较强。相对而言，企业所处地区政府干预越严重，与国有企业相比，民营企业不具有天然的政治联系，为了获取各种资源与保护，"寻租"动机相对更强。以往研究发现，企业通过"寻租"获取的政府补助可能会导致非效率投资，而政府干预会进一步扭曲补助与投资效率之间的关系，由此导致市场化程度较低的地区政府补助对于投资过度的负面影响相对更为显著，即降低了投资效率。第三，市场化程度较低的地区，外部治理环境相对较差，尤其是相对较弱的市场竞争以及相对较差的法制环境难以形成对公司非效率投资行为的有效外部监督与约束，也会加剧政府补助与投资效率之间的负面关系。基于以上政府干预角度、"寻租"行为角度以及外部监督角度，提出本节的第二个研究假说。

H2：在产品市场竞争较低的地区或产业，政府补助加剧投资过度的负面效果更为显著。

第二节 研究设计

一 研究样本确定与数据选择

本节选取2008—2018年沪深证券市场的A股上市公司为主要的研究样本。选取的样本自2008年开始，主要原因是在2007年新会计准则实施时间之后，新阶段针对政府补助的财务信息处理及披露也更为规范，这样能够保证研究样本各项数据的同一性。为了确保研究样本数据的有效性，本节对所选样本进行了复杂的筛选，主要的选择标准如下：

（1）为确保研究样本处在相同的市场经济环境下，研究样本剔除了发行B股和H股的上市企业；（2）本节剔除ST及*ST、PT状态的企业，因为其投资决策和正常经营的上市企业明显存在差异；（3）样本中剔除了所需财务数据信息缺失的上市公司。样本实证检验研究中的上市公司的财务数据均来源于锐思数据库和CSMAR数据库，行业的分类具体参照2012年版《上市企业行业分类指引》（标准版）。本书最终获得了3309家上市公司样本数，采用Stata13.0数据处理软件进行统计分析。

二 变量选取及操作性定义

（一）被解释变量

投资效率（INVE）。（见第四章第二节）

(二) 解释变量

政府补助（GS）。（见第四章第二节）。

产品市场竞争（HHI）。（见第五章第二节）

(三) 控制变量

1. 公司治理能力

（1）第一大股东持股比例（FH）。（见第四章第二节）

（2）股东大会次数（SMT）。（见第五章第二节）

（3）外部独立董事比例（INDR）。（见第四章第二节）

（4）监事规模（SOS）。（见第四章第二节）

（5）股权性质（NOE）。（见第四章第二节）

2. 投融资状况

（1）融资约束（FC）。（见第四章第二节）

（2）短期负债比例（STD）。（见第五章第二节）

（3）现金持有量（CH）。（见第四章第二节）

（4）营业收入增长率（RG）。（见第四章第二节）

（5）托宾 Q 值（Tobin Q）。（见第四章第二节）

3. 财务治理能力

（1）流通股股数（FS）。（见第五章第二节）

（2）公司规模（CS）。（见第四章第二节）

（3）净资产收益率（ROE）。（见第四章第二节）

（4）代理成本（AC）。（见第四章第二节）

4. 宏观环境

（1）货币供应量增长率（GRMS）。（见第五章第二节）

（2）市场化指数（MI）。（见第四章第二节）

（3）经济增长（EG）。（见第四章第二节）

各种变量具体说明见表 6-1。

表6-1　　　　　　　主要变量的定义以及相关说明

	变量名称	代码	变量说明	文献依据
被解释变量	投资效率	INVE	实际投资水平与正常投资水平之间的偏离（即模型残差）反映了T期公司的投资效率	Griffith, 2001; Cheng等, 2013
解释变量1	政府补助	GS	定义为政府补助除以期初总资产，这样基本能够有效地避免规模原因而造成的不同差异。	王凤翔和陈柳钦, 2005; 申香华, 2010
解释变量2	产品市场竞争	HHI	采用赫芬达尔指数度量产品市场竞争	
控制变量	第一大股东持股比例	FH	第一大股东持股总股份	王娟, 2013
	股东大会次数	SMT	股东大会是上市公司最高权力机构，股东大会能够体现股东意志	闻岳春, 2001; 颜旭若, 2003; 廖沁芳, 2006
	外部独立董事比例	INDR	外部独立董事应该能够发挥其对公司治理的监督作用	王跃堂, 2006; 吴晓晖, 2006; 孙光国, 2018
	监事规模	SOS	监事会人数	Raheja, 2005; 胡晓静, 2008; 王世权, 2011
	股权性质	NOE	公司控股股东为非国有性质定义为1，控股股东为国有性质定义为0	Shleifer和Vishny, 1994; 黄志忠, 2009
	融资约束	FC	负债比率为交易宣告前一年年末（潜在）目标公司负债权益比率	王宏利, 2005; Almazan等, 2010
	短期负债比率	STD	短期负债的提高比长期负债的提高更能督促管理层改善经营管理	
	现金持有量	CH	现金及现金等价物÷（总资产-现金及现金等价物）	Fazzari, 1988; Dittmar和Smith, 2007; 杨华军, 2007; 高心智, 2015

续表

	变量名称	代码	变量说明	文献依据
控制变量	营业收入增长率	RG	营业收入增长率为交易宣告前一年目标公司的主营业务收入增长率	Pagano，1998
	托宾Q值	Tobin Q	（总负债的账面价值+非流通股股数×每股净资产+流通股股数×每股市价）÷总资产的账面价值	Pagano等，1998
	流通股股数	FS	流通股对上市公司投资效率的影响有积极和消极两方面	
	公司规模	CS	公司规模为交易宣告前一年末（潜在）目标公司总市值的自然对数	Bodnaruk，2009；韩洁等，2014
	净资产收益率	ROE	盈利性用并购公告前一年（潜在）目标公司的净资产收益率衡量	Capron和Shen，2007
	代理成本	AC	公司（经营费用+管理费用+销售费用）÷公司销售收入	Angeta，2000
	货币供应量增长率	GRMS	宏观货币政策则会通过影响企业的融资约束进而影响企业融资路径的选择，并最终对企业的投资决策造成影响	Aleem，2010；周英章，2002；盛朝晖，2006；吴秋生，2017
	市场化指数	MI	使用樊纲等（2009）所编制的各个地区"减少政府对于企业的干预"指数而将其作为政府干预指标的替代变量。该项指标属于反向指标，即指数越低，那么政府干预企业投资行为的程度就会越强	樊纲等，2009
	经济增长	EG	本期经济增长的增长率	Pagano，1998

三 经济计量模型构建

根据 Richardson（2006）直接度量企业非效率投资的方法，本书将企业新增投资支出分为两部分：一部分为由企业投资机会决定的预期投资支出；另一部分为非正常投资支出，正则代表过度投资，负则代表投资不足。采用模型（6-1）进行面板回归，检验政府补助和产品市场竞争对投资效率的影响。本书为了尽量避免内生性问题，模型中核心变量和控制变量均做滞后一期处理。

$$INVE_t = \alpha_0 + \alpha_1 GS_{t-1} + \alpha_2 HHI_{t-1} + \alpha_3 FH_{t-1} + \alpha_4 SMT_{t-1} +$$
$$\alpha_5 INDR_{t-1} + \alpha_6 SOS_{t-1} + \alpha_7 NOE_{t-1} + \alpha_8 FC_{t-1} +$$
$$\alpha_9 STD_{t-1} + \alpha_{10} CH_{t-1} + \alpha_{11} RG_{t-1} + \alpha_{12} TobinQ_{t-1} +$$
$$\alpha_{13} FS_{t-1} + \alpha_{14} CS_{t-1} + \alpha_{15} ROE_{t-1} + \alpha_{16} AC_{t-1} +$$
$$\alpha_{17} GRMS_{t-1} + \alpha_{18} MI_{t-1} + \alpha_{19} EG_{t-1} + \varepsilon_{t-1} \quad (6-1)$$

模型（6-1）中，INVE 为投资效率，HHI 为赫芬达尔指数，α_0 为截距项，α_1—α_{19} 为各变量的估计系数，ε 为随机误差项。鉴于不同产业和不同区域的市场竞争程度的差异性，本书将基于模型（6-1）进一步从产业和区域两个维度分别进行分析。基于上述分析，本书构建基于产业的产品市场竞争对投资效率影响的经济计量模型，如模型（6-2）所示：

$$INVE_{t,i} = \beta_0 + \beta_1 GS_{t-1,i} + \beta_2 HHI_{t-1,i} + \beta_3 FH_{t-1,i} + \beta_4 SMT_{t-1,i} +$$
$$\beta_5 INDR_{t-1,i} + \beta_6 SOS_{t-1,i} + \beta_7 NOE_{t-1,i} + \beta_8 FC_{t-1,i} +$$
$$\beta_9 STD_{t-1,i} + \beta_{10} CH_{t-1,i} + \beta_{11} RG_{t-1,i} + \beta_{12} TobinQ_{t-1,i} +$$
$$\beta_{13} FS_{t-1,i} + \beta_{14} CS_{t-1,i} + \beta_{15} ROE_{t-1,i} + \beta_{16} AC_{t-1,i} +$$
$$\beta_{17} GRMS_{t-1,i} + \beta_{18} MI_{t-1,i} + \beta_{19} EG_{t-1,i} + \varepsilon_{t-1,i} \quad (6-2)$$

模型（6-2）中，β_0 为截距项，β_1—β_{19} 为各变量的估计系数，ε 为随机误差项，$i \in$（农林牧渔业，采矿业，制造业，电力、热力、燃气及水生产和供应业，代表建筑业，批发和零售业，交通运输仓储和邮政业，住宿和餐饮业，信息传输软件和信息技术服务业，金融业，房地产业，租赁和商务服务业，科学研究和技术服务业，水利环境和公共设施管理业，居民服务修理和其他服务业，教育卫生和社会工作，文化体育和娱乐业，综合）。

本书构建基于区域的产品市场竞争对投资效率影响的经济计量模

型，如模型（6-3）所示：

$$\begin{aligned}INVE_{t,i} = &\ \gamma_0 + \gamma_1 GS_{t-1,i} + \gamma_2 HHI_{t-1,i} + \gamma_3 FH_{t-1,i} + \gamma_4 SMT_{t-1,i} + \\ &\ \gamma_5 INDR_{t-1,i} + \gamma_6 SOS_{t-1,i} + \gamma_7 NOE_{t-1,i} + \gamma_8 FC_{t-1,i} + \\ &\ \gamma_9 STD_{t-1,i} + \gamma_{10} CH_{t-1,i} + \gamma_{11} RG_{t-1,i} + \gamma_{12} TobinQ_{t-1,i} + \\ &\ \gamma_{13} FS_{t-1,i} + \gamma_{14} CS_{t-1,i} + \gamma_{15} ROE_{t-1,i} + \gamma_{16} AC_{t-1,i} + \\ &\ \gamma_{17} GRMS_{t-1,i} + \gamma_{18} MI_{t-1,i} + \gamma_{19} EG_{t-1,i} + \varepsilon_{t-1,i} \end{aligned} \quad (6-3)$$

模型（6-3）中，γ_0 为截距项，γ_1—γ_{19} 为各变量的估计系数，ε 为随机误差项，i ∈（东北综合经济区、北部沿海经济区、东部沿海经济区、南部沿海经济区、黄河中游经济区、长江中游经济区、西南经济区、大西北经济区）。

第三节 实证结果分析

一 描述性统计分析

表6-2显示了总体样本的描述性统计分析结果，该表报告了本部分研究所涉及的投资效率、政府补助以及各控制变量的样本量、标准差、最小值、最大值和样本缺失量。从表6-2中可以看出：

一是上市公司投资效率差异较大。投资效率INVE的最小值为 -3.359，最大值为2.962，平均值为0.130，标准差为0.269，标准差显著大于平均值，说明各上市公司投资效率存在较大差异。

二是上市公司获得政府补助差异较大。政府补助是政府从自身预定目标出发对企业实施的补助，至于具体补助多寡则主要取决于企业特征或企业行为是否与政府目标相契合以及契合的程度，换言之，如果企业特征或行为有利于协助政府实现其预定目标，那么企业获得政府补助的力度和机会也就越高。企业的空间异质性、行业异质性、最终控制人属性、企业规模、企业就业容纳能力、企业纳税能力和企业增配行为等特征或行为会对政府补助决定产生影响，换言之，政府补助在不同企业和产业间的分布应该存在较大差异。统计结果显示政府补助的最小值为 0.000 亿元，最大值为 503.420 亿元，平均值为 4.850，标准差为 4.230，标准差低于均值，说明上市公司的政府补助虽然存在差异，但差异程度相对较小，这在一定程度上是否意味着我国政府补助的发放缺少侧重。

三是上市公司处于分散竞争状态。本书采用赫芬达尔指数，即企业营业收入占行业内企业总收入的比重来计算行业集中度，进而反映产品市场的竞争程度，HHI 值越大行业集中度越高，行业竞争程度则越低。结果显示赫芬达尔指数的最小值为 0.007，最大值为 1.925，平均值为 0.084，标准差为 0.195，标准差显著大于均值，这反映大多数产业处于分散竞争的状态。

四是针对公司治理能力、投融资状况以及财务治理能力三类控制变量的描述性统计结果显示，上述控制变量在不同上市公司间的分布存在显著差异。宏观环境变动并不会因上市公司个体变化而变化，即控制变量在不同上市公司间不存在差异。

表 6-2　　　　　　　变量全样本描述性统计　　　　　　单位：亿元,%

变量	标准差	均值	最小值	最大值	样本总量	缺失样本量	缺失占比
INVE	0.269	0.130	-3.359	2.962	36399	648	1.78
GS	4.380	0.476	0.000	503.420	36399	761	2.09
HHI	0.195	0.084	0.007	1.925	36399	0	0.00
FH	15.670	35.885	0.290	99.000	36399	889	2.44
SMT	1.712	3.165	0.000	33.000	36399	927	2.55
INDR	0.055	0.371	0.091	0.800	36399	657	1.80
SOS	1.275	3.726	1.000	14.000	36399	649	1.78
NOE	0.497	0.554	0.000	1.000	36399	0	0.00
FC	7.295	1.371	-662.677	388.957	36399	648	1.78
SHD	0.198	0.821	0.000	1.000	36399	946	2.60
CH	927.869	6.832	0.000	135590.783	36399	649	1.78
RG	964.800	8.482	-1.000	134607.058	36399	776	2.13
Tobin Q	359.073	5.761	0.602	51077.911	36399	730	2.01

第六章
政府补助与产品市场竞争对上市公司投资效率研究

续表

变量	标准差	均值	最小值	最大值	样本总量	缺失样本量	缺失占比
FS	117.102	13.189	0.000	3564.063	36399	927	2.55
CS	714.286	140.719	0.827	25293.499	36399	908	2.49
ROE	1.088	0.057	-79.888	28.696	36399	889	2.44
AC	11.749	0.304	0.000	1594.916	36399	853	2.34
GRMS	0.051	0.162	0.110	0.284	36399	0	0.00
MI	0.000	0.000	0.000	0.001	36399	0	0.00
EG	0.054	0.121	-0.094	0.243	36399	0	0.00

二 相关性检验

表6-3展示的是所研究的变量之间的相关系数矩阵。矩阵的下三角部分为Pearson检验结果，上三角部分为Spearman检验结果。通过对矩阵进行观察本书可以发现不同解释变量和控制变量与被解释变量之间粗略的关联关系，所谓粗略的关联关系意味着这种相关性检验结果并不必然存在于不同区域和不同产业，这种总体性的相关性检验往往容易掩盖个体差异。解释变量政府补助（GS）与投资效率（INVE）之间呈显著正相关关系，说明政府补助提高会导致上市公司投资效率越高。解释变量产品市场竞争（HHI）与投资效率（INVE）之间存在显著正相关关系，说明产品市场竞争越强，投资效率越高，在一定程度上印证了原假设。

公司治理能力类控制变量与投资效率相关关系如下：第一大股东持股比例（FH）与上市公司投资效率（INVE）之间呈显著的正相关关系，说明第一大股东持股比例越高，上市公司投资效率越高，印证了大股东的存在有助于对公司管理层和治理层形成有效监管，有利于企业价值的提升的观点。股东大会次数（SMT）与投资效率（INVE）之间呈显著的正相关关系，说明股东大会次数越多，上市公司投资效率越高，并未出现大股东操纵股东大会的情况，通过改善公司经营向市场传递积极信号。外部独立董事比例（INDR）与投资效率（INVE）不存在相关关系，说明独立董事在提高上市公司投资效率方面并未发挥应有的作用，可能的原因是内部董事利用了其对信息的独占权牟利，而针对这一不利形势，独立董事并未有效采取措施推动管理层和治理层共享内部信息。监事规模（SOS）与上市公司投资效率（INVE）显著负相关，与已有理论认知恰好相反，可能的原因是企业监事会未能发挥其监督制衡与提供参与机制双重职能，从而未能有效防范和检查企业管理层和治理层是否存在侵害公司和股东利益的行为，进而推动公司健康稳定发展。股权性质（NOE）与投资效率（INVE）之间存在显著的正相关关系，说明股权性质能够对投资效率产生影响，已有研究显示国有控股企业投资效率显著低于非国有控股企业，但针对不同产业和不同区域是否存在同样的因果关系尚有待证明。

公司投融资状况类控制变量与投资效率相关关系如下：融资约束（FC）与投资效率（INVE）呈显著的负相关关系，说明中国上市公司融资约束会影响企业最优投资水平，融资约束越强投资效率越低。短期负债比率（STD）与投资效率（INVE）呈显著的负相关关系，说明短期负债融资比例的提升将导致上市公司投资效率下降，反之投资效率将提高。值得注意的是短期负债比率的提高在理论上并不必然引发投资效率的下降，它是一把"双刃剑"，但实证结果粗略地显示二者呈现相反变动，这就意味着短期负债比率的提高并未让上市公司管理层意识到提高管理水平和制定合理投资决策的必要性。现金持有量（CH）与上市公司投资效率（INVE）不存在相关关系，换言之，中国上市公司投资效率高低与现金持有量不具有明显的相关关系。营业收入增长率（RG）与上市公司投资效率（INVE）呈显著的相关关系，说明上市公司成长机会较多时能够带来更多的新增投资项目，创造更多的投资机会，反之，当上市公司前景堪忧之时，新增项目投资的机会减少，投资效率也会随之而降低。托宾Q值（Tobin Q）与上市公司投资效率（INVE）显著不相关，托宾Q理论的主导思想是基于企业市场价值与资产重置价值来分析公司的投资行为，上述结果显示中国上市公司投资过程对企业市场价值与资产重置价值关注度明显不够，一定程度上反映了中国上市公司投资决策的科学性与合理性值得商榷。流通股股数（FS）与上市公司投资效率（INVE）呈显著的

第六章 政府补助与产品市场竞争对上市公司投资效率研究

负相关关系,中国资本市场尚不够发达,流通股持有者更注重短期利益而非公司的长期发展,很难实现对上市公司的市场监督作用,且严重阻碍公司的正常运营,影响公司投资效率的提升。

公司财务治理能力类控制变量与投资效率相关关系如下:公司规模(CS)与上市公司投资效率(INVE)呈现显著的正相关关系,说明上市公司的规模越大,那么该上市公司融资能力就会越强,掌握的资源也更为丰富,进而能够很好地把握投资机会;反之,规模较小的上市公司所能掌控的资源则相对较少,投资的渠道和范围也必然受到约束。净资产收益率(ROE)与上市公司投资效率(INVE)呈显著的正相关关系,说明盈利能力是决定上市公司投资项目支出的关键影响因素。代理成本(AC)与上市公司投资效率(INVE)显著不相关,说明中国上市公司管理层和治理层的利益与上市公司并未实现捆绑,或者说,中国上市公司在管理层和治理层奖励激励机制制度设计上存在不足,这种不足反而使上市公司管理层和治理层没有因为代理成本问题引发投资效率不足或者过度。

宏观经济环境类控制变量与投资效率相关关系如下:货币供应量增长率(GRMS)与上市公司投资效率(INVE)呈显著负相关关系,理论上,宽松的宏观货币政策可以为企业提供较佳的外部融资环境支持,有利于企业取得更广泛的外部融资,有助于企业从更多更好的投资机会中取得进一步的成长,提高企业的投资效率,但本书检验结果与理论认知相反,其原因可能是宽松的货币环境也容易引发上市公司非科学、非合理化的投资决策,引发投资效率降低。市场化指数(MI)与上市公司投资效率(INVE)呈显著负相关,市场化指数是一个逆向指标,指数越大,市场化水平越低,市场化程度下降必然意味着政府对经济的干预加大,依赖关系进行资源配置的可能性也在加大,这不利于投资效率的普遍提高。经济增长(EG)与上市公司投资效率(INVE)呈显著负相关关系,说明经济繁荣时期,上市公司可能会出现投资过度,进而引发投资效率下降,反之,当经济处于衰退时期,上市公司投资会更加谨慎,反而导致投资效率提高。

◇ 政府补助、产品市场竞争对上市公司投资效率的影响研究

表6-3 变量的相关性分析

		INVE	GS	HHI	FH	SMT	INDR	SOS	NOE	FC	STD	CH	RG	Tobin Q	FS	CS	ROE	AC	GRMS	MI	EG
INVE	相关系数	1.000	0.106	0.024	0.034	0.153	0.014	−0.059	0.149	−0.051	−0.154	0.001	0.286	0.041	−0.136	0.158	0.193	0.028	−0.041	−0.036	−0.029
	显著水平	0.000	0.000	0.052	0.027	0.000	0.000	0.000	0.000	0.000	0.000	1.000	0.000	0.001	0.000	0.000	0.000	0.316	0.001	0.010	0.202
GS	相关系数	0.001	1.000	−0.035	0.084	0.058	0.020	0.114	−0.142	0.198	−0.199	−0.071	0.027	−0.201	0.244	0.433	0.100	−0.062	−0.138	−0.135	−0.109
	显著水平	0.015	0.000	0.015	0.000	0.000	1.000	0.000	0.000	0.000	0.000	0.000	0.419	0.000	0.000	0.000	0.000	0.000	0.000	0.000	0.000
HHI	相关系数	0.007	0.010	1.000	0.020	0.035	0.031	0.006	−0.038	0.042	−0.100	−0.033	0.011	−0.011	0.094	0.118	0.004	−0.021	−0.360	−0.292	−0.191
	显著水平	0.037	1.000	0.000	0.000	0.000	0.000	1.000	0.004	0.001	0.000	0.043	1.000	1.000	0.000	0.000	1.000	0.000	0.000	0.000	0.000
FH	相关系数	0.037	0.115	−0.002	1.000	−0.018	0.037	0.054	−0.186	0.070	−0.042	−0.016	0.016	−0.123	0.012	0.185	0.117	−0.192	0.027	0.034	0.019
	显著水平	0.006	0.000	1.000	0.000	0.000	0.007	0.000	0.000	0.000	0.000	0.000	0.094	0.000	1.000	0.000	0.000	0.000	0.484	0.034	1.000
SMT	相关系数	0.130	−0.007	0.023	−0.020	1.000	0.024	−0.048	0.142	0.158	−0.086	−0.038	0.094	−0.032	−0.007	0.066	−0.004	−0.052	−0.102	−0.097	−0.096
	显著水平	0.000	1.000	1.000	1.000	0.000	0.000	0.000	0.000	0.000	0.000	0.003	0.000	0.071	1.000	0.000	1.000	0.000	0.000	0.000	0.000
INDR	相关系数	0.005	0.030	0.002	0.052	0.030	1.000	−0.087	0.063	−0.019	−0.006	0.015	0.004	0.036	0.007	0.050	−0.014	0.028	−0.073	−0.075	−0.051
	显著水平	0.179	1.000	1.000	0.000	0.000	0.000	0.000	0.000	0.000	1.000	1.000	1.000	0.011	1.000	0.000	1.000	0.284	0.000	0.000	0.000
SOS	相关系数	1.000	0.146	−0.015	0.062	0.125	−0.098	1.000	−0.388	0.206	−0.154	−0.122	−0.057	−0.218	0.172	0.105	−0.026	−0.178	0.101	0.084	0.100
	显著水平	−0.035	0.000	1.000	0.000	0.000	0.000	0.000	0.000	0.000	0.000	0.000	0.000	0.000	0.000	0.000	0.796	0.000	0.000	0.000	0.000
NOE	相关系数	0.019	0.000	0.010	−0.185	0.139	0.061	−0.374	1.000	−0.304	0.184	0.170	0.091	0.301	−0.287	−0.109	0.076	0.221	−0.149	−0.131	−0.134
	显著水平	0.106	1.000	1.000	0.000	0.000	0.000	0.000	0.000	0.000	0.000	0.000	0.000	0.000	0.000	0.000	0.000	0.000	0.000	0.000	0.000
FC	相关系数	−0.103	0.022	−0.006	0.023	0.036	−0.000	0.019	−0.067	1.000	−0.242	−0.350	0.039	−0.450	0.284	0.110	−0.051	−0.414	0.082	0.070	0.067
	显著水平	−0.010	1.000	1.000	1.000	0.009	1.000	1.000	0.000	0.000	0.000	0.000	0.003	0.000	0.000	0.000	0.000	0.000	0.000	0.000	0.000
STD	相关系数	1.000	−0.101	0.027	−0.068	−0.072	0.002	−0.149	0.182	−0.037	1.000	0.269	0.008	0.250	−0.218	−0.234	0.024	0.128	0.070	0.076	0.048
	显著水平	−0.159	0.000	0.505	0.000	0.000	1.000	0.000	0.000	0.007	0.000	0.000	1.000	0.000	0.000	0.000	1.000	0.000	0.000	0.000	0.000

— 154 —

第六章 政府补助与产品市场竞争对上市公司投资效率研究

续表

		INVE	GS	HHI	FH	SMT	INDR	SOS	NOE	FC	STD	CH	RG	Tobin Q	FS	CS	ROE	AC	GRMS	MI	EG
CH	相关系数	-0.005	-0.002	-0.000	-0.006	0.005	0.005	-0.006	0.008	-0.002	0.009	1.000	0.094	0.246	-0.210	-0.019	0.185	0.204	0.045	0.037	0.026
	显著水平	1.000	1.000	1.000	1.000	1.000	1.000	1.000	1.000	1.000	1.000		0.000	0.000	0.000	1.000	0.000	0.000	0.000	0.007	0.635
RG	相关系数	0.052	-0.001	-0.000	0.010	0.016	-0.006	-0.006	-0.009	0.001	0.003	-0.000	1.000	0.116	-0.117	0.136	0.372	-0.083	0.080	0.077	0.165
	显著水平	0.000	1.000	1.000	1.000	1.000	1.000	1.000	1.000	1.000	1.000	1.000		0.000	0.000	0.000	0.000	0.000	0.000	0.000	0.000
Tobin Q	相关系数	-0.018	-0.038	0.022	-0.059	-0.002	0.034	-0.080	0.124	-0.035	0.089	0.457	-0.002	1.000	-0.224	0.156	0.201	0.421	-0.063	-0.073	-0.179
	显著水平	1.000	0.004	1.000	0.000	1.000	0.024	0.000	0.000	0.014	0.000	0.000	1.000		0.000	0.000	0.000	0.000	0.000	0.000	0.000
FS	相关系数	-0.007	0.039	0.017	0.063	0.011	0.012	0.012	-0.018	0.005	-0.036	-0.001	-0.000	-0.007	1.000	0.400	-0.026	-0.176	-0.175	-0.173	-0.168
	显著水平	1.000	0.000	1.000	0.000	1.000	1.000	1.000	1.000	1.000	0.000	1.000	1.000	1.000		0.000	1.000	0.000	0.000	0.000	0.000
CS	相关系数	0.029	0.677	0.040	0.145	-0.013	0.035	0.136	-0.074	0.006	0.012	-0.002	-0.002	0.001	0.036	1.000	0.651	-0.100	-0.256	-0.255	-0.321
	显著水平	0.248	0.000	0.000	0.000	1.000	0.000	0.000	0.000	1.000	1.000	1.000	1.000	1.000	0.036		0.000	0.000	0.000	0.000	0.000
ROE	相关系数	0.018	0.004	0.002	0.000	-0.006	-0.007	-0.009	0.019	0.200	0.006	0.002	0.001	0.012	-0.003	0.015	1.000	-0.049	0.083	0.086	0.076
	显著水平	1.000	1.000	1.000	1.000	1.000	1.000	1.000	1.000	0.000	1.000	1.000	1.000	1.000	1.000	1.000		0.000	0.000	0.000	0.000
AC	相关系数	-0.065	-0.014	0.012	-0.039	-0.013	-0.011	-0.033	0.054	-0.013	0.026	0.001	-0.002	0.051	0.018	-0.008	0.010	1.000	-0.104	-0.095	-0.105
	显著水平	0.000	1.000	1.000	0.003	1.000	1.000	1.000	0.000	1.000	0.721	1.000	1.000	0.000	1.000	1.000	1.000		0.000	0.000	0.000
GRMS	相关系数	-0.042	-0.039	-0.002	0.016	-0.111	-0.070	0.090	-0.147	0.012	0.019	-0.003	-0.002	0.002	-0.025	-0.011	0.014	-0.006	1.000	0.871	0.654
	显著水平	0.000	0.002	1.000	1.000	0.000	0.000	0.000	0.000	1.000	1.000	1.000	1.000	1.000	0.843	1.000	1.000	1.000		0.000	0.000
MI	相关系数	-0.035	-0.044	0.011	0.029	-0.103	-0.075	0.099	-0.154	-0.002	0.028	0.006	-0.001	-0.029	-0.031	-0.029	0.016	-0.019	0.850	1.000	0.551
	显著水平	0.022	0.000	1.000	0.199	0.000	0.000	0.000	0.000	1.000	0.286	1.000	1.000	0.232	0.117	0.258	1.000	1.000	0.000		0.000
EG	相关系数	-0.028	-0.030	0.016	0.012	-0.099	-0.054	0.102	-0.140	0.007	0.027	0.006	0.003	-0.053	-0.036	-0.033	0.028	-0.026	0.324	0.500	1.000
	显著水平	0.292	0.129	1.000	1.000	0.000	0.000	0.000	0.000	1.000	0.506	1.000	1.000	1.000	0.010	0.035	0.337	0.756	0.000	0.000	

三 回归结果分析

在对样本进行回归之前，本书首先对解释变量的多重共线性问题进行了分析。需要注意的是如果研究关注点是模型整体的解释能力而非具体的回归系数，那么即便存在多重共线也没什么关系。在关心具体回归系数的情况下，如果多重共线不影响变量显著性，那也无所谓，因为如果没有多重共线的情况下，结果应该更加显著。此外，较大的样本容量可以改善多重共线性问题。本书样本量足够大且关注点在模型整体的解释能力上，在操作上可以忽略共线性问题。但本书基于谨慎性原则计算了各个解释变量的 VIF 值和容忍度，发现回归模型中所有解释变量的 VIF 值都远小于 10，VIF 的平均值为 1.46，容忍度均大于 0.1，这表明各变量之间不存在显著的共线性问题。之后，本研究对估计模型进行 Hausman 检验确定最优模型形式，即选择随机效应模型形式还是固定效应模型形式，如伴随概率低于 10%，则选择固定效应模型形式，表 6-4 检验结果显示电力热力燃气及水生产和供应业、建筑业、住宿和餐饮业、房地产业、科学研究和技术服务业、居民服务修理和其他服务业、综合业检验结果的伴随概率均显著超过 10%，因此选择随机效应模型形式进行回归估计，其他产业伴随概率显著低于 10%，选用固定效应模型形式进行回归估计。

表 6-5 报告了以政府补助和产品市场竞争为主要解释变量的各产业投资效率回归估计结果。限于篇幅，本书仅对通过 10% 水平下显著性检验的变量予以分析，从表 6-5 可以看出：

表 6-4　　　　　　　　面板模型形式检验

Hausman 检验	A	B	C	D	E	F	G	H	I
χ^2	29.450	43.590	108.510	20.250	12.650	47.440	62.470	16.190	62.240
伴随概率	0.030	0.000	0.000	0.162	0.629	0.000	0.000	0.369	0.000
Hausman 检验	J	K	L	M	N	P	Q	R	S
χ^2	39.450	21.550	30.200	9.150	59.190	35.640	3.620	275.330	15.170
伴随概率	0.002	0.158	0.017	0.956	0.000	0.000	0.997	0.000	0.151

第六章
政府补助与产品市场竞争对上市公司投资效率研究

表6-5 政府补助与产品市场竞争对投资效率的影响

	A	B	C	D	E	F	G	H	I	J	K	L	M	N	Q	R	S
GS	-1.39 (0.01)*	0.05 -0.47	0.01 -0.89	0.26 -0.2	0.15 -0.66	0.65 -0.29	-0.18 (0.00)*	3.85 -0.62	0.96 (0.06)*	1.02 (0.59)*	0.14 -0.47	-2.52 (0.16)*	7.1 -0.46	12.81 -0.04	23.82 -0.18	0.05 -0.97	0.8 -0.4
HHI	0.1 -0.58	7.44 (0.00)*	0.21 (0.04)**	3.85 -0.18	0.36 -0.14	1.1 -0.53	0.18 -0.94	0.23 -0.89	0.11 -0.48	12.03 -0.02	0.19 -0.72	0.12 -0.2	0.22 -0.69	3.25 -0.16	0.44 -0.87	1.85 -0.52	2.73 -0.48
FH	0.25 (0.10)*	0.08 -0.68	0.08 (0.00)*	0.08 -0.53	0.13 -0.25	0.08 -0.38	0.01 -0.98	1.98 -0.22	0.41 (0.00)*	0.37 -0.26	0.04 -0.36	0.13 -0.48	0.82 -0.23	1.13 0	1.9 -0.33	0.54 -0.06	0.3 -0.32
SMT	0.04 -0.35	0.09 -0.38	0.03 -0.17	0.06 -0.4	0.03 -0.48	0.04 -0.28	0.02 -0.75	0.02 -0.94	0.06 -0.16	0.28 (0.10)*	0.02 -0.37	0.03 (0.76)*	-0.55	0.08 -0.55	0.15 -0.62	0.26 -0.04	0.09 -0.26
INDR	0.06 -0.22	0.27 (0.05)*	0.01 -0.72	0.07 -0.39	0.01 -0.85	0.11 -0.03	0.02 -0.8	0.05 -0.9	0.04 -0.46	0.21 -0.29	0.04 -0.12	0.08 -0.57	0.12 -0.55	0.13 -0.47	0.08 -0.84	0.08 -0.67	0.11 -0.31
SOS	0.11 -0.15	0.05 -0.77	0.04 -0.17	0 -0.99	0.12 -0.2	0.09 -0.37	0.2 -0.31	0.07 -0.92	0.13 -0.26	0.34 -0.31	0.01 -0.76	0.03 -0.9	0.02 -0.98	0.04 -0.94	0	0.14 -0.65	0.15 -0.37
NOE	0.35 (0.01)**	0.21 -0.47	0.22 (0.00)*	0.23 -0.7	0.08 -0.76	0.07 -0.58	1.82 (0.04)*	0	0.07 -0.69	0.41 -0.21	0.07 -0.25	0.32 -0.45	0.64 -0.21	0.31 -0.16	0	0.53 -0.21	0.31 -0.11
FC	0.21 -0.43	0.03 -0.51	0.01 -0.44	0.36 -0.21	0 -1	0.34 0	0.37 -0.16	1.48 -0.81	1.48 (0.00)*	0.13 (0.84)*	0.01 -0.93	0.23 -0.38	3.04 -0.16	1.56 0	5.41 -0.51	2.13 -0.02	0.34 -0.69
STD	0.05 -0.4	0.3 (0.01)*	0.04 (0.02)*	0.13 -0.11	0.08 -0.32	0.03 -0.58	0.01 -0.88	0.1 -0.78	0.14 -0.03	0.56 (0.00)*	0.02 -0.5	0.23 (0.24)*	0.19 -0.5	0.04 -0.74	0.4 -0.16	0.12 -0.47	0.08 -0.39
CH	173.53 -0.35	187.35 (0.10)*	156.86 (0.00)*	1612.42 0	385.71 -0.11	19.79 -0.17	35.38 -0.92	1166.97 -0.38	61.97 -0.11	320.11 -0.29	40.1 -0.75	398.76 -0.16	32.41 -0.93	766.17 -0.18	583.41 -0.52	0.05 -0.36	3079.06 0

— 157 —

续表

	A	B	C	D	E	F	G	H	I	J	K	L	M	N	Q	R	S
RG	0.45 -0.16	22.56 -0.43	0.28 -0.42	22.69 -0.1	62.38 -0.07	3.63 -0.28	35.03 -0.29	1124.73 -0.06	1.02 -0.82	1.58 -0.92	0.14 -0.77	27.74 -0.65	179.33 -0.14	0.02 -0.02	37.61 -0.86	39.51 -0.21	103.96 -0.18
Tobin Q	0.2 (0.00)**	47.45 (0.04)*	7.33 (0.00)*	56 -0.02	3.13 -0.78	46.44 0	72.83 0	3.69 -0.96	23.74 0	119.24 (0.00)**	15.62 -0.12	33.95 (0.15)*	47.9 -0.14	25.92 -0.23	64.2 -0.25	21.72 -0.36	145.66 0
FS	5.25 -0.02	0.21 -0.85	0.1 -0.27	0.48 -0.49	0.19 -0.8	1.6 -0.06	0.4 -0.1	37.01 0	1.32 -0.17	9.42 -0.39	0.12 -0.59	3.57 -0.27	7.36 -0.35	9.84 -0.12	6.25 -0.74	0.02 -0.99	1.17 -0.9
CS	0.35 -0.68	0.05 -0.67	0.06 -0.48	0.35 -0.52	0.03 -0.84	0.24 -0.62	0.04 -0.91	4.18 -0.31	0.32 -0.32	0.46 -0.64	0.08 -0.69	0.62 -0.55	2.04 -0.65	0.99 -0.48	1.53 -0.81	1.81 -0.15	2.43 -0.06
ROE	0.62 (0.00)**	1.04 (0.01)*	0.03 (0.03)*	0.06 -0.3	1.8 0	0.37 -0.02	1.4 (0.00)*	2.35 -0.11	0.45 (0.00)*	1.36 -0.1	0.04 -0.41	0.67 -0.06	0.85 -0.24	0.67 0	2.88 -0.52	1.46 -0.08	0.52 -0.47
AC	6.87 -0.22	3.85 -0.61	0.4 -0.56	23.8 -0.19	6.07 0	0.26 -0.38	44.26 -0.03	22.84 -0.43	12.78 (0.00)*	0.12 (0.65)*	1.72 0	10.77 (0.53)*	1.98 -0.95	7.31 -0.21	48.98 -0.19	57.52 0	10.27 -0.17
GRMS	0.04 -0.51	0.01 -0.96	0.01 -0.74	0.13 -0.22	0.1 -0.18	0.04 -0.51	0.1 -0.31	0.36 -0.29	0.17 (0.02)*	0.51 (0.03)*	0.01 -0.81	0.1 (0.58)*	0 -0.99	0.37 -0.16	0.07 -0.88	0.23 -0.24	0.2 -0.19
MI	0.01 -0.87	0.01 -0.95	0.02 -0.21	0.07 -0.57	0.07 -0.32	0 -0.97	0.18 -0.13	0.55 -0.13	0.02 -0.82	0.37 -0.13	0.06 -0.14	0.03 -0.86	0.22 -0.47	0.03 -0.9	0.11 -0.82	0 -0.99	0.06 -0.71
EG	0.02 -0.66	0.19 -0.14	0.05 (0.00)*	0.02 -0.75	0 -0.96	0.03 -0.54	0.01 -0.95	0.27 -0.24	0.05 -0.37	0.56 (0.01)*	0.04 -0.12	0.04 (0.74)*	0.01 -0.98	0.11 -0.41	0 	0.02 -0.93	0.02 -0.87
cons	0.63 -0.63	8.02 -0.01	1.11 0	12.01 0	2.74 -0.12	0.73 -0.16	0.44 -0.86	 0	0.27 -0.48	0.45 -0.85	0.11 -0.91	2.44 -0.22	2.1 -0.42	5.35 -0.2	0 	1.54 0	22.35 0

续表

	A	B	C	D	E	F	G	H	I	J	K	L	M	N	Q	R	S
sigmau	1.01	1.35	0.43	0.82	2.83	0.69	1.57	2.01	3.08	1.28	0.29	0.75	1.48	1.34	0.83	3.67	1.61
sigmae	0.42	1.13	0.68	1.07	0.53	0.65	0.91	0.75	0.74	0.91	0.36	0.9	0.88	0.77	0.66	1.01	0.64
rho	0.85	0.59	0.29	0.37	0.97	0.54	0.75	0.88	0.95	0.67	0.4	0.41	0.74	0.75	0.66	0.93	0.86
F检验显著性	0.01	0.00	0.00	0.01	0.00	0.00	0.00	0.00	0.00	0.03	0.05	0.28	0.26	0.00	0.12	0.00	0.00

注：1. 产业代码分类参考表4-4；2. 括号中为t统计量，*代表显著性$p<0.10$，**代表显著性$p<0.05$，***代表显著性$p<0.01$。

第一，本书将政府补助和产品市场竞争同时纳入到一个模型中进行估计，结果发现在所有产业中，没有一个产业显示二者估计系数同时表现显著，而且只有农林牧渔业、采矿业、制造业、交通运输仓储和邮政业、信息传输软件和信息技术服务业、金融业、水利环境和公共设施管理业中展现了要么政府补助估计系数显著，要么产品市场竞争估计系数显著。

第二，在农林牧渔业中，政府补助估计系数显著为负，这意味着政府对农林牧渔业政府补助力度越强，该产业的投资效率越低。从实际情况看，政府对农林牧渔业给予的政府补助从2008年的2.34亿元提高到2018年的14.05亿元，提高幅度达到499.645%。农林牧渔业产品市场竞争指数从2008年的0.064提高到2018年的0.187，提高幅度为191.836%，该产业产品市场竞争程度下降较为明显，产业集中程度提高，分散化竞争程度下降。同期农林牧渔业所属上市公司投资效率从2008年的0.150%降低到2018年的0.129%，投资效率降幅达到13.914%，政府补助对投资效率的边际效应为每增加一亿元的政府补助，上市公司投资效率降低1.188%。由上可以发现，随着产品市场竞争程度的不断下降，政府补助对农林牧渔业所属上市公司的投资效率负面效果更为显著。与此同时，第一大股东持股比率系数显著为正，显示该产业股权越集中越有助于公司绩效的提升。股权性质估计系数显著为负，验证了政府补助对国有控股和非国有控股上市公司影响不一致，或者说，占农林牧渔业所有上市公司中大约占43%的国有控股企业在政府补助不断提高的情况下投资效率却不断下降。流通股比例估计系数显著为负，说明该产业流通股股东更注重短期利益而非公司的长期发展，很难实现对上市公司的市场监督作用，且严重阻碍公司的正常运营，影响公司投资效率的提升。净资产收益率估计系数显著为正，验证了投资项目的盈利能力对决定投资项目的影响力显著超过大多数控制变量，能够指导投资项目的投资方向。

第三，在采矿业中，产品市场竞争估计系数显著为正，这意味着产品市场竞争指数越大，产品市场竞争越弱，采矿业的投资效率反而越高,这与产品市场竞争越高,投资效率越高的原假设相反。从实际情况看,采矿业产品市场竞争指数从 2008 年的 0.364 下降到 2018 年的 0.310,降低幅度达到 15.023%,产品市场竞争强度提高 15.023%,市场集中度逐渐降低。而对于采矿业而言,产业和市场集中度越高,说明市场中大型企业的份额越高、规模越大、对于市场的支配力和领导力越强,才有可能使矿产的开采更加标准化,有助于提高投资效率。采矿业政府补助从 2008 年的 678.41 亿元下降到 2018 年的 178.36 亿元,降幅达 73.708%。同期,采矿业所属上市公司投资效率却从 2008 年的 0.249% 降低到 2018 年的 0.056%,投资效率降幅达到 77.665%。由上可以发现,随着产品市场竞争程度的提高,政府补助对采矿业所属上市公司的投资效率不显著,产品市场竞争对政府补助可能存在替代效应。与此同时,独立董事比例、短期负债比率、现金持有比例、托宾 Q 值、净资产收益率估计系数显著为正。其中独立董事比例估计系数显著为正说明外部独立董事发挥了其对采矿业上市公司治理的监督作用。

第四,在制造业中,产品市场竞争估计系数显著为负,这意味着产品市场竞争强度的提高推动了制造业上市公司的投资效率。从实际情况来看,制造业产品市场竞争指数从 2008 年的 0.009 下降到 2018 年的 0.008,降低幅度达到 4.541%,产品市场竞争强度提高 4.541%,市场集中度逐渐降低,分散化竞争加剧。政府对制造业补助从 2008 年的 198.8 亿元提高到 2018 年的 901.06 亿元,提高幅度达到 353.252%。同期制造业所属上市公司投资效率却从 2008 年的 0.119% 提高到 2018 年的 0.154%,投资效率提高了 29.094%。由上可以发现,随着产品市场竞争程度的提高,政府补助对制造业所属上市公司的投资效率效应不显著,产品市场竞争对政府补助可能存在替代效应。与此同时,大股东持股比例、股东大会次数、股权性质、现金持有比例、托宾 Q 值、净资产收益率以及经济增长的估计系数均显著为正;短期负债融资比率估计系数显著为负。

第五,在交通运输仓储和邮政业中,政府补助估计系数显著为负，这意味着政府对交通运输仓储和邮政业政府补助力度增强，该产业的投资效率反而会降低。从实际情况看，政府对电力热力燃气及水生产和供应业给予的政府补助从 2008 年的 30.28 亿元提高到 2018 年的 108.98 亿元，提高幅度达到 259.945%。产品市场竞争指数从 2008 年 0.084 降低到 2018 年的 0.053，降低幅度达到 36.405%。同期电力热力燃气及水生产和供应业所属上市公司投资效率从 2008 年的 0.117% 提高到 2018 年的 0.196%，提高幅度达到 67.62%。由上可以发现，随着政府补助的提高，虽然产品市场竞争也在提高，但产品市场竞争对电力热力燃气及水生产和供应业所属上市公司投资效率效应不显著，政府补助对产品市场竞争可能存在替代效应。与此同时，股权性质和净资产收益率估计系数均显著为负，托宾 Q 值和经济增长的估计系数显著为正。

第六，在信息传输软件和信息技术服务业中，政府补助估计系数显著为正，这意味着政府对信息传输软件和信息技术服务业政府补助力度提高，该产业的投资效率会同向提高。从实际情况看，政府对电力热力燃气及水生产和供应业给予的政府补助从 2008 年的 9.88 亿元提高到 2018 年的 63.44 亿元，提高幅度达到 541.88%。产品市场竞争指数从 2008 年的 0.508 降低到 2018 年的 0.154，降低幅度达到 69.632%。同期农林牧渔业所属上市公司投资效率从 2008 年的 0.111% 提高到 2018 年的 0.1856%，投资效率增幅达到 66.918%，由上可以发现，随着政府补助的提高，虽然产品市场竞争也在提高，但产品市场竞争对电力热力燃气及水生产和供应业所属上市公司投资效率效应不显著，政府补助对产品市场竞争可能存在替代效应。与此同时，第一大股东持股比率系数显著为正，融资约束、代理成本、货币增长率估计系数显著为负，托宾 Q 值和权益报酬率估计系数显著为正。

第七，在金融产业中，政府补助估计系数显著为正，这意味着政府补助提高，金融业的投资效率提高。从实际情况看，金融业产品市场竞争指数从 2008 年的 0.086 提高到 2018 年的 0.196，提高幅度达到 128.037%，产品市场竞争强度降低了 128.037%，政府对金融业给予的政府补助从 2008 年的 3.67 亿元提高到 2018 年的 89.30 亿元，提高幅度达到 2331.142%。同期投资效率从 2008 年的 -0.07% 提高到 2018 年的 0.063%，提高幅度为 190.349%。由上可以发现，随着产品市场竞争强度的下降，市场集中度不断提高，政府补助对金融业所属上市公司投资效率效应越发显著，政府补助对产品市场竞争存在替代效应。与此同时，股东大会次数、短期负债融资比例、货币供给增长率、经济增长、融资约束、代理成本估计系数显著为负，托宾 Q 值估计系数显著为正。

第八，在租赁和商务服务业中，政府补助估计系数显著为负，这意味着政府补助提高会引发该产业投资效率下降。从实际情况来看，租赁和商务服务业政府补助从 2008 年的 0.25 亿元提高到 2018 年的 5.94 亿元，提高幅度达到 2272.250%。产品市场竞争指数从 2008 年的 0.122 下降到 2018 年的 0.063，降低幅度达到 48.160%。同期投资效率从 2008 年的 0.089% 提高到 2018 年的 0.247%，提高幅度为 177.703%。显而易见，政府补助提升的幅度远高于投资效率提高的幅度，政府补助对投资效率提升的作用渐趋下降。虽然该产业产品市场竞争与投资效率关系不显著，但随着市场竞争的不断提高，市场竞争对政府补助可能存在替代效应。

与此同时，股东大会次数、短期负债比例、货币供给增长率、经济增长估计系数显著为负，融资约束、代理成本估计系数显著为负，托宾 Q 值估计系数显著为正。

第四节 稳健性检验

为确保本章实证结果的可靠性，通过按照不同区域分组的方式进行检验，重新估计政府补助和产品市场竞争对投资效率的影响，对本章结论进行稳健性检验。表 6-6 检验结果显示所有检验结果的伴随概率均显著小于 5%，选用固定效应模型形式。表 6-7 报告了以政府补助为主要解释变量的各地区投资效率回归估计结果。限于篇幅，本书仅对通过10%水平下显著性检验的变量予以分析。结果显示八大经济区域中，只有东北综合经济区、东部沿海经济区和大西北经济区的政府补助系数显著性水平低于10%，只有这三个地区的政府补助对所属区域上市公司的投资效率产生影响。

表6-6　　　　　　　　面板模型形式检验

Hausman 检验	东北综合	北部沿海	东部沿海	南部沿海	黄河中游	长江中游	西南	大西北
χ^2	30.880	72.270	122.750	65.450	67.270	53.230	50.870	50.540
伴随概率	0.020	0.000	0.000	0.000	0.000	0.000	0.000	0.000

表6-7　　　政府补助和产品市场竞争对投资效率的影响

	东北综合	北部沿海	东部沿海	南部沿海	黄河中游	长江中游	西南	大西北
GS	-0.21 (0.04)**	-0.07 (0.02)**	0.01 (0.82)	-0.07 (0.41)	-0.19 (0.41)	-0.14 (0.21)	0.29 (0.14)	-0.46 (0.09)***
HHI	0.47 (0.01)***	-0.03 (0.69)	-0.02 (0.08)**	-0.06 (0.34)	-0.26 (0.24)	0.12 (0.52)	-0.04 (0.80)	-0.32 (0.22)
FH	0.12 (0.25)	0.02 (0.66)	0.10 (0.02)***	0.20 (0.00)	0.24 (0.01)	0.13 (0.04)	0.05 (0.61)	0.05 (0.61)
SMT	0.01 (0.80)	0.06 (0.00)**	0.01 (0.59)	0.05 (0.02)	-0.02 (0.58)	0.03 (0.40)	-0.04 (0.41)	0.06 (0.26)
INDR	0.05 (0.35)	0.02 (0.41)	-0.01 (0.84)	-0.03 (0.31)	0.00 (0.94)	-0.02 (0.67)	0.03 (0.58)	-0.09 (0.15)
SOS	-0.11 (0.32)	-0.02 (0.69)	0.06 (0.16)	-0.06 (0.30)	0.03 (0.73)	-0.07 (0.34)	0.06 (0.52)	-0.36 (0.01)**
NOE	0.33 (0.00)**	0.23 (0.00)*	-0.01 (0.92)	0.46 (0.00)	-0.15 (0.16)	-0.01 (0.89)	-0.19 (0.13)	-0.03 (0.88)
FC	-0.05 (0.69)**	-0.07 (0.01)**	0.10 (0.27)	-0.46 (0.00)	0.12 (0.09)	0.12 (0.14)	0.06 (0.01)	0.02 (0.35)
STD	-0.09 (0.10)**	0.01 (0.67)	-0.02 (0.48)	0.03 (0.28)	0.17 (0.00)	-0.03 (0.49)	0.04 (0.48)	-0.23 (0.00)**

第六章
政府补助与产品市场竞争对上市公司投资效率研究

续表

	东北综合	北部沿海	东部沿海	南部沿海	黄河中游	长江中游	西南	大西北
CH	406.81 (0.02)**	4.30 (0.74)	143.26 (0.00)	50.65 (0.24)	306.47 (0.00)	400.63 (0.00)	0.08 (0.00)	964.21 (0.00)**
RG	3.15 (0.28)	-7.48 (0.54)	-0.13 (0.89)	-0.03 (0.95)	0.03 (0.00)	-0.20 (0.65)	22.36 (0.19)	-9.81 (0.50)
Tobin Q	6.59 (0.49)	10.76 (0.01)**	27.24 (0.01)**	5.94 (0.01)	20.08 (0.01)	14.06 (0.00)	37.55 (0.01)	68.22 (0.01)**
FS	0.16 (0.84)	-0.09 (0.33)	0.26 (0.10)	-0.72 (0.15)	1.07 (0.12)	-0.94 (0.05)	-0.13 (0.89)	0.64 (0.35)
CS	-0.01 (0.97)	-0.06 (0.24)	-0.20 (0.14)	0.05 (0.76)	0.24 (0.44)	0.01 (0.98)	-0.96 (0.01)	-2.17 (0.01)
ROE	0.10 (0.51)	0.01 (0.35)	0.34 (0.00)*	0.03 (0.56)	-0.03 (0.48)	-0.63 (0.00)	-0.07 (0.03)	0.21 (0.01)
AC	-1.48 (0.59)	-1.17 (0.62)	1.03 (0.18)	-0.27 (0.06)	-0.16 (0.88)	-1.61 (0.23)	-4.27 (0.19)	-8.87 (0.14)
GRMS	0.11 (0.09)	0.03 (0.28)	-0.06 (0.01)**	0.00 (0.99)	-0.11 (0.14)	-0.08 (0.13)	-0.07 (0.26)	-0.06 (0.52)
MI	-0.09 (0.22)	0.01 (0.86)	-0.06 (0.04)**	-0.04 (0.34)	0.15 (0.06)	0.03 (0.70)	0.08 (0.27)	0.06 (0.47)
EG	0.02 (0.49)	0.05 (0.06)**	0.01 (0.45)	0.02 (0.51)	-0.01 (0.75)	0.01 (0.78)	0.05 (0.33)	0.02 (0.67)
cons	2.91 (0.02)	-0.01 (0.94)	1.11 (0.00)	0.16 (0.59)	2.22 (0.01)	2.82 (0.01)	0.12 (0.48)	7.01 (0.01)
sigmau	0.78	0.52	0.54	0.90	0.92	0.54	2.64	1.12
sigmae	0.73	0.65	0.67	0.69	0.85	0.79	0.96	0.93
rho	0.54	0.39	0.40	0.63	0.54	0.32	0.88	0.59
F检验显著性	0.03	0.00	0.00	0.00	0.00	0.00	0.00	0.00

注：括号中为t统计量，*表示显著性 $p<0.10$，**表示显著性 $p<0.05$，***表示显著性 $p<0.01$。

第一，在东北综合经济区，政府补助估计系数显著为负，产品市场竞争指数显著为正。从实际情况来看，政府对东北综合经济区的政府补助从 2008 年的 13.494 亿元提高到 2018 年的 68.61 亿元，提高幅度达到 408.40%；产品市场竞争指数从 2008 年的 0.084 下降到 2018 年的 0.044，降幅达到 47.398%；同期，东北综合经济区投资效率从 2008 年的 0.063% 提高到 2018 年的 0.111%，投资效率提高了 75.198%。由以上分析可以发现，即便东北综合经济区产品市场竞争程度在加强，但随着东北综合经济区政府补助的持续提高，产品市场竞争对东北综合经济区投资效率的影响在削弱，效应表现并不显著，政府补助对产品市场竞争可能存在替代效应。此外，政府补助提高的幅度远大于投资效率提高的幅度，这意味着政府补助边际效应较低，政府过度干预市场不利于市场机制的有效发挥，并且让市场主体产生发展的惰性。与此同时，股权性质、现金持有比例、货币供给增长率估计系数显著为正，短期负债比例估计系数显著为负。

第二，在北部沿海经济区，政府补助估计系数显著为负，产品市场竞争估计系数为负，但不显著。从实际情况来看，北部沿海经济区的政府补助从 2008 年的 750.528 亿元降低到 2018 年的 556.492 亿元，降低幅度为 25.853%；产品市场竞争指数从 2008 年的 0.147 下降到 2018 年的 0.074，降幅达到 49.591%；同期，北部沿海经济区投资效率从 2008 年的 0.091% 提高到 2018 年的 0.128%，投资效率提高了 40.826%。由以上分析可以发现，北部沿海经济区政府补助的降低，政府对市场的干预减少，有助于该地区投资效率的提高，该地区市场竞争程度在加强，但对经济区投资效率的影响并不显著，可能的原因是政府干预向市场机制主动发挥作用是一个过程，不可能一蹴而就，市场竞争对政府补助存在一定的替代作用。与此同时，股东大会次数、股权性质、托宾 Q 值、经济增长的估计系数显著为正，融资约束估计系数显著为负。

第三，东部沿海经济区产品市场竞争估计系数显著为负，政府补助估计系数为正但不显著。从实际情况来看，东部沿海经济区的产品市场竞争指数从 2008 年的 0.092 下降到 2018 年的 0.047，降幅达到

49.428%；政府补助从 2008 年的 95.877 亿元提高到 2018 年的 372.550 亿元，提高幅度达到 459.54%；同期，东部沿海经济区投资效率从 2008 年的 0.071% 提高到 2018 年的 0.172%，投资效率提高了 144.310%。由上分析可以发现，即便东部沿海经济区政府补助在持续提高，但随着东部沿海经济区产品市场竞争的持续提高，市场机制正在发挥越来越大的作用，政府补助对经济区投资效率的影响在削弱，效应表现并不显著，产品市场竞争对政府补助可能存在替代效应。与此同时，第一大股东持股比例、现金持有比例、托宾 Q 值、净资产报酬率估计系数显著为正，货币供给增长率和市场指数估计系数显著为负。

第四，大西北经济区政府补助估计系数显著为负，产品市场竞争估计系数为负，但不显著。从实际情况看，政府对大西北经济区的政府补助从 2008 年的 11.634 亿元提高到 2018 年的 40.99 亿元，提高幅度达到 559.56%；产品市场竞争指数从 2008 年的 0.093 下降到 2018 年的 0.073，降幅达到 21.057%；同期，投资效率从 2008 年的 0.100% 提高到 2018 年的 0.156%，投资效率提高了 56.151%。由上分析可以发现：大西北经济区政府补助虽然在持续提高，但并未对投资效率的提高产生积极影响，反而是阻碍投资效率的提高，市场竞争程度在加强，对经济区投资效率的影响虽不显著，但却呈现出积极影响，市场竞争对政府补助存在一定的替代作用。与此同时，监事会规模和短期负债比例估计系数显著为负，现金持有量、托宾 Q 值和净资产收益率估计系数显著为正。综上分析显示，政府补助在中国各地区仍然在不同程度发挥作用，但随着市场竞争的不断强化，市场竞争存在替代政府补助推进投资效率的可能，这在一定程度上也印证了基于产业分类的估计结果。

第七章 研究结论与政策建议

第一节 主要研究结论

本书通过对企业投资效率测度、投资效率相关影响因素的相关国内外文献进行梳理和总结，厘清企业投资效率的研究方法，比较不同研究方法的优势和不足，对企业投资效率的相关影响因素进行梳理和整理，重点理出两个重要影响因素，即政府补助和产品市场竞争，进一步梳理政府补助的存在动机、影响因素、效果效应等相关文献，并进行政府补助对企业投资效率影响的研究。同时，总结和梳理市场竞争程度差异对不同行业、地区分布的企业投资效率影响等方面相关文献，分析市场竞争对企业投资效率影响的研究。本书基于空间和产业双维度围绕微观企业的投资效率问题在三个层面展开分析：一是政府补助是否影响企业的投资效率？二是市场竞争是否会对企业的投资效率产生影响，如果有，将产生什么样的影响？市场竞争程度的不同是否会影响政府补助的政策效果？三是如果政府补助、市场竞争程度都会影响企业投资效率，政府应该如何处理政府与市场的关系，在有效利用市场竞争刺激作用的同时，如何把有限的政府补助效用发挥到极致，本书得出的主要研究结论如下：

第七章 研究结论与政策建议

一 政府补助和产品市场竞争空间区域分布差异特征明显

从空间区域维度看,东部沿海经济区、南部沿海经济区、北部沿海经济区、长江中游经济区四大区域的上市企业数量比重为78.20%,显著超过其他四个地区,空间分布显著不均衡;而且,北部沿海经济区、长江中游经济区、南部沿海经济区和东部沿海经济区这四大区域上市企业累计获得的政府补助占当年政府补助平均总额度的63.14%,从获取政府补助区域分布来看,我国政府补助明显集中于经济发达地区。对八大空间区域维度看,产品市场竞争均值按降序排列依次为南部沿海经济区、黄河中游经济区、北部沿海经济区、东部沿海经济区、大西北经济区、西南经济区、东北综合经济区、长江中游经济区;产品市场竞争指数越大,产品市场竞争越弱,产品市场竞争最激烈区域是长江中游经济区,其他经济区表现则相对均衡;各经济区产品市场竞争均不同程度提高,这意味着我国区域市场一体化程度不断提高,市场分割程度渐趋下降,详见表7-1:

表7-1 政府补助、市场竞争对企业投资效率影响区域差异

区域分类	政府补助影响投资效率	产品市场竞争影响投资效率	把二者纳入同一模型 政府补助	把二者纳入同一模型 产品市场竞争
东北综合	负相关	正相关	负相关	正相关
北部沿海	正相关	正相关	负相关	负相关
东部沿海	正相关	正相关	正相关	负相关
南部沿海	负相关	负相关	负相关	负相关
黄河中游	负相关	负相关	负相关	负相关
长江中游	负相关	负相关	负相关	正相关
西南区	正相关	负相关	正相关	负相关
大西北	负相关	负相关	负相关	负相关

把政府补助、产品市场竞争纳入同一区域考虑,发现政府补助与产品市场竞争在各区域表现特征各异、程度不同:①东北综合经济区政府补助估计系数显著为负,产品市场竞争指数显著为正。尽管东北

综合经济区产品市场竞争程度在加强，但随着东北综合经济区政府补助的持续提高，产品市场竞争对东北综合经济区投资效率的影响在削弱，效应表现并不显著，政府补助对产品市场竞争可能存在替代效应。此外，政府补助提高的幅度远大于投资效率提高的幅度，这意味着政府补助边际效应较低，政府过度干预市场不利于市场机制的有效发挥，并且让市场主体产生发展的惰性。②北部沿海经济区政府补助估计系数显著为负，产品市场竞争估计系数为负，但不显著。北部沿海经济区政府补助的降低，政府对市场的干预减少，有助于该地区投资效率的提高，该地区市场竞争程度在加强，但对经济区投资效率的影响并不显著，可能的原因是从政府干预向市场机制主动发挥作用是一个过程，不可能一蹴而就，市场竞争对政府补助存在一定的替代作用。③东部沿海经济区产品市场竞争估计系数显著为负，政府补助估计系数为正但不显著。东部沿海经济区政府补助在持续提高，但随着东部沿海经济区产品市场竞争的持续提高，市场机制正在发挥着越来越大的作用，政府补助对经济区投资效率的影响在削弱，效应表现并不显著，产品市场竞争对政府补助可能存在替代效应。④大西北经济区政府补助估计系数显著为负，产品市场竞争估计系数为负，但不显著。大西北经济区政府补助虽然在持续提高，但并未对投资效率的提高产生积极影响，反而是阻碍投资效率的提高，市场竞争程度在加强，对经济区投资效率的影响虽不显著，但却呈现出积极影响，市场竞争对政府补助存在一定的替代作用。综上分析显示，政府补助在中国各地区仍然在不同程度地发挥作用，但随着市场竞争的不断强化，市场竞争存在替代政府补助推进投资效率的可能，这在一定程度上也印证了基于产业分类的估计结果。

二 政府补助和产品市场竞争在产业间波动变化

从产业维度，政府补助在产业间的分布较为集中，对2008—2018年获取政府补助的产业平均值所占权重按降序排列前五名为制造业、采矿业、交通运输仓储和邮政业、电力热力燃气及水生产和供应业、建筑业，上述五个产业涵盖的上市公司数量达到2441家，占总样本比重为73.77%，其中制造业上市公司数量最多，达到2070家，占比为62.56%。具体为：①2009年制造业取代采矿业成为政府补助首选产业，国家经济由虚转实的关键在于制造业是否强大，我国是制造业大国而非制造业强国，加大对制造业的政府补助可以发挥信号作用，引导社会资本关注重视制造业。②金融业替代房地产业成为第五大政府补助对象，房地产业和金融业在政府补助结构中所呈现的此消彼长，反映了金融产业重要性程度在提高，但房地产业获取政府补助的权重并没有下降反而提高，也预示我国房地产业在国民经济发展中仍然发挥着重要作用。③电力热力燃气及水生产和供应业、交通运输仓储和邮政业两个产业在历年的政府补助中所占权重稳定，根本原因在于这两个产业具有公众服务性质，要承担公共产品和服务的重要职能，政府需要给予一定的政策倾斜。④政府补助多寡能够反映对该领域的重视程度，政府补助发挥的作用不仅仅是资金的支持，还要发挥其"指挥棒"的功能，发挥其示范作用。对制造业等产业的大力扶持固然必要，但是否真的能达到预期，即让中国制造业由大变强的长期目标，尚未可知。此外，科学研究和技术服务业接受到政府补助的比重显著靠后，这反映了我国一直以来对科技创新缺乏足够的重视详见表7-2。

表7-2　政府补助、市场竞争对企业投资效率影响产业差异

行业分类	政府补助影响投资效率	产品市场竞争影响投资效率	把二者纳入同一模型 政府补助	把二者纳入同一模型 产品市场竞争
农林牧渔业	负相关	正相关	负相关	正相关
采矿业	正相关	正相关	正相关	正相关
制造业	负相关	负相关	正相关	正相关
电力热力燃气及水生产和供应业	正相关	负相关	正相关	正相关
建筑业	负相关	正相关	正相关	正相关
批发和零售业	负相关	正相关	正相关	正相关

续表

行业分类	政府补助影响投资效率	产品市场竞争影响投资效率	把二者纳入同一模型 政府补助	把二者纳入同一模型 产品市场竞争
交通运输仓储和邮政业	正相关	负相关	负相关	正相关
住宿和餐饮业	负相关	正相关	负相关	正相关
信息传输软件和信息技术服务业	正相关	负相关	正相关	正相关
金融业	负相关	负相关	正相关	正相关
房地产业	负相关	负相关	正相关	正相关
租赁和商务服务业	负相关	正相关	负相关	正相关
科学研究和技术服务业	正相关	正相关	正相关	正相关
水利环境和公共设施管理业	负相关	正相关	正相关	正相关
卫生和社会工作业	负相关	负相关	正相关	正相关
文体体育和娱乐业	正相关	负相关	正相关	正相关
综合	负相关	正相关	正相关	正相关

从产业维度来看，我国市场企业数量越来越多，产品集中化程度越来越弱，产品竞争程度不断加强。采矿业、信息传输软件和信息技术服务业、租赁和商务服务业以及教育产业的市场竞争程度不断加强，但其产品市场竞争程度一直低于全国平均水平。产品市场竞争在产业间变动显著。对比2008年和2018年位居产品市场竞争前五名的产业发现：①仅有农林牧渔业、住宿和餐饮业、金融业、房地产业和综合五个产业的产品市场竞争程度出现下降。②制造业产品市场竞争强度始终位居首位，制造业呈现出显著的分散化竞争态势。③房地产业产品市场竞争程度出现下降，房地产业在经历了早期分散、无序的

第七章
研究结论与政策建议

竞争阶段后,开始加速整合,行业集中度不断提高。④交通运输仓储和邮政业、文化体育和娱乐业的产品市场竞争程度显著提高,从之前的五名之外跃升为前五名之内。电力热力燃气及水生产和供应业市场竞争程度持续提高,并且稳定处于前五名之内,一个可能的原因是新电改的实施和应用,其市场竞争力也在不断加强。

针对政府补助和产品市场竞争对上市公司投资效率的影响,结果未发现政府补助和产品市场竞争估计系数在同一产业中同时表现显著。具体而言:①农林牧渔业政府补助与投资效率呈现负相关关系,政府对农林牧渔业补助力度越强,产业投资效率越低。农林牧渔业产品市场竞争程度下降较为明显,产业集中程度提高,分散化竞争程度下降。随着产品市场竞争程度的不断下降,政府补助对农林牧渔业投资效率的负面效果更为显著。②采矿业产品市场竞争与投资效率呈正相关关系,产品市场竞争越强,采矿业的投资效率越高。对于采矿业而言,产业和市场集中度越高,说明市场中大型企业的份额越高、规模越大、对于市场的支配力和领导力越强,才有可能使矿产的开采更加标准化,有助于提高投资效率。由上可以发现,随着产品市场竞争程度的提高,政府补助对采矿业所属上市公司的投资效率不显著,产品市场竞争对政府补助可能存在替代效应。③制造业产品市场竞争与投资效率呈负相关关系,产品市场竞争强度提高推动了制造业投资效率改善,随着产品市场竞争程度的提高,政府补助对制造业投资效率效应不显著,产品市场竞争对政府补助可能存在替代效应。④交通运输仓储和邮政业政府补助与投资效率呈正相关关系,政府补助力度增强,随着政府补助的提高,虽然产品市场竞争也在提高,但产品市场竞争对交通运输仓储和邮政业所属上市公司投资效率效应不显著,政府补助对产品市场竞争存在替代效应。⑤信息传输软件和信息技术服务业政府补助与投资效率呈正相关关系,政府补助力度提高,产业投资效率会同向提高。随着政府补助的提高,虽然产品市场竞争也在提高,但产品市场竞争对信息传输软件和信息技术服务业所属上市公司投资效率效应不显著,政府补助对产品市场竞争可能存在替代效应。

⑥金融产业政府补助与投资效率呈负相关关系，政府补助越高，金融业的投资效率越低。随着产品市场竞争强度的下降，市场集中度不断提高，政府补助对金融业所属上市公司投资效率效应显著，政府补助对产品市场竞争存在替代效应。⑦租赁和商务服务业政府补助与投资效率呈负相关关系，政府补助提高会引发该产业投资效率下降。政府补助提升的幅度远高于投资效率提高的幅度，政府补助对投资效率提升的作用渐趋下降。虽然该产业产品市场竞争与投资效率关系不显著，但随着市场竞争的不断提高，市场竞争对政府补助可能存在替代效应。

三 公司治理能力类控制变量影响程度各异

公司投资效率与企业的长远发展有关，较高的公司治理水平能有效地提高公司投资效率，公司治理对企业的投资决策有着直接的影响。本书发现上市公司第一大股东持股比例与投资效率之间呈显著的正相关关系，说明第一大股东持股比例越高，上市公司投资效率越高，印证了大股东的存在有助于对公司管理层和治理层形成有效监管，有利于企业价值提升的观点。外部独立董事比例与上市公司投资效率显著不相关，说明外部独立董事在改善上市公司投资效率方面未发挥作用，可能的原因是针对内部董事利用对信息的独占权牟利，独立董事未有效采取措施推动管理层和治理层共享内部信息。监事规模与上市公司投资效率显著负相关，与已有理论认知恰好相反，可能的原因是企业监事会未能发挥其监督制衡与提供参与机制双重职能，从而未能有效防范和检查企业管理层和治理层是否存在侵害公司和股东利益的行为，进而推动公司健康稳定发展。上市股权性质与投资效率之间呈显著的正相关关系，说明股权性质能够对投资效率产生影响，已有研究显示国有控股企业投资效率显著低于非国有控股企业，但针对不同产业和不同区域差异较大，如占农林牧渔业所有上市公司中大约43%的国有控股企业在政府补助不断提高的情况下投资效率却不断下降。

第七章 研究结论与政策建议

四 投融资状况类控制变量影响程度各异

完备的资本市场融资与投资决策完全分离，但由于信息不对称、代理冲突、税收等不完备因素的存在，企业的融资状况会对投资决策产生重要影响，使其出现投资不足或过度投资的非效率行为。本书发现融资约束与投资效率之间呈显著的负相关关系，说明中国上市公司融资约束会影响企业最优投资水平，融资约束越强投资效率越低。现金持有量与上市公司投资效率不存在相关关系，换言之，中国上市公司投资效率高低与现金持有量不具有明显的相关关系。营业收入增长率与上市公司投资效率存在显著的相关关系，说明上市公司成长机会较多时能够带来更多的新增投资项目，创造更多的投资机会；反之，当上市公司前景堪忧之时，新增项目投资的机会减少，投资效率也会随之而降低。托宾Q值与上市公司投资效率显著不相关，托宾Q理论的主导思想是基于企业市场价值与资产重置价值来分析公司的投资行为，上述结果显示中国上市公司投资过程对企业市场价值与资产重置价值关注度明显不够，一定程度上反映了中国上市公司投资决策的科学性与合理性值得商榷。

五 财务治理能力类控制变量影响程度不一致

良好的公司财务治理能够约束经营者的财务行为，在一定程度上修正经营者利益与股东利益不一致的问题，使企业的投资决策更注重股东及企业利益，从而抑制企业的非效率投资行为。本书发现公司规模与上市公司投资效率呈显著的正相关关系，说明上市公司的规模越大，那么该上市公司融资能力就会越强，掌握的资源也更为丰富，进而能够很好地把握投资机会；反之，规模较小的上市公司所能掌控的资源则相对较少，投资的渠道和范围也必然受到约束。净资产收益率与上市公司投资效率呈现显著的正相关关系，说明盈利能力是决定上市公司投资项目支出的关键影响因素。代理成本与上市公司投资效率显著不相关，说明中国上市公司管理层和治理层的利益与上市公司并未实现捆绑，或者说，中国上市公司在管理层和治理层奖励激励机制制度设计上存在不足，这种不足反而使上市公司管理层和治理层没有因为代理成本问题引发投资效率不足或者过度。

六 宏观环境类控制变量影响程度不一致

我国市场经济体系尚有较大的改进空间，地方保护主义仍然存在，这使外部宏观制度因素对微观企业投资效率的影响渐趋由之前的次要矛盾上升为主要矛盾。研究发现货币供应量与上市公司投资效率呈现显著负相关关系，理论上，宽松的宏观货币政策可以为企业提供较佳的外部融资环境支持，有利于企业取得更广泛的外部融资，有助于企业从更多更好的投资机会中取得进一步的成长，提高企业的投资效率，但本书检验结果与理论认知相反，其原因可能是宽松的货币环境也容易引发上市公司非科学、非合理化的投资决策，引发投资效率降低。市场化指数与上市公司投资效率呈显著负相关，市场化指数是一个逆向指标，指数越大，市场化水平越低，市场化程度下降必然意味着政府对经济的干预加大，依赖关系进行资源配置的可能性也在加大，这不利于投资效率的普遍提高。经济增长与上市公司投资效率呈显著负相关关系，说明经济繁荣时期，上市公司可能会出现投资过度，进而引发投资效率下降，反之，当经济处于衰退时期，上市公司投资会更加谨慎，反而导致投资效率提高。

第二节 政策建议

政府、市场与企业的关系一直是学术研究关注的热点之一，本书的研究发现有助于深入理解政府干预以及市场机制作用下企业投资效率的影响路径及经济后果。本书研究结论对于我国如何利用政府有形之手与市场无形之手推动企业投资效率提高，促进经济增长质量具有一定的参考意义。根据研究结论，政府补助能够促进不同区域和不同产业下企业投资效率的提高，但是对不同产品市场化程度的区域和产业分组考察发现，产品市场化程度低的地区，政府补助对企业投资效率的促进作用更加显著，而在产品市场化程度高的地区，政府补助反

第七章 研究结论与政策建议

而不利于企业投资效率的提高。据此,本书从政府和企业两个维度提出政策建议。

一 基于政府管理层面的政策建议

第一,健全和完善政府补助流程规范化管理。政府补助是区域财政支出中的关键项目,涉及金额普遍较大,范围较广泛,这使政府补助在实际发放过程中,部分政府机构或人员出于利益动机,对存在利益关系的企业过度补助,或者出于考核目的,对亏损企业进行超额补贴,政府补助资金流向和对象不符合政策要求,不合规政府补助现象导致财政补助支出金额日渐扩大,但企业投资效率提高有限,甚至出现下降的局面。不仅如此,违规补贴对公平竞争的市场环境造成破坏,导致要素资源配置效率低下。因此,地方政府应该对政府补助实行严格化、透明化、规范化管理,出台相关法律法规,确保从补助标准、申请流程到补助金额、补助资金使用明细一系列环节的透明化,减少信息不对称的消极影响和政府官员对财政补助的人为干预,最终使政府补助机制更加完善、合理。

第二,推行差异化政府补助政策。根据研究结果,在我国产品市场化程度较低的区域和产业,政府补助对企业投资效率发挥的作用更为明显,然而在产品市场化程度较高的区域和产业,政府补助对企业投资效率的促进作用并不明显,甚至阻碍投资效率的提高。这就迫使地方政府在对企业进行补贴时,有必要考虑区域和产业的市场竞争情况,在产品市场化程度较为落后的产业和地区,可以提高企业的政府补助,充分发挥政府补助对企业投资效率的促进作用。但在区域和产业市场化程度较高的产业和地区,产品市场竞争机制较为完善,市场优胜劣汰下保留更多的是竞争力较强的企业,政府应当尽可能降低市场干预,减少政府补贴的额度。

第三,营造良好的外部市场制度环境。传统的计划经济管理模式和地方保护主义一直以来制约和阻碍中国市场化进程的推进,制度环境是企业,尤其是民营企业生存的关键,也必然会对企业经营决策和投资决策产生重大影响,必然会影响企业长期战略的制定。尽管我国政府一直在努力推进市场化进程，但仍然不可避免地存在各种问题。加快我国要素和产品市场化进程，提高要素和产品市场的资源配置效率，缩小各区域市场化进程差异，深化经济体制改革，完善资本市场的运行机制，这对区域、产业和企业发展具有重要的意义。市场机制的高效运行，需要法律机制的保障，法律制度的完善不仅可以规范企业的行为，保证利益双方交易的公平性，降低非理性投资带来的机会成本；与此同时，还能对政府的行为有效规范，减少地方政府对市场和企业行为的过度干预，从而达到提升企业投资效率的目的。

第四，政府要逐渐从主导型向服务型转变。政府干预就是政府通过制定政策等方式控制资源和技术从而对经济活动进行调控，这会影响市场在资源配置中起作用的程度。一些地区由于政府的简政放权力度不足，地区保护主义影响经济的发展，企业在参与经济活动中也会受到影响。政府对市场干预越多的地区，企业受到的干预也越多，这会增加企业的"寻租"行为，企业更倾向于去构建政治关联来获得政府补贴和融资便利从而来获取超额利润。当政府对经济的干预适当减少，一方面，可以减少企业"寻租"行为，企业会将重点放在生产经营上，这会减少经济资源配置的扭曲和经济资源的浪费，有利于建设更加公平透明的市场环境，有利于企业持续健康发展；另一方面，市场对创新资源的配置效率会提高，有限的资源会更好地投入研究开发活动中去，使创新成果更好地满足消费者的需求，从而推动经济持续健康增长。具体来讲，政府要大力开放市场，要通过市场的手段对经济进行宏观调控，杜绝地方保护主义；要简政放权，给企业自主研发的权利和决定权，促进企业转型升级；要通过多种渠道对企业技术创新进行引导，如政府补贴、税收优惠政策，鼓励企业通过创新来提高核心竞争力，建立一个自由、公平、开放的市场。

第五，政府要关注和培育要素市场的发育。良好的要素市场可以提高资源在市场上的流动，减少资源的浪费，提高资源的利用率。在市场要素发展完善的地区，企业和市场之间的信息传递更加迅速，生产要素自由流动，便于企业及时调整生产经营方向，提高创新效率。

发展良好的要素市场有利于研发资金在企业和市场上的转移，为企业提供充足的资金和优秀的人才，从而激励企业不断进行技术创新。政府要加大要素市场改革的力度，建立健全要素市场，完善企业风险创新体系，从而为研发人员和资金的自由流动提供良好的环境。政府要完善金融市场机制，放开对金融市场的管制，提高金融市场化水平。当金融市场发展水平较高时，企业获得融资的途径会增加，削弱融资约束对研发活动的影响，促进企业进行自主创新。具体地说，要发展债券市场，缩短债券的审批流程，增加企业债务融资方式；还要加快银行体制改革，强化银行内部管理，提高银行的市场化运行效率。

二 基于企业层面的政策建议

第一，企业应该健全内部治理和监督机制。我国上市公司非效率投资行为普遍存在，这对企业长远发展必然产生不利影响。尽管产品市场化竞争加剧有助于降低非效率投资，但若企业能够制定出完善的内部治理机制、规范投资决策程序，健全监督机制，必将从根本上改善企业的投资效率。企业在完善内部治理机制的同时，也有必要强化其监督机制，二者相结合，相辅相成，降低企业由于内部代理问题而导致的非效率投资行为。具体而言，企业在制定投资决策之前，应该客观评价自身资源状况，全面考察外部投资环境、深入分析投资项目的优势与劣势，健全企业的投资决策流程，制定出高效的投资决策。同时监督机制应该更加严格规范，保障监督人员自身权益不被侵害，加强对投资程序的监管和控制，将有利于提高投资效率，进而提升企业绩效水平。

第二，强化企业会计信息披露质量。企业经营管理者往往出于对自身经营业绩的考虑，往往可能存在粉饰报表的行为，不披露错误或者隐瞒财务信息，导致投资者由于不能准确掌握企业内部情况，无法制定出合理的投资决策，从而引发非效率投资。企业应强化信息披露质量，包括深度、广度和流程，尽可能一定程度地降低因内外信息不对称带来的道德风险和逆向选择问题，不断完善内部公司治理机制，充分进行信息交流，提高投资效率，进而提升企业价值。

第三，要注重保护企业创新成果。在法律水平较高的地区，各种保护机制和法律法规可以为企业提供一个良好的创新环境，能很好地解决产权纠纷问题，保护企业的创新成果。在这种氛围下，企业也愿意投入更多的人力、物力和财力进行研发活动，有利于企业的长远发展，从而推动经济的持续健康增长。相反，在法律水平较低的地区，当企业遭受侵权等违法行为时求助无门，创新的成果不能得到很好的保护，企业进行创新投入的资金和心血都付诸东流，这会严重打击企业技术创新的积极性。在我国，对知识产权的保护力度不够，法律上对于侵犯知识产权的行为，没有严格的处罚条例，仅罚款而不做刑事处理。这样的处理一方面没有足够的威慑效果，另一方面罚款的金额也只是侵权获得利润的九牛一毛。加大对知识产权的保护力度，可以为企业提供更多的先进技术力量，有利于发展新技术，还可以对企业创新起到持续性的激励作用。法律制定部门应该根据市场需求对相关的法律法规进行完善，保护企业的切身利益，为企业的技术创新提供一个公平有序的市场环境。

参考文献

[1] 白俊红：《中国的政府 R&D 资助有效吗？——来自大中型工业企业的经验证据》，《经济学（季刊）》2011 年第 4 期。

[2] 白让让：《竞争驱动、政策干预与产能扩张——兼论"潮涌现象"的微观机制》，《经济研究》2016 年第 11 期。

[3] 北京工商大学"会计与投资者保护"项目组：《会计的投资者保护功能及评价》，《会计研究》2014 年第 4 期。

[4] 毕超：《中国能源 CO_2 排放峰值方案及政策建议》，《中国人口·资源与环境》2015 年第 5 期。

[5] 毕清华、范英、蔡圣华等：《基于 CDECGE 模型的中国能源需求情景分析》，《中国人口·资源与环境》2013 年第 1 期。

[6] 步丹璐、狄灵瑜：《治理环境、股权投资与政府补助》，《金融研究》2017 年第 10 期。

[7] 步丹璐、屠长文、石翔燕：《政府竞争、股权投资与政府补助》，《会计研究》2018 年第 4 期。

[8] 蔡吉甫：《会计信息质量与公司投资效率——基于 2006 年会计准则趋同前后深沪两市经验数据的比较研究》，《管理评论》2013 年第 4 期。

[9] 曹崇延、任杰、符永健：《企业生命周期与非效率投资——基于中国制造业上市公司面板数据的实证研究》，《上海经济研究》2013 年第 7 期。

[10] 曹春方、马连福、沈小秀：《财政压力、晋升压力、官员任期与地方国企过度投资》，《经济学（季刊）》2014 年第 4 期。

[11] 曹国昭、齐二石：《竞争博弈下新创企业混合柔性技术战略决策研究》，《管理学报》2015年第1期。

[12] 曹麒麟、余蝉杉、邹易：《创业风险投资效率理论及评价模型》，《统计与决策》2010年第7期。

[13] 曹森：《交叉上市、治理环境与上市公司超额现金价值》，《管理科学》2012年第4期。

[14] 曹亚勇、王建琼、于丽丽：《公司社会责任信息披露与投资效率的实证研究》，《管理世界》2012年第12期。

[15] 曾福生、郭珍、高鸣：《中国农业基础设施投资效率及其收敛性分析——基于资源约束视角下的实证研究》，《管理世界》2014年第8期。

[16] 曾昭灶、李睿娴：《混合所有制改革与技术创新文献综述》，《现代商贸工业》2017年第35期。

[17] 陈彪、单标安：《转型环境下创业战略与新创企业竞争优势关系研究》，《科技进步与对策》2018年第3期。

[18] 陈丰龙、徐康宁：《本土市场规模与中国制造业全要素生产率》，《中国工业经济》2012年第5期。

[19] 陈林、朱卫平：《创新竞争与垄断内生》，《中国工业经济》2011年第6期。

[20] 陈璐、张彩江、贺建风：《政府补助在企业创新过程中能发挥信号传递作用吗？》，《证券市场导报》2019年第8期。

[21] 陈少华、陈娅、陈爱华：《实际控制人，会计稳健性与现金持有边际价值效应》，《当代会计评论》2014年第2期。

[22] 陈诗一：《中国工业分行业统计数据估算：1980—2008》，《经济学（季刊）》2011年第4期。

[23] 陈硕、李涛：《产品市场竞争、地区金融发展与企业创新》，《金融改革》2018年第2期。

[24] 陈维、吴世农、黄飘飘：《政治关联、政府扶持与公司业绩——基于中国上市公司的实证研究》，《经济学家》2015年第9期。

[25] 陈信元、靳庆鲁、肖土盛：《行业竞争、管理层投资决策与公司增长/清算期权价值》，《经济学（季刊）》2014 年第 1 期。

[26] 陈有华、聂普焱、彭璧玉：《债务约束下的企业广告与 R&D 投资研究》，《中国管理科学》2015 年第 12 期。

[27] 陈运森、谢德仁：《网络位置、独立董事治理与投资效率》，《管理世界》2011 年第 7 期。

[28] 程虹、谭琳：《企业家活动配置与僵尸企业——基于"中国企业—劳动力匹配调查"（CEES）的实证研究》，《中南财经政法大学学报》2017 年第 5 期。

[29] 程惠芳、陆嘉俊：《知识资本对工业企业全要素生产率影响的实证分析》，《经济研究》2014 年第 5 期。

[30] 程时雄、柳剑平：《中国节能政策的经济增长效应与最优节能路径选择》，《资源科学》2014 年第 12 期。

[31] 程新生、谭有超、许垒：《公司价值、自愿披露与市场化进程——基于定性信息的披露》，《金融研究》2011 年第 8 期。

[32] 崔刚、宋思淼：《管理者过度自信与现金持有的经济效应——基于产品市场与资本市场双重角度的研究》，《山西财经大学学报》2017 年第 4 期。

[33] 邓川、孙金金：《QFII 持股、产权性质与企业融资约束》，《管理世界》2014 年第 5 期。

[34] 窦欢、曾建光、王鹏：《同业竞争、公司治理与投资效率》，《经济与管理研究》2018 年第 4 期。

[35] 杜瑞、王竹泉、王京：《混合股权，技术创新与企业竞争优势——基于高新技术上市公司的实证研究》，《山西财经大学学报》2016 年第 8 期。

[36] 杜晓晗：《产权性质、债券融资与过度投资——基于中国 A 股上市公司的经验证据》，《经济与管理》2012 年第 8 期。

[37] 杜雪楠、张红、陈培：《旅游上市公司的非效率投资行为研究——基于 Richardson 投资期望模型》，《资源开发与市场》

2015 年第 5 期。

[38] 杜勇、胡海鸥：《商业银行风险承担、融资约束与货币政策信贷渠道》，《投资研究》2016 年第 4 期。

[39] 段云龙、张新启、刘永松等：《创新型企业经营过程战略风险决策研究述评》，《华东经济管理》2017 年第 7 期。

[40] 樊纲、王小鲁：《中国各地区市场化相对进程报告》，《经济研究》2003 年第 3 期。

[41] 冯科、杨威：《并购商誉能提升公司价值吗？——基于会计业绩和市场业绩双重视角的经验证据》，《北京工商大学学报》（社会科学版）2018 年第 3 期。

[42] 冯俏彬、贾康：《"政府价格信号分析"：我国体制性产能的过剩机理》，《财政研究》2014 年第 14 期。

[43] 盖庆恩、朱喜、程明望、史清华：《要素市场扭曲、垄断势力与全要素生产率》，《经济研究》2015 年第 5 期。

[44] 高闯、郭斌、赵晶：《上市公司终极股东双重控制链的生成及其演化机制——基于组织惯例演化视角的分析框架》，《管理世界》2012 年第 11 期。

[45] 高心智：《太原市汽车金融服务业发展存在的问题及对策》，《知识经济》2015 年第 22 期。

[46] 耿慧芳、张杰、杨震宁：《市场环境变迁和政府政策冲击对民营企业创新绩效的影响》，《技术经济》2016 年第 10 期。

[47] 郭净、陈永昶、刘兢轶：《市场—政策双重战略导向均衡对技术创新绩效的影响》，《河北大学学报》（哲学社会科学版）2013 年第 4 期。

[48] 郭莹：《供给侧结构性改革视角下僵尸企业的成因与出清路径》，《现代经济探讨》2016 年第 12 期。

[49] 郭玥：《政府创新补助的信号传递机制与企业创新》，《中国工业经济》2018 年第 9 期。

[50] 国家行政学院经济学教研部课题组：《产能过剩治理研究》，

《经济研究参考》2014年第14期。

[51] 韩洁、田高良、杨宁:《连锁董事与并购目标选择:基于信息传递视角》,《管理科学》2014年第2期。

[52] 韩林静:《异质性产权下管理层权力与资本配置效率》,《软科学》2018年第4期。

[53] 韩林静:《产品市场竞争、管理者权力与投资效率》,《技术经济与管理研究》2018年第5期。

[54] 韩忠雪、周婷婷:《产品市场竞争,融资约束与公司现金持有:基于中国制造业上市公司的实证分析》,《南开管理评论》2011年第4期。

[55] 郝颖、辛清泉、刘星:《地区差异、企业投资与经济增长质量》,《经济研究》2014年第3期。

[56] 何红渠、刘家祯:《产权性质、政府补助与企业盈利能力——基于机械、设备及仪表上市企业的实证检验》,《中南大学学报》(社会科学版)2016年第2期。

[57] 何静:《只有输出(入)的数据包络分析及其应用》,《系统工程学报》1995年第2期。

[58] 何熙琼、尹长萍、毛洪涛:《产业政策对企业投资效率的影响及其作用机制研究——基于银行信贷的中介作用与市场竞争的调节作用》,《南开管理评论》2016年第5期。

[59] 何玉润、林慧婷、王茂林:《产品市场竞争、高管激励与企业创新:基于中国上市公司的经验证据》,《财贸经济》2015年第2期。

[60] 贺小刚、邓浩、吴诗雨等:《赶超压力与公司的败德行为——来自中国上市公司的数据分析》,《管理世界》2015年第9期。

[61] 洪银兴:《准确认识供给侧结构性改革的目标和任务》,《中国工业经济》2016年第6期。

[62] 胡海青、孟凡玲、张琅:《融资约束对科技型中小企业R&D投资效率的影响——来自中小板科技型企业的经验证据》,《科技

管理研究》2016 年第 10 期。

[63] 胡晓静：《德国上市公司中董事会与监事会的共同作用》，《当代法学》2008 年第 3 期。

[64] 胡燕、张新妍、纪若雷：《合并商誉的价值相关性研究——基于 A 股上市公司 2007—2010 年的数据分析》，《北京工商大学学报》（社会科学版）2012 年第 5 期。

[65] 黄继承、姜付秀：《产品市场竞争与资本结构调整速度》，《世界经济》2015 年第 7 期。

[66] 黄健柏、徐震：《有色金属上市企业投资效率及影响因素研究》，《中南大学学报》（社会科学版）2016 年第 5 期。

[67] 黄珺、黄妮：《过度投资、债务结构与治理效应——来自中国房地产上市公司的经验证据》，《会计研究》2012 年第 9 期。

[68] 黄蕾：《基于经理人行为的企业创新激励探讨》，《财会通讯》2011 年第 35 期。

[69] 黄蕾：《股权治理与企业技术创新的实证研究——基于不同产品市场竞争度的视角》，《江西社会科学》2012 年第 2 期。

[70] 黄庆华、陈习定、张芳芳等：《CEO 两职合一对企业技术创新的影响研究》，《科研管理》2017 年第 3 期。

[71] 黄贤环、吴秋生：《上市公司与财务公司关联交易对投资效率影响研究》，《审计与经济研究》2017 年第 1 期。

[72] 黄翔、黄鹏翔：《政府补助企业的主要动机研究——基于我国 A 股上市公司面板数据的实证检验》，《西部论坛》2017 年第 3 期。

[73] 黄新建、张余：《货币政策、企业贷款续新与投资效率》，《审计与经济研究》2016 年第 2 期。

[74] 黄志雄、赵晓亮：《财政分权、政府补助与企业过度投资——基于宏观视角与微观数据的实证分析》，《现代财经》（天津财经大学学报）2015 年第 10 期。

[75] 黄志雄、吴鹏期：《股权激励是否导致了管理者的冒险行

为？——兼析2007年美国次贷危机的微观原因》，《决策与信息（旬刊）》2015年第12期。

[76] 霍江林、刘素荣：《政府补助对中小信息技术企业研发投入的影响——基于中小板上市公司的实证分析》，《企业科技与发展》2016年第7期。

[77] 贾丽平、贺之瑶、石浩明：《融资约束假说下投资效率异常与货币政策选择》，《经济社会体制比较》2017年第3期。

[78] 简泽：《市场扭曲、跨企业的资源配置与制造业部门的生产率》，《中国工业经济》2011年第1期。

[79] 姜付秀、黄磊、张敏：《产品市场竞争、公司治理与代理成本》，《世界经济》2009年第10期。

[80] 解维敏、魏化倩：《市场竞争、组织冗余与企业研发投入》，《中国软科学》2016年第8期。

[81] 金宇超、施文、唐松、靳庆鲁：《产业政策中的资金配置：市场力量与政府扶持》，《财经研究》2018年第4期。

[82] 靳来群、林金忠、丁诗诗：《行政垄断对所有制差异所致资源错配的影响》，《中国工业经济》2015年第4期。

[83] 靳庆鲁、孔祥、侯青川：《货币政策、民营企业投资效率与公司期权价值》，《经济研究》2012年第5期。

[84] 荆龙姣：《信息披露、产品市场竞争与投资效率的实证分析》，《统计与决策》2017年第4期。

[85] 柯润润：《政府补助与中小上市企业投资效率的实证研究》，硕士学位论文，浙江工商大学，2016年。

[86] 孔东民、刘莎莎、王亚男：《市场竞争、产权与政府补贴》，《经济研究》2013年第2期。

[87] 孔淑红：《税收优惠对科技创新促进作用的实证分析——基于省际面板数据的经验分析》，《科技进步与对策》2010年第24期。

[88] 兰雪婷：《我国碳减排交易制度初探》，硕士学位论文，浙江大学，2012年。

[89] 黎来芳、叶宇航、孙健：《市场竞争、负债融资与过度投资》，《中国软科学》2013年第11期。

[90] 黎文靖、李耀淘：《产业政策激励了公司投资吗》，《中国工业经济》2014年第5期。

[91] 黎文靖、郑曼妮：《实质性创新还是策略性创新？——宏观产业政策对微观企业创新的影响》，《经济研究》2016年第4期。

[92] 李传喜、赵讯：《我国高新技术企业财税激励研发投入效应研究》，《税务研究》2016年第2期。

[93] 李凡、李娜、许昕：《基于政策工具的可再生能源技术创新能力影响因素研究》，《科学学与科学技术管理》2016年第10期。

[94] 李刚、侯青川、张瑾：《政府补助与公司投资效率——基于中国制度背景的实证分析》，《审计与经济研究》2017年第4期。

[95] 李光金、刘永清：《基于多目标规划的DEA》，《系统工程理论与实践》1997年第3期。

[96] 李健、薛辉蓉、潘镇：《制造业企业产品市场竞争、组织冗余与技术创新》，《中国经济问题》2016年第2期。

[97] 李江涛：《产能过剩及其治理机制》，《国家行政学院学报》2006年第5期。

[98] 李俊青、刘帅光、刘鹏飞：《金融契约执行效率、企业进入与产品市场竞争》，《经济研究》2017年第3期。

[99] 李丽君、金玉娜：《四方控制权制衡、自由现金流量与过度投资行为》，《管理评论》2010年第2期。

[100] 李玲、陶厚永：《纵容之手，引导之手与企业自主创新——基于股权性质分组的经验证据》，《南开管理评论》2013年第3期。

[101] 李玲：《产品市场竞争与企业创新关系实证研究——来自深市上市公司的证据》，《科技进步与对策》2014年第19期。

[102] 李梦哲、王欢、张磊：《从股权结构角度看混合所有制企业技术创新的影响因素——以云南白药股份有限公司为例》，《经

济视野》2016年第21期。

[103] 李祺、孙钰、崔寅：《基于DEA方法的京津冀城市基础设施投资效率评价》，《干旱区资源与环境》2016年第2期。

[104] 李青原、陈超：《产权保护、信贷机会、所有权结构与公司投资：来自中国制造业企业的经验数据》，《会计论坛》2009年第2期。

[105] 李绍萍、李悦：《新能源汽车企业R&D投入与税收政策的关联关系》，《技术经济》2016年第4期。

[106] 李停、陈家海：《从"市场内竞争"到"为市场竞争"》，《上海经济研究》2015年第2期。

[107] 李万福：《创新补助究竟有没有激励企业创新自主投资——来自中国上市公司的新证据》，《金融研究》2017年第10期。

[108] 李维安、姜涛：《公司治理与企业过度投资行为研究——来自中国上市公司的证据》，《财贸经济》2007年第12期。

[109] 李维安、李浩波、李慧聪：《创新激励还是税盾？——高新技术企业税收优惠研究》，《科研管理》2016年第11期。

[110] 李小平、周记顺、王树柏：《中国制造业出口复杂度的提升和制造业增长》，《世界经济》2015年第2期。

[111] 李晓萍、罗俊：《欧盟产业政策的发展与启示》，《学习与探索》2017年第10期。

[112] 李晓园：《新型城镇化进程中城市基础设施投资效率分析与政策建议》，《宏观经济研究》2015年第10期。

[113] 李焰、秦义虎、张肖飞：《企业产权、管理者背景特征与投资效率》，《管理世界》2011年第1期。

[114] 李园园、李桂花、邵伟、段琨：《政府补助、环境规制对技术创新投入的影响》，《科学学研究》2019年第9期。

[115] 李长娥、谢永珍：《产品市场竞争、董事会异质性对技术创新的影响——来自民营上市公司的经验证据》，《华东经济管理》2016年第8期。

[116] 梁莱歆、张焕凤：《高科技上市公司 R&D 投入绩效的实证研究》，《中南大学学报》（社会科学版）2005 年第 2 期。

[117] 廖沁芳：《公司内部治理结构与财务舞弊分析》，硕士学位论文，西南财经大学，2006 年。

[118] 林伯强、刘泓汛：《对外贸易是否有利于提高能源环境效率》，《经济研究》2015 年第 9 期。

[119] 林润辉、谢宗晓、刘孟佳等：《大股东资金占用与企业绩效——内部控制的"消化"作用》，《经济与管理研究》2015 年第 8 期。

[120] 林毅夫：《潮涌现象与发展中国家宏观经济理论的重新构建》，《经济研究》2007 年第 1 期。

[121] 林毅夫、巫和懋、邢亦青：《"潮涌现象"与产能过剩的形成机制》，《经济研究》2010 年第 10 期。

[122] 林毅夫：《产业政策与国家发展：新结构经济学视角》，《比较》2016 年第 6 期。

[123] 林志帆、刘诗源：《税收负担与企业研发创新：来自世界银行中国企业调查数据的经验证据》，《财政研究》2017 年第 2 期。

[124] 刘端、王竹青：《不同市场竞争条件下客户关系集中度对企业现金持有的影响——基于中国制造业上市公司的实证》，《管理评论》2017 年第 4 期。

[125] 刘凤委、李琦：《市场竞争、EVA 评价与企业过度投资》，《会计研究》2013 年第 2 期。

[126] 刘刚：《企业的异质性假设》中国人民大学出版社 2005 年版。

[127] 刘慧龙、王成方、吴联生：《决策权配置、盈余管理与投资效率》，《经济研究》2014 年第 8 期。

[128] 刘建丽、张文珂、张芳芳：《中央国有企业投资管控效率对股东回报的影响——基于国有企业股权多元化目标的研究》，《中国工业经济》2014 年第 8 期。

[129] 刘剑辉：《产品市场竞争，股权激励对企业价值的影响研

究——基于中国上市公司的实证》，硕士学位论文，浙江理工大学，2016年。

[130] 刘剑民、张莉莉、杨晓璇：《政府补助、管理层权力与国有企业高管超额薪酬》，《会计研究》2019年第8期。

[131] 刘奎甫、茅宁：《"僵尸企业"国外研究述评》，《外国经济与管理》2016年第10期。

[132] 刘黎清：《垄断竞争市场与企业的创新战略》，《科学管理研究》2002年第4期。

[133] 刘美玉、李成友、姜磊：《农户土地租赁决策及其福利水平差异分析——基于我国山西、江苏、辽宁、山东、四川5个省份689户农村家庭微观调研数据》，《技术经济与管理研究》2018年第10期。

[134] 刘亭立、蔡娇娇、杨松令：《市场竞争会驱动过度投资吗？》，《管理评论》2019年第12期。

[135] 刘小青、陈向东：《专利活动对企业绩效的影响——中国电子信息百强实证研究》，《科学学研究》2010年第1期。

[136] 刘晓华、张利红：《产品市场竞争、会计信息质量与投资效率——2001—2014年中国A股市场的经验证据》，《中央财经大学学报》2016年第9期。

[137] 刘永清、李光金：《要素在有限范围变化的DEA模型》，《系统工程学报》1995年第4期。

[138] 柳瞳：《货币政策、民营企业投资效率与现金持有变化》，《财会通讯》2013年第24期。

[139] 柳学信、孔晓旭、刘春青、王琪：《政府补助是否促进了企业自主创新》，《首都经济贸易大学学报（双月刊）》2019年第1期。

[140] 龙静、黄勋敬、余志杨：《政府支持行为对中小企业创新绩效的影响》，《科学学研究》2012年第5期。

[141] 卢馨、郑阳飞、李建明：《融资约束对企业R&D投资的影响研

究——来自中国高新技术上市公司的经验证据》，《会计研究》2013年第5期。

[142] 鲁桐、党印：《公司治理与技术创新：分行业比较》，《经济研究》2014年第6期。

[143] 陆正飞、韩非池：《宏观经济政策如何影响公司现金持有的经济效应？——基于产品市场和资本市场两重角度的研究》，《管理世界》2013年第6期。

[144] 罗德明、李晔、史晋川：《要素市场扭曲，资源错置与生产率》，《经济研究》2012年第3期。

[145] 罗福凯：《要素资本平衡表：一种新的内部资产负债表》，《中国工业经济》2010年第2期。

[146] 罗福凯、王京：《企业所得税，资本结构与研发支出》，《科研管理》2016年第4期。

[147] 罗宏、黄敏、周大伟等：《政府补助、超额薪酬与薪酬辩护》，《会计研究》2014年第1期。

[148] 吕晓军：《政府补贴与企业技术创新投入——来自2009—2013年战略性新兴产业上市公司的证据》，《软科学》2016年第12期。

[149] 吕忠宏、范思萌：《并购商誉对企业财务业绩的影响——基于上市公司的经验数据》，《东南大学学报》（哲学社会科学版）2016年第S2期。

[150] 马红、王元月：《融资约束、政府补贴和公司成长性——基于我国战略性新兴产业的实证研究》，《中国管理科学》2015年第1期。

[151] 马克思、恩格斯：《共产党宣言》，中央编译局译，人民出版社2017年版。

[152] 马星洁：《宏观环境、产权性质与企业非效率投资》，《管理评论》2013年第9期。

[153] 马悦：《政府补助、公司绩效与管理者自利》，《中南财经政法

大学学报》2019 年第 1 期。

［154］毛其淋、盛斌：《中国制造业企业的进入退出与生产率动态演化》，《经济研究》2013 年第 4 期。

［155］梅丹：《我国上市公司固定资产投资规模财务影响因素研究》，《管理科学》2005 年第 5 期。

［156］聂辉华、江艇等：《我国僵尸企业的现状、原因与对策》，《宏观经济管理》2016 年第 9 期。

［157］宁美军、赵西卜、张东旭：《高管薪酬契约有效吗？——基于政府补助视角的实证检验》，《经济问题》2018 年第 10 期。

［158］潘飞、张川：《市场竞争程度、评价指标与公司业绩》，《中国会计评论》2008 年第 3 期。

［159］潘俊、王亮亮、吕雪晶：《金融生态环境，内部资本市场与公司现金策略》，《管理评论》2015 年第 5 期。

［160］潘敏、金岩：《信息不对称、股权制度安排与上市企业过度投资》，《金融研究》2003 年第 1 期。

［161］彭亮、刘国城：《"一带一路"下西北地区上市公司投资效率研究——基于 DEA – Malmquist 指数法》，《投资研究》2018 年第 12 期。

［162］彭秀青、蔡莉、陈娟艺等：《从机会发现到机会创造：创业企业的战略选择》，《管理学报》2016 年第 9 期。

［163］彭佑元、王婷：《基于网络 DEA 的科技创新型企业投资效率评价分析》，《工业技术经济》2016 年第 1 期。

［164］平新乔、周艺艺：《产品市场竞争度对企业研发的影响：基于中国制造业的实证分析》，《产业经济研究》2007 年第 5 期。

［165］千慧雄、卜茂亮：《异质性条件下产品创新的最优市场结构研究》，《经济评论》2011 年第 3 期。

［166］钱龙：《中小企业信贷成本、风险和可得性研究》，西南财经大学出版社 2015 年版。

［167］钱锡红、杨永福、徐万里：《企业网络位置、吸收能力与创新

绩效》，《管理世界》2010 年第 5 期。

[168] 邱斌、杨帅、辛培江：《FDI 技术溢出渠道与中国制造业生产率增长研究：基于面板数据的分析》，《世界经济》2008 年第 8 期。

[169] 邱兆祥、粟勤：《货币竞争、货币替代与人民币区域化》，《金融理论与实践》2008 年第 2 期。

[170] 曲晓辉、卢煜、张瑞丽：《商誉减值的价值相关性——基于中国 A 股市场的经验证据》，《经济与管理研究》2017 年第 3 期。

[171] 饶静、万良勇：《政府补助、异质性与僵尸企业形成》，《会计研究》2018 年第 3 期。

[172] 任春艳、赵景文：《会计信息质量对公司资本配置效率影响的路径——来自中国上市公司经验证据的研究》，《经济管理》2011 年第 7 期。

[173] 任海云、聂景春：《企业异质性、政府补助与 R&D 投资》，《科研管理》2018 年第 6 期。

[174] 任喜萍：《基于 DEA 方法的我国城市基础设施投资效率评价研究》，《经济体制改革》2017 年第 5 期。

[175] 邵传林：《制度环境、财政补贴与企业创新绩效——基于中国工业企业微观数据的实证研究》，《软科学》2015 年第 9 期。

[176] 邵庆龙、饶蕾：《可再生能源创新的影响因素分析：基于 OECD 国家的实证检验》，《软科学》2016 年第 1 期。

[177] 申广军：《比较优势与僵尸企业：基于新结构经济学视角的研究》，《管理世界》2016 年第 12 期。

[178] 申香华：《政府补助、产权性质与债务融资效应实证检验》，《经济经纬》2015 年第 2 期。

[179] 沈弋、徐光华、钱明：《双元创新动因、研发投入与企业绩效——基于产权异质性的比较视角》，《经济管理》2016 年第 2 期。

[180] 史金艳、陈婷婷：《融资约束下异质债务对中小企业投资效率

的影响》,《大连理工大学学报》（社会科学版）2016 年第 1 期。

[181] 宋玉臣、李连伟:《股权激励对上市公司治理效率的影响测度》,《山西财经大学学报》2017 年第 3 期。

[182] 苏竣、张芳:《政策组合和清洁能源创新模式:基于光伏产业的跨国比较研究》,《国际经济评论》2015 年第 5 期。

[183] 苏屹、于跃奇、李丹:《企业创新能力与可持续发展能力影响研究》,《华东经济管理》2018 年第 11 期。

[184] 孙光国、孙瑞琦:《控股股东委派执行董事能否提升公司治理水平》,《南开管理评论》2018 年第 1 期。

[185] 孙健、王百强、曹丰等:《公司战略影响盈余管理吗?》,《管理世界》2016 年第 3 期。

[186] 孙亮、周琳:《女性董事、过度投资与绩效波动——基于谨慎性视角的研究》,《管理评论》2016 年第 7 期。

[187] 孙晓华、李明珊:《国有企业的过度投资及其效率损失》,《中国工业经济》2016 年第 10 期。

[188] 谭庆美、陈欣、张娜等:《管理层权力、外部治理机制与过度投资》,《管理科学》2015 年第 4 期。

[189] 唐婧清、刘树海、张俊民:《大股东治理体制对现金持有价值的影响——基于"掏空"与"支持"双重动机视角》,《管理评论》2016 年第 7 期。

[190] 唐清泉、罗党论:《风险感知力与独立董事辞职行为研究——来自中国上市公司的经验》,《中山大学学报》（社会科学版）2007 年第 1 期。

[191] 唐文秀:《IPO 公司产品市场竞争效应——基于中国制造业上市公司的实证研究》,《管理世界》2017 年第 5 期。

[192] 唐学华、毛新述、郭李特:《管理层权力与非效率投资——基于中国 A 股市场的经验检验》,《华东经济管理》2015 年第 12 期。

[193] 唐雪松、周晓苏、马如静：《政府干扰、GDP 增长和地方国企过度投资》，《金融研究》2010 年第 8 期。

[194] 田村善之：《田村善之论知识产权》，李扬等译，中国社会科学出版社 2013 年版。

[195] 田原、王宗军、王山慧：《产品市场竞争对企业技术创新影响的实证研究——基于中国上市公司的经验证据》，《工业工程与管理》2013 年第 2 期。

[196] 童盼、陆正飞：《负债融资对企业投资行为影响研究：述评与展望》，《会计研究》2005 年第 12 期。

[197] 万岷：《市场集中度和我国钢铁产能过剩》，《宏观经济管理》2006 年第 9 期。

[198] 汪金祥、廖慧艳、吴世农：《企业竞争优势的度量、来源与经济后果：基于中国上市公司的实证研究》，《经济管理》2014 年第 11 期。

[199] 汪猛：《企业并购商誉与投资效率的关系研究》，《中国物价》2015 年第 12 期。

[200] 王班班、齐绍洲：《市场型和命令型政策工具的节能减排技术创新效应：基于中国工业行业专利数据的实证》，《中国工业经济》2016 年第 6 期。

[201] 王兵、朱宁：《不良贷款约束下的中国银行业全要素生产率增长研究》，《经济研究》2011 年第 5 期。

[202] 王兵、於露瑾、杨雨石：《碳排放约束下中国工业行业能源效率的测度与分解》，《金融研究》2013 年第 10 期。

[203] 王春峰、孙金帅、曲万成等：《二级市场信息不对称与公司现金持有——来自我国 A 股上市公司的经验证据》，《管理评论》2014 年第 6 期。

[204] 王德祥、李昕：《政府补贴、政治关联与企业创新投入》，《财政研究》2017 年第 8 期。

[205] 王凤荣、郑文风、李亚飞：《政府创新补助与企业创新升级》，

《河北经贸大学学报》2019 年第 3 期。

[206] 王凤翔、陈柳钦:《地方政府为本地竞争性企业提供财政补贴的理性思考》,《经济界》2005 年第 6 期。

[207] 王红建、李青原、邢斐:《经济政策不确定性、现金持有水平及其市场价值》,《金融研究》,2014 年第 9 期。

[208] 王坚强、阳建军:《基于 Malmquist 指数的房地产企业动态投资效率研究》,《当代经济管理》2010 年第 1 期。

[209] 王京、罗福凯:《混合所有制、决策权配置与企业技术创新》,《研究与发展管理》2017 年第 2 期。

[210] 王娟:《信息化、创新与劳动生产率:基于 CDM 模型的实证研究》,《财经科学》2017 年第 6 期。

[211] 王克敏、杨国超、刘静等:《IPO 资源争夺、政府补助与公司业绩研究》,《管理世界》2015 年第 9 期。

[212] 王克敏、刘静、李晓溪:《产业政策、政府支持与公司投资效率研究》,《管理世界》2017 年第 3 期。

[213] 王兰体、蔡国田、赵黛青:《基于专利视角的中国可再生能源技术创新分析》,《科技管理研究》2015 年第 20 期。

[214] 王立国、高越清:《建立和完善市场退出机制,有效化解产能过剩》,《宏观经济研究》2014 年第 10 期。

[215] 王鲁平、白银转、王茵田:《股权激励对投资效率的影响——基于上市家族企业的经验分析》,《系统工程》2018 年第 8 期。

[216] 王茂林、何玉润、林慧婷:《管理层权力、现金股利与企业投资效率》,《南开管理评论》2014 年第 2 期。

[217] 王敏、韩洁、刘畅:《化解产能过剩,国务院出台"路线图"》,《中国青年报》2013 年 10 月 16 日。

[218] 王明明、韩东萍:《两类高额现金持有行为动因及对公司业绩影响研究》,《管理评论》2013 年第 7 期。

[219] 王任飞:《企业 R&D 支出的内部影响因素研究——基于中国电子信息百强企业之实证》,《科学学研究》2005 年第 4 期。

[220] 王世权:《国企和谐民营化的归因模型》,《南开管理评论》2011年第2期。

[221] 王松茂:《国有企业技术创新投资不足的原因探析》,《中州学刊》2001年第1期。

[222] 王玺、张嘉怡:《税收优惠对企业创新的经济效果评价》,《财政研究》2015年第1期。

[223] 王小鲁、樊纲、余静文:《中国分省份市场化指数报告(2016)》,社会科学文献出版社2017年版。

[224] 王新红、李世婷、押榕:《中国R&D投入及其内部结构的比较研究》,《科技管理研究》2017年第16期。

[225] 王雄元、刘焱:《产品市场竞争与信息披露质量的实证研究》,《经济科学》2008年第1期。

[226] 王许寨、陈险峰:《全面"营改增"后资产证券化业务的增值税税制整理与建设》,《财会月刊》2017年第5期。

[227] 王悦荣、邓春玉:《广东基础设施投资效率时空演化分析》,《广东行政学院学报》2015年第6期。

[228] 王跃堂、赵子夜、魏晓雁:《董事会的独立性是否影响公司绩效?》,《经济研究》2006年第5期。

[229] 王芸、洪碧月、陈蕾:《研发费用加计扣除优惠强度、研发投入强度与创新绩效》,《财会通讯》2018年第12期。

[230] 文一:《伟大的中国工业革命》,清华大学出版社2016年版。

[231] 闻岳春:《家族企业上市后如何面对另类"一股独大"?》,《金融研究》2001年第11期。

[232] 吴德胜、孙志东:《终极控制、国家控股与现金持有价值》,《山西财经大学学报》2011年第11期。

[233] 吴敬琏、八田达夫、陈清泰:《反思产业政策》,《比较》2016年第6期。

[234] 吴娜、于博、王博梓:《市场化进程、创新投资与营运资本的动态调整》,《会计研究》2017年第6期。

[235] 吴晓晖、姜彦福:《机构投资者影响下独立董事治理效率变化研究》,《中国工业经济》2006 年第 5 期。

[236] 吴延兵:《企业规模、市场力量与创新:一个文献综述》,《经济研究》2007 年第 5 期。

[237] 吴延兵:《国有企业双重效率损失研究》,《经济研究》2012 年第 3 期。

[238] 吴粤、王涛、竹志奇:《政府投资效率与债务风险关系探究》,《财政研究》2017 年第 8 期。

[239] 夏清华、黄剑:《市场竞争、政府资源配置方式与企业创新投入》,《经济管理》2019 年第 8 期。

[240] 谢军、黄志忠、何翠茹:《宏观货币政策和企业金融生态环境优化——基于企业融资约束的实证分析》,《经济评论》2013 年第 4 期。

[241] 谢佩洪、汪春霞:《管理层权力、企业生命周期与投资效率——基于中国制造业上市公司的经验研究》,《南开管理评论》2017 年第 1 期。

[242] 邢斐、王红建:《企业规模、市场竞争与研发补贴的实施绩效》,《科研管理》2018 年第 7 期。

[243] 邢会、王飞、高素英:《政府补助促进企业实质性创新了吗?》,《现代经济探讨》2019 年第 3 期。

[244] 邢立全、陈汉文:《产品市场竞争、竞争地位与审计收费——基于代理成本与经营风险的双重考量》,《审计研究》2013 年第 3 期。

[245] 熊彼特:《资本主义、社会主义和民主》,杨中秋译,电子工业出版社 2013 年版。

[246] 熊和平、杨伊君、周靓:《政府补助对不同生命周期企业 R&D 的影响》,《科学学与科学技术管理》2016 年第 9 期。

[247] 熊婷、程博、潘飞:《CEO 权力、产品市场竞争与公司研发投入》,《山西财经大学学报》2016 年第 5 期。

[248] 徐虹、林钟高、芮晨：《产品市场竞争，资产专用性与上市公司横向并购》，《南开管理评论》2015 年第 3 期。

[249] 徐细雄、刘星：《金融契约、控制权配置与企业过度投资》，《管理评论》2012 年第 6 期。

[250] 徐小琴、王菁、马洁：《绩优企业会增加企业负面行为吗——基于中国制造业上市公司的数据分析》，《南开管理评论》2016 年第 2 期。

[251] 徐一民、张志宏：《产品市场竞争、政府控制与投资效率》，《软科学》2010 年第 12 期。

[252] 徐悦、刘运国、蔡贵龙：《高管薪酬粘性与企业创新》，《会计研究》2018 年第 7 期。

[253] 许罡：《中国上市公司政府补助的政策效应研究》，博士学位论文，合肥工业大学，2014 年。

[254] 许国艺：《政府补贴和市场竞争对企业研发投资的影响》，《中南财经政法大学学报》2014 年第 5 期。

[255] 鄢波、王华、杜勇：《地方上市公司数量、产权影响与政府的扶持之手》，《经济管理》2014 年第 7 期。

[256] 鄢波、王华：《地方政府竞争与"扶持之手"的选择》，《宏观经济研究》2018 年第 9 期。

[257] 颜旭若：《对"一股独大"的经济学思考》，《经济社会体制比较》2003 年第 3 期。

[258] 杨广青、蒋录全、王浣尘、陈明义：《Bertrand 竞争下融资策略与产品差异化策略的博弈分析》，《中国管理科学》2006 年第 4 期。

[259] 杨国超、刘静、廉鹏：《减税激励、研发操纵与研发绩效》，《经济研究》2017 年第 8 期。

[260] 杨华军、胡奕明：《制度环境与自由现金流的过度投资》，《管理世界》2007 年第 9 期。

[261] 杨皎平、刘丽颖、牛似虎：《集群企业竞争强度与创新绩效关

系的理论与实证——基于集群企业同质化程度的视角》,《软科学》2012 年第 4 期。

[262] 杨汝岱:《中国制造业企业全要素生产率研究》,《经济研究》2015 年第 2 期。

[263] 杨翔、李小平、周大川:《中国制造业碳生产率的差异与收敛性研究》,《数量经济技术经济研究》2015 年第 12 期。

[264] 杨兴全、张照南:《制度背景、股权性质与公司持有现金价值》,《经济研究》2008 年第 12 期。

[265] 杨兴全、张照南、吴昊旻:《治理环境,超额持有现金与过度投资——基于我国上市公司面板数据的分析》,《南开管理评论》2010 年第 5 期。

[266] 杨兴全、曾春华:《市场化进程,多元化经营与公司现金持有》,《管理科学》2013 年第 6 期。

[267] 杨洋、魏江、罗来军:《谁在利用政府补贴进行创新?》,《管理世界》2015 年第 1 期。

[268] 杨勇、达庆利、周勤:《公司治理对企业技术创新投资影响的实证研究》,《科学学与科学技术管理》2007 年第 11 期。

[269] 杨振兵、马霞、蒲红霞:《环境规制、市场竞争与贸易比较优势——基于中国工业行业面板数据的经验研究》,《国际贸易问题》2015 年第 3 期。

[270] 姚红玉:《股权激励模式影响创新绩效作用机理——基于用友网络案例研究》,硕士学位论文,内蒙古大学,2016 年。

[271] 野中郁次郎、竹内弘高:《创造知识的公司》,李萌、高飞译,科技出版社 1999 年版。

[272] 叶松勤、徐经长:《机构投资者治理与公司现金持有价值》,《经济与管理研究》2013 年第 8 期。

[273] 伊志宏、姜付秀、秦义虎:《产品市场竞争,公司治理与信息披露质量》,《管理世界》2010 年第 1 期。

[274] 应梦洁、曾绍伦:《政府补贴对西部地区制造企业创新活动的

影响》,《财经科学》2017 年第 12 期。

[275] 尤利平:《混合所有制经济下的国有企业竞争力发展研究》,《现代经济探讨》2014 年第 4 期。

[276] 余淼杰:《中国的贸易自由化与制造业企业生产率》,《经济研究》2010 年第 12 期。

[277] 俞立平、蔡绍洪:《鲍莫尔病、专利类型与创新成本:一个模型》,《管理世界》2017 年第 1 期。

[278] 喻坤、李治国、张晓蓉等:《企业投资效率之谜:融资约束假说与货币政策冲击》,《经济研究》2014 年第 5 期。

[279] 袁春生、杨淑娥:《经理管理防御与企业非效率投资》,《经济问题》2006 年第 6 期。

[280] 袁淳、刘思淼、陈玥;《大股东控制、多元化经营与现金持有价值》,《中国工业经济》2010 年第 4 期。

[281] 袁建国、范文林、程晨等:《CFO 兼任董事能促进公司提高投资效率吗?——来自中国上市公司的经验证据》,《管理评论》2017 年第 3 期。

[282] 袁振超、饶品贵:《会计信息可比性与投资效率》,《会计研究》2018 年第 6 期。

[283] 苑莹、乔嗣佳:《经营持续性是否影响公司现金持有价值?——基于 2000—2012 年面板数据的实证分析》,《管理评论》2014 年第 10 期。

[284] 臧志彭:《政府补助、研发投入与文化产业上市公司绩效——基于 161 家文化上市公司面板数据中介效应实证》,《华东经济管理》2015 年第 6 期。

[285] 翟胜宝、许浩然、刘耀淞等:《控股股东股权质押与审计师风险应对》,《管理世界》2017 年第 10 期。

[286] 张安军:《市场竞争、并购商誉与投资效率》,《云南财经大学学报》2020 年第 2 期。

[287] 张彩江、陈璐:《政府对企业创新的补助是越多越好吗?》,

《科学学与科学技术管理》2016年第11期。

[288] 张成、陆旸、郭路等：《环境规制强度和生产技术进步》，《经济研究》2011年第2期。

[289] 张传财、陈汉文：《产品市场竞争、产权性质与内部控制质量》，《会计研究》2017年第5期。

[290] 张纯、吕伟：《信息环境、融资约束与现金股利》，《金融研究》2009年第7期。

[291] 张功富、宋献中：《我国上市公司投资：过度还是不足？——基于沪深工业类上市公司非效率投资的实证度量》，《会计研究》2009年第5期。

[292] 张海龙、李秉祥：《经理管理防御对企业过度投资行为影响的实证研究——来自我国制造业上市公司的经验证据》，《管理评论》2010年第7期。

[293] 张红、宋文飞、韩先锋等：《山东省固定资产投资效率的演进轨迹及影响因素分析：1981—2011》，《华东经济管理》2014年第1期。

[294] 张宏亮、王靖宇、缪森林：《晋升激励、薪酬激励与国企过度投资——基于国有上市公司2008—2014年数据的分析》，《商业研究》2017年第6期。

[295] 张宏亮、王靖宇：《薪酬管制、激励溢出与国企社会成本：一项准自然实验》，《中国软科学》2018年第8期。

[296] 张会丽、吴有红：《超额现金持有水平与产品市场竞争优势——来自中国上市公司的经验证据》，《金融研究》2012年第2期。

[297] 张会丽、吴有红：《内部控制、现金持有及经济后果》，《会计研究》2014年第3期。

[298] 张杰、李勇、刘志彪：《出口与中国本土企业生产率——基于江苏制造业企业的实证分析》，《管理世界》2008年第11期。

[299] 张杰、郑文平、翟福昕：《竞争如何影响创新：中国情景的新

检验》,《中国工业经济》2014 年第 11 期。

[300] 张俊瑞、程子健、张健光:《交叉上市对现金持有与现金持有价值的影响——来自我国上市公司的经验证据》,《山西财经大学学报》2011 年第 11 期。

[301] 张俊瑞、陈怡欣、汪方军:《所得税优惠政策对企业创新效率影响评价研究》,《科研管理》2016 年第 3 期。

[302] 张立民、邢春玉、李琰:《持续经营审计意见、管理层自信与投资效率》,《审计研究》2017 年第 1 期。

[303] 张丽达、冯均科:《不同产权下上市公司商誉减值与绩效变动研究》,《西北大学学报》(哲学社会科学版)2016 年第 4 期。

[304] 张莉芳、蒋琰:《我国上市公司资金链断裂风险预警比较研究——基于主成分和 Logistic 模型的分析》,两岸四地会计准则研讨会论文,2013 年。

[305] 张倩、刘斌、张列柯:《基于准则弹性的上市公司并购商誉与并购绩效分析》,《现代经济探讨》2017 年第 3 期。

[306] 张维迎:《我为什么反对产业政策》,《比较》2016 年第 6 期。

[307] 张文魁:《国企改革再上路——重启有时间表的国企民营化改革》,《中国改革》2010 年第 10 期。

[308] 张西征、刘志远、王静:《企业规模与 R&D 投入关系研究——基于企业盈利能力的分析》,《科学学研究》2012 年第 2 期。

[309] 张信东、贺亚楠、马小美:《R&D 税收优惠政策对企业创新产出的激励效果分析:基于国家级企业技术中心的研究》,《当代财经》2014 年第 11 期。

[310] 张永安、胡佩:《交互效应视角下政府补助、内部资源与创新绩效关系研究——以战略性新兴产业上市企业为例》,《科技进步与对策》2019 年第 18 期。

[311] 张玉明、李荣、闵亦杰:《企业创新文化真实地驱动了研发投资吗?》,《科学学研究》2016 年第 9 期。

[312] 张志辉:《中国区域能源效率演变及其影响因素》,《数量经济

技术经济研究》2015年第8期。

[313] 章琳一、张洪辉：《市场竞争与过度投资的关系研究：基于战略性投资视角》，《产业经济研究》2015年第2期。

[314] 赵纯祥、张敦力：《市场竞争视角下的管理者权力和企业投资关系研究》，《会计研究》2013年第10期。

[315] 赵敏、朱黎敏：《上市公司无形资产与公司价值、经营业绩关系研究——基于沪市上市公司的数据分析》，《财经论丛》2010年第6期。

[316] 赵栓文、赵晨琳：《政府补助与上市公司投资效率研究——基于外部环境视角》，《商业会计》2016年第13期。

[317] 赵玉洁：《媒体报道、外部治理与股权融资成本》，《山西财经大学学报》2019年第3期。

[318] 郑春美、李佩：《政府补助与税收优惠对企业创新绩效的影响——基于创业板高新技术企业的实证研究》，《科技进步与对策》2015年第16期。

[319] 郑海英、刘正阳、冯卫东：《并购商誉能提升公司业绩吗？——来自A股上市公司的经验证据》，《会计研究》2014年第3期。

[320] 郑立东、程小可、姚立杰：《独立董事背景特征与企业投资效率——"帮助之手"抑或"抑制之手"？》，《经济与管理研究》2013年第8期。

[321] 郑珊、付子林、莫东序：《财政政策与企业投资效率——基于不同金融化水平的比较分析》，《财政研究》2018年第9期。

[322] 郑绪涛、柳剑平：《促进R&D活动的税收和补贴政策工具的有效搭配》，《产业经济研究》2008年第1期。

[323] 郑烨、吴建南、王焕：《打开政府支持行为与企业创新绩效关系的"黑箱"》，《华东经济管理》2017年第10期。

[324] 郑毅：《对民族区域自治法制基础的再认识——论作为"半部中央与地方关系法"的我国〈民族区域自治法〉——兼论中

央与民族自治地方关系的法制建构》,《政治与法律》2018 年第 3 期。

[325] 钟春平、潘黎:《产能过剩的误区——产能利用率及产能过剩的进展、争议及现实判断》,《经济学动态》2014 年第 3 期。

[326] 钟马、徐光华:《社会责任信息披露、财务信息质量与投资效率——基于"强制披露时代"中国上市公司的证据》,《管理评论》2017 年第 3 期。

[327] 周炼石:《中国产能过剩的政策因素与完善》,《上海经济研究》2007 年第 2 期。

[328] 周明、李宗植、李军山:《过度投资与其制约因素的实证分析——以制造业上市公司为例》,《数理统计与管理》2009 年第 4 期。

[329] 周文、任丽彬:《区域竞争与资源配置》,《经济问题探索》2006 年第 6 期。

[330] 周艺艺、平新乔:《产品市场的竞争与企业研发》,《产业经济评论》2007 年第 1 期。

[331] 周英章、蒋振声:《货币渠道、信用渠道与货币政策有效性——中国 1993—2001 年的实证分析和政策含义》,《金融研究》2002 年第 9 期。

[332] 周颖生、史宝娟:《外部治理对企业技术创新影响的理论分析》,《科技和产业》2012 年第 10 期。

[333] 周瑜胜、宋光辉:《公司控制权配置、行业竞争与研发投资强度》,《科研管理》2016 年第 12 期。

[334] 周泽将、刘中燕:《独立董事本地任职提升了企业投资效率吗——基于中国资本市场 A 股上市公司 2007—2013 年的经验证据》,《山西财经大学学报》2016 年第 6 期。

[335] 朱磊、孟令倩等:《政治关联与企业创新绩效——研发人员的中介作用研究》,《经济与管理评论》2016 年第 6 期。

[336] 朱永明、赵程程、赵健、贾明娥:《政府补助对企业自主创新

的影响研究》,《工业技术经济》2018 年第 11 期。

[337] 邹涛、肖兴志、李沙沙:《煤炭安全规制对煤炭行业生产率影响的实证研究》,《中国工业经济》2015 年第 10 期。

[338] 邹洋、徐长媛、郭玲:《高校中政府研发补贴对企业研发投入的影响分析》,《经济问题》2016 年第 4 期。

[339] Aggarwal R., Zong S., "The Cash Flowinvestment Relationship: International Evidence of Limited Access to External Finance", *Journal of Multinational Financial Management*, Vol. 16 (1), 2005, pp. 89 – 104.

[340] Alchian A. A., "Uncertainty, Evolution, and Economic Theory", *Journal of Political Economy*, Vol. 58 (3), 1950, pp. 211 – 221.

[341] Aleem A., "Transmission Mechanism of Monetary Policy in India", *Journal of AsianEconomics*, Vol. 21 (2), 2010, pp. 186 – 197.

[342] Allayannis G., Mozumdar A., "The Impact of Negative Cash Flow and Influential Observations on Investment Cash Flow Sensitivity Estimates", *Journal of Banking & Finance*, Vol. 28 (5), 2004, pp. 901 – 930.

[343] Almazan A., De Motta A., Titman S., "Firm Location and the Creation and Utilization ofHuman Capital", *Review of Economic Studies*, Vol. 74 (4), 2010, pp. 1305 – 1327.

[344] Ang A., Bekaert G., Liu J., "Why Stocks May Disappoint", *Social Science Electronic Publishing*, Vol. 76 (3), 2000, pp. 471 – 508.

[345] Banker R. D., Thrall R. M., "Estimation of Returns to Scale Using Data Envelopment Analysis", *European Journal of Operations Research*, Vol. 62 (1), 1992, pp. 74 – 84.

[346] Bernanke B. S., Gertler M., "Monetary Policy and Asset Price

Volatility", Economic Policy Symposium Jackson Hole. *Federal Reserve Bank of Kansas City*, 1999, pp. 134 – 149.

[347] Blundell R., Bond S., Devereux M., et al., "Investment and Tobin's Q: Evidence from company panel data", *Journal of Econometrics*, Vol. 51 (1 – 2), 1991, pp. 233 – 257.

[348] Bodnaruk A., Massa M., Simonov A., "Investment Banks as Insiders and the Market for Corporate Control", *Social Science Electronic Publishing*, Vol. 22 (12), 2009, pp. 4989 – 5026.

[349] Bolger G. T., Jaramillo J., "Muscle Aspartyl Protease (cathepsin D) Activity: Detection Using a Chromophoric Substrate and Relation to Wasting in DBA/2 Mice Implanted with leukemic L1210 Tumor cells", *Canadian Journal of Physiology & Pharmacology*, Vol. 74 (10), 1996, p. 1141.

[350] Boubaker S., Labégorre F., "Ownership Structure, Corporate Governance and Analyst Following: A Study of French Listed Firms", *Journal of Banking & Finance*, Vol. 32 (6), 2008, pp. 961 – 976.

[351] Boubakri N., Chen R., El Ghoul S., et al., "State Ownership, Liquidity and Valuation: Evidence from Privatization", *Social Science Electronic Publishing*, 2017, pp. 27 – 33.

[352] Bushman R. M., Piotroski J. D., Smith A. J., *Capital Allocation and Timely Accounting Recognition of Economic Losses*, 2011.

[353] Carroll C., Griffith J. M., "Free Cash Flow, Leverage, and Investment Opportu – nities", *Quarterly Journal of Business & Economics*, Vol. 40 (3/4), 2001, pp. 141 – 153.

[354] Çelen A., Yalçın N., "Performance Assessment of Turkish Electricity Distribution Utilities: An Application of Combined FAHP/TOPSIS/DEA Methodology to Incorporate Quality of Service", *Utilities Policy*, Vol. 23 (4), 2012, pp. 59 – 71.

[355] Chen Y. C., Chiu Y. H., Huang C. W., et al., "The Analysis of Bank Business Performance and Market Risk—Applying Fuzzy DEA", *Economic Modelling*, Vol. 32 (2), 2013, pp. 225 - 232.

[356] Chhaochharia V., Laeven L., "Sovereign Wealth Funds: Their Investment Strategies and Performance", *Social Science Electronic Publishing*, 2008.

[357] Chirinko R. S., Fazzari S. M., Meyer A. P., "How Responsive is Business Capital Formation to Its User Cost?: An Exploration with Micro Data", *Journal of Public Economics*, Vol. 74 (1), 1988, pp. 53 - 80.

[358] Chirinko R. S., Schaller H., "Why Does Liquidity Matter in Investment Equations?", *Journal of Money Credit & Banking*, Vol. 27 (2), 1995, pp. 527 - 548.

[359] Cleary S., "The Relationship between Firm Investment and Financial Sta - tus", *Journal of Finance*, Vol. 54 (2), 1999, pp. 673 - 692.

[360] Cook W. D., Liang L., Zhu J., "Measuring Performance of Two - stage Network Structures by DEA: A Review and Future Perspective", *Omega*, Vol. 38 (6), 2010, pp. 423 - 430.

[361] Dempsey M., "The Modigliani and Miller Propositions: The History of a Failed Foundation for Corporate Finance?", *Abacus*, Vol. 50 (3), 2015, pp. 279 - 295.

[362] Dittmar A., Mahrt - Smith J., "Corporate Governance and the Value of Cash Holdings", *Journal of Financial Economics*, Vol. 83 (3), 2007, pp. 599 - 634.

[363] Fazzari S. M., Hubbard R. G., Petersen B. C., et al., "Financing Constraints and Corporate Investment", *Brookings Papers on Economic Activity*, Vol. (1), 1988, pp. 141 - 206.

[364] Fazzari S. M., Petersen B. C., "Working Capital and Fixed Investment: New Evidence on Financing Constraints", *Rand Journal of Economics*, Vol. 24 (3), 2000, pp. 328 – 342.

[365] Fee C. E., Hadlock C. J., "Management Turnover across the Corporate Hierarchy", *Social Science Electronic Publishing*, Vol. 37 (1), 2004, pp. 3 – 38.

[366] Gilchrist S., Himmelberg C. P., "Evidence on the Role of Cash flow for Investment", *Journal of Monetary Economics*, Vol. 36 (3), 1995, pp. 541 – 572.

[367] Giroud X., Mueller H. M., "Does Corporate Governance Matter in Competitive Industries?", *Social Science Electronic Publishing*, Vol. 95 (3), 2007, pp. 312 – 331.

[368] Holmstrom M., Mcgregor D. B., Willins M. J., et al., "4CMB, 4HMB and BC evaluated by the Micronucleus Test Using a Multiple Sampling Method", *Mutation Researh*, Vol. 100 (1), 1982, pp. 357 – 359.

[369] Jaffee D., Shleifer A., "Costs of Financial Distress, Delayed Calls ofConvertible Bonds, and the Role of Investment Banks", *Journal of Business*, Vol. 63 (1), 1990, pp. S107 – S123.

[370] Jensen M. C., Meckling W. H., "Theory of the Firm: Managerial Behavior, Agency Costs and Ownership Structure", *Social Science Electronic Publishing*, Vol. 3 (4), 1976, pp. 305 – 360.

[371] Johnson D., "Towards 2000 Vets Form New Company", *Entertainment Design*, 1999, pp. 147 – 165.

[372] Kaplan S. N., Zingales L., "Do Investment – Cash Flow Sensitivities Provide Useful Measures of Financing Constraints?", *Quarterly Journal of Economics*, Vol. 112 (1), 1997, pp. 169 – 215.

[373] L. Brandt, H. Li., "Bank Discrimination in Transition Economies: Ideology, Information, Orincentives?", *Journalof Compara-

tive Economics, Vol. 31 (3), 2003, pp. 387 – 413.

[374] La Porta R., Lopezdesilanes F., Shleifer A., et al., "The Quality of Government", *Journal of Law Economics & Organization*, Vol. 15 (1), 1999, pp. 222 – 279.

[375] Laksmana I., Yang Y., "Product Market Competition and Corporate Investment Decisions", *Review of Accounting & Finance*, Vol. 14 (2), 2015, pp. 128 – 148.

[376] Laurent Frésard, Philip Valta, "Competitive Pressure and Corporate Investment: Evidence from Trade Liberalization", *Social Science Electronic Publishing*, 2013, pp. 89 – 101.

[377] Lee C. Y., Pan H. S., Huang L. W., et al., "Temporary Obturator Neuropathy Suspected as a Result of Obturator Fossa Edema After Debulking Surgery", *Taiwanese Journal of Obstetrics Gynecology*, Vol. 44 (4), 2005, pp. 378 – 380.

[378] Manove M., Padilla A. J., Pagano M., Collateral vs. Project Screening: A Model of Lazy Banks, Centre for Studies in Economics and Finance (CSEF), University of Naples, Italy, 1998, pp. 726 – 44.

[379] Markarian G., Santalo J., "Product Market Competition, Information and Earnings Management", *Journal of Business Finance & Accounting*, Vol. 41 (5 – 6), 2014, pp. 572 – 599.

[380] Mercan M., Reisman A., Yolalan R., et al., "The Effect of scale and Mode of Ownership on the Financial Performance of the Turkish Banking Sector: Results of a DEA – based Analysis", *Socio Economic Planning Sciences*, Vol. 37 (3), 2003, pp. 185 – 202.

[381] Meyer, J. R., Kuh, E., *The Investment Decision*, Cambridge: Harvard University Press, 1957, pp. 214 – 227.

[382] Modigliani F., Miller M. H., "The Cost of Capital, Corporation fi-

nance and the Theory Ofinvestment", Comment, *American Economic Review*, 1959.

[383] Myers, R. C., "Stratigraphy of the Frontier Formation (Upper Cretaceous), Kemmerer Area", Guideb. Wyo. Geol. Assoc. Annu. Field Conf. ; (United States), 1977, p. 29.

[384] Myers S. C., Majluf N. J., "Stock Issues and Investment Policy When Firms Have Information that Investors Do Not Have", *Social Science Electronic Publishing*, 1981.

[385] Oh W., Kim J. W., Richardson V. J., "The Moderating Effect of Context on the Market Reaction to IT Investments", *Journal of Information Systems*, Vol. 20 (1), 2006, pp. 19 – 44.

[386] Oliner S. D., Rudebusch G. D., "Sources of the Financing Hierarchy for Business Investment", *Review of Economics & Statistics*, Vol. 74 (4), 1992, pp. 643 – 654.

[387] Raheja D. G., Assurance Technologies. *Principles and practices*, Assurance Technologies Principles and Practices: A Product, Process, and System Safety Perspective, SecondEdition, 2005, p. 53.

[388] Schmidt, Edward J., "An Analysis of the Urban Enterprise Zone (UEZ) and Its Impact on the City Corporation in Muncie, Indiana", *Ajr American Journal of Roentgenology*, Vol. 202 (3), 1997, pp. 493 – 506.

[389] Shleifer A., Vishny R. W., "Greenmail, White Knights, and Shareholders' Interest", *Rand Journal of Economics*, Vol. 17 (3), 1986, pp. 293 – 309.

[390] Shleifer A., Vishny R. W., "The Politics of Market Socialism", *Journal of EconomicPerspectives*, Vol. 8 (2), 1994, pp. 165 – 176.

[391] Stiglitz J. E., Weiss A., "Credit Rationing in Markets with Im-

perfect Information", *American Economic Review*, Vol. 71 (3), 1981, pp. 393 – 410.

[392] Tinbergen J., "On the Theory of Business Cycle Control", *Econometrica*, Vol. 6 (1), 1938, pp. 22 – 39.

[393] Zhang, Liou, Yang, et al., "Petrochemical Constraints for Dual originof Garnet Peridotites from the Dabie Sulu UHP terrane, Easterncentral China", *Journal of Metamorphic Geology*, Vol. 18 (2), 2010, pp. 149 – 166.